高职经管类精品教材

市场营销实务

主 编 闻 学
副主编 乔 刚
参 编 （以姓氏笔画为序）
朱 慧 朱音楠 沈 伟
陆 芹 赵世同 查华超
黄慧敏

中国科学技术大学出版社

内容简介

本书包括经济基础知识概述、市场营销观念、市场营销环境分析、市场调研与需求预测、购买行为分析、目标市场营销战略、产品策略、定价策略、渠道策略、促销策略、网络营销、营销物流、营销财务、附录等内容。

本书以"学生市场营销职业能力形成"为主线,以任务驱动模式编写,通篇以DY电子有限责任公司的营销活动为例,涵盖营销活动的全过程,整体活动设计效果较好。

本书可作为相关专业教师和学生的参考书,也可作为相关从业人员的参考书。

图书在版编目(CIP)数据

市场营销实务/闻学主编. ——合肥:中国科学技术大学出版社,2013.8
ISBN 978-7-312-03257-8

Ⅰ.市⋯　Ⅱ.闻⋯　Ⅲ.市场营销学—高等学校—教材　Ⅳ.F713.50

中国版本图书馆 CIP 数据核字(2013)第 174126 号

出版	中国科学技术大学出版社
	地址:安徽省合肥市金寨路96号,邮编:230026
	网址:http://press.ustc.edu.cn
印刷	合肥现代印务有限公司
发行	中国科学技术大学出版社
经销	全国新华书店
开本	787 mm×1092 mm　1/16
印张	18.5
字数	462千
版次	2013年8月第1版
印次	2013年8月第1次印刷
定价	33.00元

前　言

《国家中长期教育发展规划纲要》提出,要坚持以能力为重,优化知识结构,丰富社会实践,强化能力培养;着力提高学生的学习能力、实践能力、创新能力,教育学生,使其掌握知识技能。

职业教育是就业教育,受教育者最终要在职场上获得成功,职场能力是检验职业教育质量的主要标准。职场能力集中体现在三个方面:职业核心能力、通用管理能力和通用生产能力。职业核心能力是人们职业生涯中除岗位专业能力之外的基本能力,它涉及表达交流、数字应用、信息处理、与人合作、解决问题、自我学习、创新革新、外语应用等方面。通用管理能力涉及自我发展管理能力、团队建设管理能力、资源使用管理能力、运营绩效管理能力。通用生产能力涉及熟练操作、安全生产、减少损耗、产品符合规格与创新等方面。

在多年的市场营销专业的教学与实践中,我们一直在探索一种适合高等职业院校学生的专业人才培养方案。为此,我们围绕"培养懂某一专业的营销管理专门人才"这一核心思想,结合学生学习营销技能的需要和学情特点,大力推行"市场营销体验式教学模式",将职业技能标准融入课程;在此基础上,结合质量工程建设和专业教学改革的需要,组织编写了《市场营销实务》。

作为一本"以营销技能培养为本位"的新型市场营销教材,我们进行了充分的市场调研和毕业生跟踪活动,对编写提纲、编写体例、内容设计等进行了充分准备,基于营销活动过程,将内容划分为经济基础知识、市场营销观念、市场营销环境分析、市场调研与需求预测等13个模块。

本书主要有以下特点:

1. 以"学生市场营销职业能力形成"为主线,以"够用""实用"为原则,将专业技能训练与专业基本素养训练结合起来。

2. 在编写体例上有较大突破,按照任务驱动模式,分为任务描述、任务分析、相关知识、任务实施等环节,技能培训目标明确。

3. 与传统的营销教材在知识体系上有所不同,增加了经济基础知识、营销物流、营销财务和营销策划案例环节,很好地满足了学生尤其是非财经类专业学生的学习需求。

4. 通篇以DY电子有限责任公司为例,涵盖营销活动全过程,较之零散的营销案例,整体活动设计效果更好。

本书由安徽电子信息职业技术学院经济管理系教学和管理经验丰富的教师组织编写。

具体编写任务为:朱音楠编写模块一;陆芹编写模块二、模块三;乔刚编写模块四、模块六;黄慧敏编写模块五、模块十;查华超编写模块七、模块八;闻学编写模块九;赵世同编写模块十一、模块十二;朱慧编写模块十三,沈伟编写附录。在编写过程中,积极联系蚌埠市工商联、安徽金之源集团和唐人制衣有限责任公司的领导,他们在教程编写体例、内容安排和活动设计等方面提出了有益的建议和意见。在此对各位领导拨冗关心学院专业建设表示衷心的感谢。

  由于时间紧、任务重、创新知识点多,加之编者水平有限,书中难免有疏漏之处,诚望老师和同学们批评指正。

闻　学

2013 年 5 月 8 日

目 录

前言 ·· (i)

模块一　经济基础知识概述 ·· (1)
　　任务一　企业的含义、类型与结构 ····································· (1)
　　任务二　市场经济规律 ··· (7)

模块二　市场营销观念 ··· (21)
　　任务一　市场营销的概念 ·· (21)
　　任务二　市场营销观念 ··· (27)

模块三　市场营销环境分析 ·· (34)
　　任务一　宏观环境分析 ··· (34)
　　任务二　微观环境分析 ··· (42)
　　任务三　市场营销环境分析方法 ·· (47)

模块四　市场调研与需求预测 ··· (55)
　　任务一　市场调研 ··· (55)
　　任务二　市场需求预测 ··· (68)

模块五　购买行为分析 ··· (78)
　　任务一　消费者行为分析 ·· (78)
　　任务二　生产者购买行为分析 ·· (90)
　　任务三　客户关系管理 ··· (95)

模块六　目标市场营销战略 ·· (104)
　　任务一　市场细分 ··· (104)
　　任务二　目标市场选择 ··· (109)
　　任务三　市场定位战略 ··· (119)

模块七　产品策略 ··· (132)
　　任务一　产品概述 ··· (132)
　　任务二　产品组合及其策略 ··· (136)

任务三　产品市场生命周期 …………………………………………………… (141)
　　　任务四　品牌与包装策略 ……………………………………………………… (148)
　　　任务五　新产品开发策略 ……………………………………………………… (154)

模块八　定价策略 ………………………………………………………………………… (162)
　　　任务一　营销定价的目标及影响因素 ………………………………………… (162)
　　　任务二　定价方法与技巧 ……………………………………………………… (170)

模块九　渠道策略 ………………………………………………………………………… (181)
　　　任务一　渠道模式 ……………………………………………………………… (181)
　　　任务二　渠道的设计与选择 …………………………………………………… (191)

模块十　促销策略 ………………………………………………………………………… (207)
　　　任务一　人员推销策略 ………………………………………………………… (207)
　　　任务二　广告策略 ……………………………………………………………… (216)
　　　任务三　营业推广策略 ………………………………………………………… (221)
　　　任务四　公共关系策略 ………………………………………………………… (225)

模块十一　网络营销 ……………………………………………………………………… (231)
　　　任务一　网络营销的概念与类型 ……………………………………………… (231)
　　　任务二　网络营销模式选择 …………………………………………………… (235)

模块十二　营销物流 ……………………………………………………………………… (246)
　　　任务一　营销物流的概念 ……………………………………………………… (246)
　　　任务二　营销物流路径设计 …………………………………………………… (251)

模块十三　营销财务 ……………………………………………………………………… (257)
　　　任务一　销售预算 ……………………………………………………………… (257)
　　　任务二　财务报表 ……………………………………………………………… (262)
　　　任务三　常见财务指标 ………………………………………………………… (270)

附录　DY 电子科技有限公司营销案例 ………………………………………………… (278)

参考文献 …………………………………………………………………………………… (289)

模块一
经济基础知识概述

任务一 企业的含义、类型与结构

学习目标

通过学习企业的含义、类型、特征及职能,熟练掌握企业的概念、企业部门划分的情况。

知识点

企业的含义、特征及类型,企业部门的划分方法及原则。

技能点

能够界定有限责任公司与股份有限公司;学会设计企业内部组织结构图。

任务描述

张明是 DY 电子公司的一名新进员工,该公司主要从事电子类产品的制造和销售。这家公司由 5 名股东共同出资筹建,注册资本 800 万元。公司成立 10 年来,规模在逐步扩大,企业现有员工 320 人,年销售额 3000 万元,现有资产总额 5000 万元。张明很想弄清楚:DY 电子公司是一家什么性质的企业?

任务分析

张明要想弄清楚 DY 公司的性质,就应该根据他所了解到的该公司的出资筹建方式、注册资本、人员构成等相关信息,对照国家关于企业类型的界定标准,得出相关结论。

一、企业的含义、基本特征和类型

1. 企业的含义

企业是随着市场经济的形成和发展而产生并逐步完善的,是商品经济和社会化大生产的必然产物。根据企业发展的历史以及企业的现代特征,可以将企业定义为:通过专门的经营活动,向社会提供商品和劳务,取得相应的经济利益并承担法律责任的社会经济组织。凡不从事直接的经营活动或不属于经济组织的,均不应视为企业。如各级政府的经济管理部门,其职责是代表政府对社会经济活动进行必要的监督、管理与指导,并不直接从事经营活动;由国家财政预算拨款的学校、研究机构、文艺团体、党派以及各种群众组织均不属于经济组织,因而都不是企业。

2. 企业的基本特征

一般来说,企业具有如下基本特征:

(1) 营利性。企业首先是一种经济组织,但并不是所有的经济组织都是企业。从系统论的观点看,每一个企业都是一个具体而又实在的投入产出系统,它从外部环境取得各种资源,如土地、原料、资金、劳动力、技术、设备等,经过生产转换过程,取得一定的产出,产出大于投入,即是营利,反之即为亏损。同时,企业又是国民经济大系统的基本单元,因而还承担着有效利用由其使用的资源的使命,必须注重社会效果。因此,企业的营利性又必须与社会效果相适应。企业具有营利性是企业得以生存和发展的基础。在现代社会激烈的经济竞争中,企业保持良好的营利状态并不是一件容易的事情。

(2) 经营性。在现代市场经济条件下,企业的经营性即为其自身的生产与营销活动,围绕市场需求而展开的商品生产与销售是企业经营的核心内容。在现代经济社会中,工厂是为了销售而生产,商店是为了销售而进货,离开了商品的生产与销售,企业也就失去了其存在的意义。

(3) 整体性。现代企业是进行严密分工与协作的生产或经营组织,尽管组成企业生产或经营活动的各部分可能流程不同、员工不同、设备不同、技术不同、方法不同等,但任何一种商品的生产与销售都是全体职工共同劳动的成果,人的活动与物的配置务必一致,各部门、各机构的活动必须在统一的宗旨与指挥下协调运行。企业只有作为一个整体才能体现其目的的一致与功能的完整。企业内部的各部门或单位只是企业的必要组成部分,而不是独立的商品生产者或经营者。

(4) 独立性。企业作为经济实体,要实现自主经营、自负盈亏、自我约束、自我发展的功能,必须具备独立性,即不仅是独立的商品生产者和经营者,还应具有独立的经济利益。企业之间的关系是平等的,遵循等价交换原则。为此,企业除了必须具备独立的法人资格以外,还必须独立会计、独立经济核算。企业独立性的另一层含义则是其经济法律关系的主体性,即企业在经济活动中,作为当事人享有法律赋予的权利并承担相应的义务。首先,企业是依法登记的经济组织;其次,具有能够独立支配的财产;再次,以自己的名义参与经济法律关系。

3．企业的类型

企业作为社会生产与流通的一种基本组织形式,随着社会分工的深化和商品经济的发展,其形态也日趋多样化,出现了各种类型的企业。企业的类型可以从不同角度、通过不同方法进行划分。表1.1是按照不同标准划分出的企业类型。

表1.1　按不同标准划分的企业类型

划分标准	企业类型
所属的行业和部门	工业企业、农业企业、运输企业、商业企业、金融企业
生产规模	大型企业、中型企业、小型企业
生产要素所占的比重	劳动密集型企业、资金密集型企业、知识密集型企业
企业的组织结构形式或生产的社会化组织程度	单厂企业、多厂企业、经济联合体、企业集团
资本的组织形态	有限责任公司(包括国有独资公司)、股份有限公司、股份合作制公司

现在很多公司名称后有"有限责任公司"、"股份有限公司"的字样,很多人不太明白它们的区别。下面将对有限责任公司和股份有限公司的界定及区别做出介绍。

(1) 有限责任公司和股份有限公司的含义

① 有限责任公司的含义。有限责任公司又称有限公司,是指由一定人数的股东组成、股东以其出资额为限对公司承担责任、公司以其全部资产对公司的债务承担责任的经济组织。有限责任公司的设立必须具备法定人数、发起人、资本、章程等条件。

② 股份有限公司的含义。股份有限公司又称股份公司,是指将全部资本分为等额股份、股东以其所持股份为限对公司承担责任、公司以其全部资产对公司的债务承担责任的公司。股东大会是公司的权力机构;董事会是公司业务的执行机构、经营决策机构;董事会聘任经理,经理在董事会领导下,负责日常经营管理工作。另外还有监事会负责监督公司的经营活动。

(2) 有限责任公司与股份有限公司的异同

有限责任公司与股份有限公司的异同如表1.2所示。

表1.2　有限责任公司与股份有限公司的异同

共同点	1. 实行"资本三原则",即"资本确定原则""资本维持原则""资本不变原则"; 2. 实行"两个所有权分离"原则,即公司的法人财产权和股东投资的财产权的分离; 3. 实行"有限责任"原则; 4. 公司都具有法人地位
不同点	1. 股东的数量不同; 2. 注册的资本不同; 3. 股本的划分方式不同; 4. 发起人筹集资金的方式不同; 5. 股权转让的条件限制不同; 6. 公司组织机构的权限不同; 7. 股权的证明形式不同; 8. 财务状况公开程度不同

二、企业内部组织结构

(一) 企业内部结构

现代企业的生产是有组织的生产,企业必须通过组织工作,对企业的市场经营过程进行科学的划分,并按照责权相结合的原则,确定管理层次、划分职能部门、配备管理人员并规定其间的相互关系和行为准则,使之协调一致地完成企业的发展目标。

部门是指组织中主管人员为完成规定的任务有权管辖的一个特定的领域。进行部门划分的目的在于确定组织中各项任务的分配与责任的归属,同时,类似的活动放在同一领导之下,有利于协作,提高效率。部门划分的主要方法见表1.3。

表 1.3 部门划分的方法及应用

分类方法	划分原则及特点	结构图示例	主要应用
按职能划分	根据生产专业化原则,以工作或任务的性质为基础来划分部门,这些部门被分为基本的职能部门和派生的职能部门,如总经理下设生产、营销、财务、人事、采购等部门;特点:遵循分工和专业化原则,有利于培养和训练专门人才,提高企业各部门的工作效率	总经理下设生产部、营销部、财务部、人事部、采购部	生产制造企业
按对象划分	根据服务对象的需要,在分类的基础上划分部门,如生产企业可划分为专门服务于家庭的部门、专门服务于批发商的部门、专门服务于企业的部门等;特点:服务针对性强,有利于企业从满足各类对象的要求出发来安排活动	市场部下设零售部、批发部、团购部	生产和零售企业
按产品划分	根据产品或者产品系列来组织业务活动,以充分发挥专业设备的作用为原则来划分部门;特点:便于各部门进行经济核算,有利于产品的改进和生产效率的提高	食品公司下设饮料供应部、糖果供应部、奶制品供应部	大型、复杂、多品种经营的企业

续表

分类方法	划分原则及特点	结构图示例	主要应用
按地域划分	根据地域的分散化程度来划分组织的业务活动,继而以设置管理部门管理其业务活动的方法来划分部门; 特点:因地制宜,有利于取得地方化经营的优势效益,结合不同地域的实际情况制定生产和销售计划,生产和销售的商品能满足不同地域顾客的需要	物流公司 → 东北总部、华北总部、华南总部、华中总部、华东总部	大规模企业或跨国公司
按流程划分	根据工作或者业务流程来组织业务活动,以充分发挥各部门的作用、提高工作效率为原则来划分部门 特点:各负其责,有利于加强各部门之间的协调,方便企业内部经济核算	董事长 → 总经理 → 行政部、生产部(制造、生管、校验、生技)、技术部(研发、设计、品管)	专业化程度和管理水平较高的企业

(二) 销售部门职能

德鲁克在《管理:任务、责任和实践》一书中指出,企业的两项基本职能是市场销售和创新,只有市场销售和创新才能产生经济成果,其余一切都是"成本"。由此可见销售工作在整个企业中的重要性。那么企业的销售部门是干什么的呢?销售经理应该担负什么职责呢?

1. 销售部门的作用

销售是企业活动的中心,是连接企业与顾客之间的纽带。销售部门不断地通过创造性工作,为企业带来利润,并满足顾客的各种需要。销售部门的作用主要表现在以下三个方面:

(1) 销售部门直接与市场和消费者联系,它可以为市场分析及定位提供依据;

(2) 销售部门通过一系列的销售活动可以配合营销策略组合;

(3) 通过销售成果检验营销规划,与其他营销管理部门拟定竞争性营销策略,制定新的营销规划。

2. 销售部门的职责

销售部门的主要职责有15个方面:

(1) 进行市场一线信息收集、市场调研工作;

(2) 提报年度销售预测给营销副总;

(3) 制定年度销售计划,进行目标分解,并执行实施;

(4) 管理、督导营销中心正常工作运作及正常业务运作;

(5) 设立、管理、监督区域分支机构正常运作;

(6) 营销网络的开拓与合理布局;

(7) 建立各级客户资料档案,保持与客户之间的双向沟通;
(8) 合理进行销售预算控制;
(9) 研究把握销售员的需求,充分调动其积极性;
(10) 制定业务人员行动计划,并予以检查控制;
(11) 配合本系统内相关部门做好推广促销活动;
(12) 预测渠道危机,呈报并处理;
(13) 检查渠道阻碍,呈报并处理;
(14) 按推广计划的要求进行货物陈列、宣传品的张贴及发放;
(15) 按企业回款制度,催收或结算货款。

3. 销售经理的职责

销售经理的工作职责主要体现在以下七个方面:
(1) 全面负责公司的产品销售与产品开发工作;
(2) 目标市场的调查,信息的汇总,市场预测与分析;
(3) 产品销售计划的编制与下达,销售任务的下达;
(4) 制定销售政策与策略,落实销售责任,提报销售价格;
(5) 负责产品的质量投诉,配合技术部门处理客户提出的问题;
(6) 新客户的开发与管理,销售合同的审定、分类、存档与管理;
(7) 销售队伍的招聘、培训与管理,产品广告宣传与产品包装的设计。

张明所在的 DY 电子公司是一家生产经营型企业。该公司由 5 名股东出资筹建,由发起人自筹资金,并且不能向社会公开募集资金,公司注册资本 800 万元,公司人员较少,机构设置简单,根据国家对有限责任公司的界定,该公司的性质应该是有限责任公司。

1. 简述企业的基本特征。
2. 简述有限责任公司与股份有限公司的含义。
3. 简述企业部门的划分方法及原则。
4. 结合销售部门职责,试述营销工作的意义。
5. 案例题:

天源公司是一家中外合资的大型房地产开发企业,有员工近千人。

此房地产企业是典型的项目运作企业,它目前采用的是项目单列式结构,即每个项目部内都有招标预算部(负责工程预决算、招投标和采购)和工程管理部(负责施工管理),有一个完整的项目管理队伍,项目经理对项目内的资源和人员具有控制和支配权;总部由于"天高皇帝远",对项目的监控成了走形式,非但如此,冗长的审批花费大量时间,成了项目部进度控制不力的借口。最终结果是:项目部成了"独立王国",而总部经常是进退两难,处境尴尬。

在此种情况下,企业领导寻求咨询公司的协助,希望通过改变现有组织结构,将项目部权力上收,加强对项目部的控制。

问题:请你帮助该房地产企业完成组织结构的调整。

任务二　市场经济规律

学习目标

通过学习市场需求、供给及均衡的含义,了解影响市场需求及供给的因素,学会如何达到市场均衡。

知识点

市场需求、供给及均衡的含义及影响因素;效用理论。

技能点

能够画出需求、供给及均衡曲线,分析边际效用递减的原因。

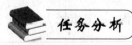

随着电子类产品越来越广泛地被应用于居民的家庭生活,很多竞争者相继涌入电子产品生产行业及其相关产业。DY电子有限责任公司目前所面临的经营状况是:① 同行企业间的竞争加剧,产品价格急剧下跌;② 供应到市场上的部分产品已经出现过剩;③ 消费群体的不同,导致对产品的要求也有所不同。针对这种情况,应该对企业及产品的运营做出怎样的调整,才能保证企业处于盈利状态呢?公司经理让张明给出一些参考意见。

任务分析

面对经理提出的问题,张明首先要去了解DY电子有限责任公司生产的电子元器件及小家电的市场需求,以及哪些因素会对需求造成影响。同时,要了解由产品的边际成本所决定的供给价格。再根据电子类产品的市场现状,调整生产和市场供应,以求达到市场均衡的状态,从而实现利益最大化。

相关知识

一、市场与供求

需求与供给是市场经济理论的基本概念,也是市场经济的基本要素及其运行过程的基本机制。要了解市场经济,必须认识需求与供给以及两者的运动规律。

1. 市场需求

(1) 市场需求的含义

需求就是指在一定时间内和一定价格条件下,消费者对某种商品或服务愿意而且能够购买的数量。需求的构成要素有两个,一是消费者愿意购买,即有购买的欲望;二是消费者能够购买,即有支付能力,二者缺一不可。

市场需求是指在一定的时间内、一定价格条件下和一定的市场上,所有消费者对某种商品或服务愿意而且能够购买的数量。可见,市场需求就是消费者需求的总和。

例如,人们想购买小轿车,但并非每个人都有此项购买能力。当人们想购买小轿车但却无力购买时,那就不过是一种需求欲望而已,不能构成对此种商品的市场需求;或者虽具有购买能力,却无购买欲望,也不能构成实际需求。

(2) 需求价格与需求曲线

需求价格是指购买者对一定量商品或服务所愿支付的价格。需求价格随着商品量的增加而呈递减趋势。不同的商品量有不同的需求价格,商品越多,购买者所愿支付的价格越低。反过来说,价格越低,购买者所愿意购买的数量越多。购买量因价格的降低而呈递增趋势。我们可以用图表示。在图1.1中,纵轴代表单位商品的价格(P),横轴代表消费者买进商品的数量(Q)。从图1.1可以看出每一种价格都有一个与之对应的数量,这在图形上形成了一系列点。如果消费者的购买量以非常小(甚至无限小)的分量增加,则会出现许多(甚至无限多)的点,连接这些点就会形成一条连续的曲线,即需求曲线(DD)。需求曲线是表示消费者在一定时间内、一定市场上、在各种价格水平上愿意并能够购买某种商品的各种数量所组成的曲线。

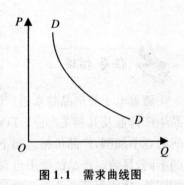

图1.1 需求曲线图

(3) 影响需求的因素

需求曲线表示的是某商品的价格与需求量之间的函数关系,是把价格看成影响需求量的唯一因素。事实上,在一种商品市场上,除价格以外,还有多种因素影响需求。

第一,在各种价格水平上,消费者的收入(包括国民收入水平及其在消费者之间的分配)影响需求量。消费者收入的增加会引起对一种一定价格商品需求的增加,也会引起对另一种一定价格商品需求的减少。例如,某消费者收入增加前主要是需求一般商品,而在他收入增加后就可能主要需求优质高档商品,而减少对一般商品的需求。

第二,在某种商品价格既定情况下,其他可替代商品的价格变化了,对某种商品的需求量会产生很大影响。例如,牛肉价格不变,猪肉价格下降了,那么牛肉就变得相对昂贵了,人们就会增加对猪肉的需求,而减少对牛肉的需求。

第三,消费者爱好、风尚、年龄结构等情况的改变,会影响对某种商品的需求量。关于某种商品对人体有益还是有害的宣传,也会刺激人们改变对它的需求量。如年龄老化造成老年人增多,因而老人特需品的需求量将会加大。

第四,消费者对某种商品未来价格变化趋势的预期或对某种商品可能发生短缺的估计,也会影响需求量。如电脑价格在下周可能大幅度上涨或发生短缺的预期,会刺激人们迅速购买电脑;反之,则会推迟购买。预期某商品价格将上涨,目前需求量就会增加;预期某商品价格将下跌,目前需求量就会减少。

第五,从长期看,人口数量的变化会在很大程度上影响需求。

(4) 需求规律

假定消费者的货币收入和爱好以及其他有关商品(代用品)的价格既定不变,预期目前价格在未来维持不变,市场上的购买者人数等因素都保持不变,仅考察某种商品的价格和需求量的关系,就会发现:当该种商品价格较低或较之前下降时,需求量则会增加,价格越低,需求量越大;价格较高或较前上涨时,需求量则会较少或较前减少,价格越高,需求量越少。也就是说,市场需求量的大小是随着价格的涨落成反方向变化的。这种现象通常称为需求规律或者需求定律。它在图形上表现为需求曲线从左上方向右下方倾斜。如图 1.1 所示。

引起商品价格和需求量反向变化的原因在于:

第一,价格下降,使新的购买者(在原价格水平上无购买能力的人)进入市场,从而使购买量增加,这是新增效应。

第二,一些商品之间在使用上存在着可以彼此替代的关系。当一种商品的价格相对下降时,由于该商品可以被用来替代其他商品,消费者必然增加对这种商品的购买,这是由价格变化所产生的替代效应引起的。

第三,价格下跌,意味着消费者实际收入增加,从而可以增加对该种商品(以及其他商品)的购买量。这是由价格变化所产生的收入效应引起的。

2. 市场供给

(1) 市场供给的含义

供给是指生产者在某一时刻、在各种可能的价格水平上,愿意并能够出售某种商品(或劳务)的数量。作为供给,同样要具备两个条件:第一,要有出售商品的愿望;第二,要有供应商品的能力,二者缺　就不能构成供给。

某个生产者在某一时刻,在各种可能的价格水平上,愿意和能够供给市场某种商品的数量,称为个人供给。同样商品的所有生产者,在某一时刻、在各种可能的价格水平上,愿意和能够供给市场的数量,称为市场供给。

(2) 供给价格与供给曲线

供给价格是指生产者(卖主)为提供一定数量的商品所愿意接受的最低价格,是由生产一定数量商品所支付的边际生产费用,即边际成本所决定的。不同的商品量会有不同的边际生产费用,因而有相应不同的供给价格。所谓边际生产费用,就是生产者多生产一单位产量所支付的追加生产费用。对于多数生产者来说,边际生产费用总是随着产量的增加而先下降,到一定限度时却又开始上升。随着产量的增加,商品的边际生产费用上升了,商品的供给价格也要随之上升;否则,生产者就无利可图,不愿意再增加生产和供应商品。在其他条件不变的情况下,价格越高,生产者提供的商品量就越多;反之,价格越低,生产者的供给就相应减少,供给一般随价格升降而增减。

根据供给量随价格的涨落而增减这种变动关系所绘成的曲线,称为供给曲线,用以表示价格与供给量的关系,如图1.2所示(图中 OP 代表价格,OQ 代表供给量)。

供给曲线从左下方向右上方倾斜,表明价格高,供给量增多;价格低,供给量减少。供给量与价格成正方向变动,曲线上的任何一点都代表一定价格下的供给量。供给曲线表明在其他条件不变的情况下数量与价格的函数关系。

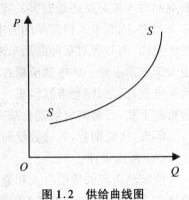

图1.2 供给曲线图

在一般情况下,供给量随价格变动而发生同方向变化,供给曲线从左下方向右上方伸延。但也有例外情况。例如:

第一,某些稀缺商品,特别是珍贵文物和古董,如古字画等,价格上升后,人们就会把存货拿出来售卖,从而供给量增加。而当价格上升到一定限度后,人们则认为它们是更贵重的东西,就可能不再提供到市场上出售。价格上升,供给量反而减少了。

第二,某些商品在价格小幅度升降情况下,供给量会按正常情况变动。一旦价格大幅度持续升降,由于心理作用,人们会采取观望态度,待价而沽,供给量会出现不规则的变动。证券、黄金市场常出现这种情况。

在以上两种情况下,供给曲线可能呈现为不同于图1.2的供给曲线的形状。

(3) 影响供给的因素

关于供给的分析,是把商品本身的价格视为影响供给量的唯一因素。事实上,除商品本身的价格之外,影响供给的还有如下几个因素:

第一,生产技术状况。生产技术状况能够影响产量增加的速度和幅度,从而影响供给数量。

第二,生产要素的价格。生产要素的价格变动以及工资率和原材料价格变动,会使供给数量发生变动。

第三,有关商品的价格。如果小麦的价格不变,棉花价格上升,一些小麦的生产户会转而生产棉花,从而小麦的生产和供应减少,棉花的生产和供应增加。

第四,对未来价格的预期。卖主是否出售他手头现存的商品,要受他的保留价格和市场价格间的关系制约。所谓保留价格,是指只有在高于而不是低于某一价格水平时,卖主才愿意出售其商品的价格;否则,卖主宁愿储存起来。保留价格的高低,要受卖主对未来价格预期的影响,如预期价格有上升趋势,则其保留价格就会升高,反之则降低。保留价格也受储存费用、商品是否容易储存以及卖主对现金需求的迫切程度等因素的影响。

(4) 供给规律

假定其他影响供给的因素既定不变,在市场上,供给量将随着价格的涨落而增减,数量与价格成正方向变化。即价格较高(或较前上升),相应的供给量就较多(或较前增加);价格较低(或较前下降),相应的供给量就较少(或较前减少)。这种价格的变化同供给量变化成正方向运动的规律就是供给规律。在图形上表现为供给曲线向右上方倾斜。如图1.2所示。

3．市场均衡

（1）市场均衡的含义

在市场上，需求、供给、价格总是相互影响，此增彼长，直至最终供给和需求双方的力量均等，供给量和需求量相一致，商品的价格水平才会稳定下来，达到市场均衡状态。这时的价格就是均衡价格，这时的供求量就是均衡数量。

（2）均衡价格与均衡数量

所谓均衡价格，是指一种商品的需求和供给处于均衡状态所形成的，在没有外部力量影响时不会自行变动的价格，亦即一种商品的需求价格和供给价格相一致的价格，是需求者和供给者都愿意并且不得不接受的一种价格。需求者总是想以最低的价格取得最大的使用价值，供给者总是想以最高的价格取得最大的盈利，前者遵循需求规律，后者遵循供给规律，经过彼此的竞争和协调，最后形成均衡价格。

在图形上，均衡价格是由需求曲线和供给曲线直接决定的，均衡价格水平与需求曲线和供给曲线的交点相对应，如图1.3中的 OP_1。均衡数量是指供给和需求达到均衡状态时的供求量，即供给量和需求量相一致时的数量。同理，均衡数量水平也与需求曲线和供给曲线的交点相对应，如图1.3中的 OQ_1。当某一商品的市场需求曲线和市场供给曲线相交于 E 点时，就达到市场均衡。市场均衡时，需求价格和供给价格相等，需求量和供给量一致。

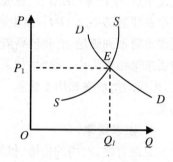

图1.3　需求曲线图

均衡价格和均衡数量的形成过程，可以用表1.4和图1.4表示。

表1.4　供给与需求表

价　格	供　给　量	需　求　量	剩余供给（＋）或剩余需求（－）
6	60	20	40（＋）
5	55	25	30（＋）
4	50	30	20（＋）
3	40	40	0
2	30	55	25（－）
1	20	60	40（－）

从表1.4中可以看出，当价格分别为6、5、4时，生产者（供给者）愿意分别相应供给60、55、50单位商品，而消费者（需求者）只愿意分别相应买进20、25、30单位商品，商品供大于求，分别相应有剩余供给40、30、20单位商品。在此种情况下，生产者（供给者）之间会发生竞争，从而导致价格下跌。如果价格分别跌到2和1，供给量就要分别相应减少到30、20，需求量则会分别相应增加到55、60，商品就会供不应求，会分别有剩余需求25、40。在这种情况下，需求者之间就会发生竞争，从而导致价格上涨，一直上涨到3时，生产者（供给者）愿意

售出的数量与消费者（需求者）愿意买进的数量恰好相等。此时，供求双方的讨价还价趋于一致，价格既无上升也无下降的趋势，于是达到市场均衡状态。

如图1.4（图中 OP 代表价格，OQ 代表供求量）所示：SS 和 DD 分别为市场供给曲线和市场需求曲线，交点为 E，即供求均衡点，OP_0、OM_0 分别为均衡价格和均衡数量。假若市场价格高于均衡价格 OP_0，而在 OP_2 上，生产者（供给者）就愿意供给 OM_2'' 的数量，而消费者（需求者）只愿意买进 OM_1''，从而造成剩余供给 $M_1''M_2''$。在均

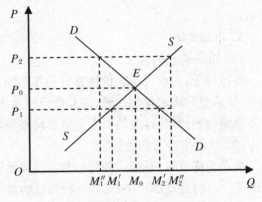

图1.4 价格与供求关系示意图

衡价格以上的任何市场价格都会造成剩余供给，生产者（供给者）必然要降价出售。这种情况发生后，生产者（供给者）就要降低价格，从而减少剩余供给。假若价格降低到 OP_1，消费者愿意和能够买进 OM_2'，而生产者则仅愿意供给 OM_1'，就会出现剩余需求 $M_1'M_2'$。消费者的需求得不到满足，有些消费者就要竞相抬高需求价格购买，直到价格上升到 OP_0，供给量与需求量相等为止。这时，如果没有其他因素的影响，价格就会稳定下来，处于市场均衡状态，形成均衡价格和均衡数量。在市场均衡状态下，剩余供给和剩余需求等于零，就实现了均衡。

4. 供求规律

总而言之，市场的价格、供给和需求三者相互作用和影响，主要表现在如下几个方面：

第一，单纯考察某种商品的需求量和价格的关系，价格越低则需求量越大，价格越高则需求量越小，这时商品的价格和需求量呈反方向变化，呈现为一条向右下方倾斜的需求曲线；单纯考察商品的价格与供给量的关系，价格越低则供给量越小，价格越高则供给量越大，这时商品的价格和供给量呈正方向变化，呈现为一条向右上方倾斜的供给曲线。此时价格的运动和商品的供给量或需求量的运动，都表现为供给或需求曲线上的点的运动。

第二，市场的价格、供给和需求的运动，是由不均衡到均衡，再到新的不均衡、新的均衡这样无限往复的过程。当市场的供给量和需求量相一致时，商品的价格水平稳定下来，此时的市场便处于均衡状态，此时的价格就是均衡价格，此时的供给量就是均衡数量。均衡价格和均衡数量也会随着市场供给量和需求量的变化而变化。

第三，如果供给不变，需求增加或减少，则均衡价格便会上升或下降，均衡数量也增加或减少，需求的变化引起均衡价格和均衡数量呈同方向变动；如果需求不变，供给增加或减少，则均衡价格下降或上升，均衡数量增加或减少，供给的变化引起均衡价格和均衡数量呈反方向变动；当需求、供给同时增加或减少时，均衡数量增加，但均衡价格可能增加也可能减少；当需求和供给向相反方向变动时，均衡价格总是按照需求变动的方向变动，但均衡数量既可能增加也可能减少。如表1.5所示，为供求关系与价格波动趋势。

表 1.5　供求关系与价格波动趋势

供求变动			价格趋势
供给不变		需求增加	↑
		需求减少	↓
需求不变		供给增加	↓
		供给减少	↑
供求同时变动	反向变动	需求增加供给减少	↑
		需求减少供给增加	↓
	同向变动 程度相等	供求增加程度相等	→
		供求减少程度相等	→
	同向变动 程度不等	需求增加＞供给增加	↑
		需求增加＜供给增加	↓
		需求减少＞供给减少	↓
		需求减少＜供给减少	↑

二、效用理论

（一）经济人假设

在研究消费者行为时，我们需要假定消费者是追求效用最大化的和理性的，这也就是所谓的经济人假设：每一个从事经济活动的人都是利己的，总是力图以最小的经济代价去获得自己最大的经济利益。这个假设不仅是分析消费者行为的前提，也是整个经济学的一个基础。当然，这一假设只是一种理想化状态，现实中的情况并非总是如此。人们在从事经济活动时并不总是利己的，也不能做到总是理性的。

（二）效用的含义

消费者是追求效用最大化的，那么什么是效用呢？效用与欲望紧密相关。欲望，指一种缺乏的感觉与求得满足的愿望。它有无限性和层次性两个基本特点。欲望虽然是无限的，但可以有不同的满足程度。欲望的满足程度可以用效用大小来进行比较和计算。

效用，是指消费者从消费某种物品中所得到的满足程度。消费者在消费活动中获得的满足程度越高，效用越大；反之，效用越低。可见，效用和欲望一样，是人在欲望被满足以后的一种个人主观感受。物品效用的大小没有客观衡量标准，完全取决于消费者在消费某种物品时的主观感受。同一物品不但在不同的人之间因为满足程度的差异而有不同效用；即便是对同一消费者，在不同的时间及不同的环境消费，其效用亦有差异。

（三）基数效用论和序数效用论

由于人们对效用的认识不同，就形成了两种效用理论，即基数效用论和序数效用论。

世纪的经济学家们认为效用是可以直接度量的,存在绝对的效用量的大小,可以用基数即1、2、3、4等绝对数值来衡量效用的大小,如同长度、重量等概念一样。例如,一个面包的效用是1个效用单位,一件衣服的效用是10个效用单位等等。20世纪30年代以来,一些经济学家认为消费者是无法知道效用的数值的,而只能说出自己的偏好次序,用第一、第二、第三、第四等表示次序的相对数值来衡量效用。

基数效用论和序数效用论是分析消费者行为的不同方法,基数效用论运用边际效用分析方法来分析,可以求得消费某种商品效用最大化的实现条件。这种方法涉及总效用、边际效用等分析概念。

(四)边际效用理论

香芒,是一种香味独特的上佳水果。对于初次品尝香芒的人来说,也许尝第一个时,只觉得味浓;第二个时开始喜欢吃了;第三个时觉得特别好吃;不过因为其具有浓烈的香味,吃第四个时候的感觉就略差了;第五个吃下去后可能觉得有点腻了。假如你手上的钱够买一大篮子香芒,你买几个为宜呢?

这个问题就可以用基数效用论来解决。刚才已经提到,这种方法需要运用到总效用与边际效用等概念,下面将逐一介绍。

1. 总效用与边际效用的含义

(1)总效用,是指消费者消费一定量商品时所获得的总满足程度。比如消费者总共消费了十个香芒后的满意程度。如果用 TU(有时记为 U)表示总效用,Q 表示商品消费量,那么,总效用函数为:$TU = f(Q)$。

(2)边际效用,是指消费量每增加一单位时,总效用的增加量。比如消费者每多消费一个香芒后的满意程度的变化。如果用 MU 来表示边际效用,ΔTU 表示总效用增量,ΔQ 表示消费品增量,那么,边际效用函数为:$MU = \dfrac{\Delta TU}{\Delta Q}$。

2. 总效用与边际效用的关系

假如消费者品尝香芒后的感觉或者说满足程度如表1.6所示,那就很容易决定香芒的购买数量——最多4个,总效用20,达到最高了。同时,我们会发现此时的边际效用为0。这表示不能再多吃了,再多吃将出现负效用,总效用反而越来越小。

表1.6 香芒的效用

香芒消费数量 Q	总效用 TU	边际效用 MU
1	10	10
2	16	6
3	20	4
4	20	0
5	16	−4

将表中的数据标注在坐标系上,可以得到以下的总效用曲线和边际效用曲线,如图 1.5 所示。(图中,横轴为商品消费量 Q,纵轴为消费效用 U,TU 为总效用曲线,MU 为边际效用曲线。)

由此,我们可以得出总效用与边际效用的关系:当边际效用递减但为正值时,总效用是递增的;当边际效用递减为 0 时,总效用达到最大值;当边际效用递减为负值时,总效用是递减的。

3. 边际效用递减规律

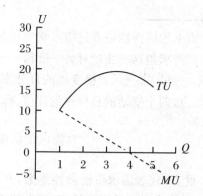

图 1.5　总效用、边际效用曲线

从表 1.6 和图 1.5 中可以看到,随着香芒消费量的增加,香芒的边际效用是一直呈现下降趋势的。这种情况普遍存在于一般物品的消费中,被称为边际效用递减规律。边际效用递减规律,是指在其他条件不变的情况下,随着消费者对商品消费量的增加,消费者从该商品连续增加的消费单位中所得到的边际效用是递减的。

边际效用递减的原因,第一,来自人类欲望本身。一种商品的消费使消费者某种欲望获得部分满足后,其欲望要求得到满足的程度就会减弱。如果该商品的消费继续增加,消费者所感受到的满足程度就会减少,即边际效用减少。第二,商品本身用途的多样性。假设一种商品具有多种用途,这些用途的重要性不同,消费者总是先用于最重要的用途而后用于次要的用途。这样,前者的边际效用就大于后者。例如,对于在沙漠中的人来说,在仅有少量水的情况下,人们自然会十分珍惜地饮用,以维持生命,这时水的边际效用极大。如果水量较多,除满足饮用外,多余的水可用于刷牙、洗脸,这时水的重要性相对降低。人们由水所获得的总效用虽然增加,但边际效用则在减少。如果水量更多,人们不但可以刷牙、洗脸,还可以洗衣、洗澡,这时水的总效用更大,但边际效用更小。可见,商品具有多种用途,其重要性有大有小是造成边际效用递减的另一原因。

三、弹性理论

(一)需求价格弹性

1. 需求价格弹性的含义

需求价格弹性就是商品自身价格的变动率与其所引起的需求量的变动率之比,即用来衡量需求量变动对商品自身价格变动的灵敏程度的。

根据需求规律,在其他条件不变的情况下,需求量的变化和价格的变化成反方向变动,但需求量做出的相对反应(减少或增加)的幅度,会因商品种类的不同(以及同一商品的不同价格水平)而不同。有些商品,在一条需求曲线上,价格稍有变化,需求量便会发生很大变化。这种情况表明,需求量对价格变动的相对反应是非常敏感的;而另一些商品,价格的相对变化只会使需求量发生相应的较小的变化,也就是说,需求量对价格变动的反应并不是特别敏感的;有的商品,价格上涨的幅度与需求量相应减少的幅度相同;也有的商品,价格变动后,需求量却并不相应发生变动。需求的价格弹性概念就是用来说明和区分上述诸种情况的。

需求价格弹性是通过需求量变化的比率同价格变化的比率的比较而确定的,是一个用来表示需求量这一变量对另一变量——价格变化的百分率所做出的反应程度的概念。换句话说,它是用来表示价格变动的百分率与随之而来的需求量变动的百分率二者之间关系的概念。这两个变动的百分率的比值,称为需求价格弹性系数,通常用下式来表示。即

$$需求价格弹性系数 = \frac{需求量变动率}{价格变动率}$$

设 E_d 代表需求价格弹性系数,P 代表原价格,ΔP 代表价格的变动量,Q 代表原需求量,ΔQ 代表需求的变动量,则需求价格弹性可由下列公式表示:

$$E_d = \frac{\Delta Q}{Q} \div \frac{\Delta P}{P} = \frac{\Delta Q}{\Delta P} \cdot \frac{P}{Q}$$

例如,某件商品的价格变动为10%、需求量变动为20%时,则这种商品需求价格弹性系数为2,即 20%÷10%。

这里我们要注意:因为价格与需求量呈反方向变动,所以当价格增加,即价格的变动为正值时,需求量减少,即需求量的变动为负值;同理,当价格的变动为负值时,需求量的变动则为正值。所以,需求价格弹性系数应该为负数。在实际运用时,为了方便起见,一般都取绝对值。

2. 需求价格弹性的分类

对于不同的商品,其需求价格弹性各不相同。根据需求弹性系数的大小,在理论上可分为五类,见表1.7(图中纵轴代表价格,横轴代表需求量)。

表1.7 需求价格弹性分类

名 称	公 式	含 义	图 形	商 品
无限弹性	$\|E_d\| \to \infty$	价格微小变动,需求无限增加		理论上存在
富有弹性	$\infty > \|E_d\| > 1$	需求量变动百分比大于价格变动百分比		如计算机、高档家电、西装、首饰等
单位弹性	$\|E_d\| = 1$	需求量变动百分比等于价格变动百分比		普通衣服

续表

名　称	公　式	含　义	图　形	商　品
缺乏弹性	$1 > \|E_d\| > 0$	需求量变动百分比小于价格变动百分比		如柴米油盐、香烟、啤酒、常用药品等
无弹性	$\|E_d\| = 0$	无论价格如何变动，需求量不变		胰岛素

3．影响需求弹性的因素

为什么各种商品的需求弹性不同呢？一般来说，有如下几种因素影响着需求弹性的大小：

(1) 替代品的数量和相近程度。一种商品若有许多相近的替代品，那么这种商品的需求价格弹性大。因为一旦这种商品价格上涨，甚至是微小的上涨，消费者往往会舍弃这种商品，而去选购它的替代品，从而引起需求量的变化。

(2) 商品的重要性。一种商品如果是人们生活的基本必需品，即使价格上涨，人们还得照样买，其需求弹性就小或缺乏弹性；而一些非必需的高档商品，像贵重首饰，高档服装等，只有当消费者购买力提高之后才买得起，其需求弹性就大。

(3) 商品用途的多少。一般来说，一种商品的用途越多，它的需求弹性就越大，反之就缺乏弹性。任何商品的不同用途都有一定的排列顺序。如果一种商品价格上升，消费者会缩减其需求，把购买力用于重要的用途上，使购买数量减少；随着价格的降低，会增加其购买数量。

(4) 时间与需求价格弹性的大小至关重要。时间越短，商品的需求弹性就越缺乏；时间越长，商品的需求弹性就越大。这是因为在较长的时间内，消费者就越有可能找到替代品，替代品多了，它的需求弹性就必然增加。

（二）供给价格弹性

1．供给价格弹性的含义

供给价格弹性，指供给量对价格微小的百分率变动而产生的反应程度，或者说是供给量受价格变动的影响而伸缩的程度。供给弹性是衡量商品价格的一定比率的变动（上升或下降）将引起供给量以多大比率变动（增加或减少）的概念。供给弹性由供给弹性系数来衡量。供给量变动的百分率与价格变动的百分率的比值，即为供给弹性系数，即：

$$供给价格弹性系数 = \frac{供给量变动率}{价格变动率}$$

设 E_s 代表供给弹性系数，P 代表价格，ΔP 代表价格的变动量，Q 代表供给量，ΔQ 代表供给的变动量，则供给价格弹性可由下列公式表示：

$$E_s = \frac{\Delta Q}{Q} \div \frac{\Delta P}{P} = \frac{\Delta Q}{\Delta P} \cdot \frac{P}{Q}$$

由于 Q 和 P 呈同方向变动，因此 E_s 为正值。

2. 供给价格弹性的分类

根据弹性系数的大小，供给弹性可分为五种类别。见表1.8（图中纵轴代表价格，横轴代表供给量）。

表1.8 供给价格弹性分类

名 称	公 式	含 义	图 形	商 品
无限弹性	$E_s \to \infty$	价格微小变动，供给无限增加		理论上存在
富有弹性	$\infty > E_s > 1$	供给量变动百分比大于价格变动百分比		可大批量生产的产品
单位弹性	$E_s = 1$	供给量变动百分比等于价格变动百分比		不存在
缺乏弹性	$1 > E_s > 0$	供给量变动百分比小于价格变动百分比		手工艺品
无弹性	$E_s = 0$	无论价格如何变动，供给量不变		毕加索名画

3. 影响供给价格弹性的因素

影响供给弹性的因素相当复杂，概括起来主要有以下几种：

第一，生产周期的长短。供给取决于厂商的生产能力。在短期内生产设备、劳动力无法增加，从而供给有限，供给弹性就小。尤其在特别短的期限内，供给弹性几乎是零。在较长期限中生产能力可以增加，因此供给弹性就大，尤其在资源、技术一切条件都可以变动的特别长的期限中，供给弹性接近于无限。

第二,生产难易程度。一般来说,容易生产而且周期短的产品对价格变动的反应快,其供给弹性大;反之,不易生产且生产周期长的产品对价格变动的反应慢,供给弹性小。

第三,生产要素的供给弹性。产量取决于生产要素的供给。因此,生产要素的供给弹性大,产品的供给弹性也大;反之,生产要素的供给弹性小,产品的供给弹性也小。

第四,生产所采用的技术类型。有些产品采用资金密集型技术,有些产品采用劳动密集型技术。采用资金密集型技术的产品,其规模一旦固定,变动就较难,因此供给弹性小;采用劳动密集型技术的产品,其生产规模变动较容易,因此供给弹性大。

供给弹性也要综合以上各种因素来考察。从上面的分析可以看出,重工业产品一般采用资金密集型技术,因为其生产较为困难,并且生产周期长,所以供给弹性较小;轻工业产品,尤其是食品、服装类,一般采用劳动密集型技术,生产较为容易,并且生产周期短,所以供给弹性较大。特别应该指出的是,农产品的生产尽管采用劳动密集型技术,但由于生产周期长,因此供给也缺乏弹性。

陈强经过市场调查和分析认为,虽然现在电子类产品市场竞争激烈,但因消费人群数量庞大,所以电子元器件及小家电的市场需求还是很大的。不过各同类企业为了占有市场,导致电子元器件的市场供给过剩,使得这些产品的需求价格下跌。就目前的市场状况,要想保住DY电子有限责任公司产品的市场占有率,应对其产品的运营做出以下调整:① 控制边际生产费用,维持消费者能普遍接受的供给价格。② 提高生产技术状况。③ 随时了解相关产品的价格动态,并及时对公司产品的价格做出相应调整。④ 减少已经市场供应过剩产品的生产。

1. 简述市场需求与市场供给的含义。
2. 简述边际效用递减规律。
3. 影响需求价格弹性的因素有哪些?

实训目标
增强学生对企业类型、企业组织结构的感性认识。
实训内容
1. 实际访问一个企业,了解该企业所属的法律类型、企业的组织结构现状以及组织结构存在的问题。
2. 每班按6~8人分成一个小组,在调查分析的基础上,每组对企业的组织结构进行再设计,并写出书面报告。
3. 修正后的组织结构能满足企业发展要求,要切实可行,具有可操作性。

提升能力

培养学生组织结构设计的实际运用能力;掌握组织结构设计的基本步骤。

 案例讨论

某食品公司总裁杨总,这段时间为自己一个人负责全公司的利润而感到压力巨大。虽然他有几位分管财务、销售、广告、制造、采购和产品研究的优秀的副总,但是杨总认为不能让他们负责公司的利润,甚至觉得即使让他们负责,他们也很难在不同领域对全公司利润做出贡献。销售副总曾抱怨,由于广告无效,生产部门不能及时提供用户所需的产品,他又没有可以与竞争对手竞争的新产品,因此他不能对销售负全部责任。而生产副总认为他们做不到既降低成本又为紧急订货生产短线产品。此外,财务副总不允许公司对每样东西都有过多的库存。

杨总曾想把公司分为六个部门,设立产品分公司,由分公司经理负责各自的利润。但他发现这个方法既不可行又不经济,因为公司生产的各种食品是使用同一工厂的设备和同样的原材料,而且一个推销人员去一家商店或超市同时洽谈多种相关产品比只洽谈一两种产品要经济得多。

最后,杨总认为最好的方法是委派六位产品经理,他们都对一位产品营销经理负责。每位产品经理都各自对一种或几种产品负责,并对每种产品的产品研究、制造、广告和销售等方面进行监督,从而也就成了该产品的效益和利润的负责人。

【思考】
1. 杨总的食品公司最初是用什么方法进行部门划分的?它有什么优缺点?
2. 杨总设想对公司进行怎样的部门划分?这样做会给公司带来什么样的好处?

模块二 市场营销观念

任务一 市场营销的概念

学习目标

通过学习市场营销的含义、作用及功能,能够熟练掌握市场营销活动的本质和任务。

知识点

市场营销的含义、市场营销的作用及功能、营销管理的本质和任务。

技能点

运用市场营销核心概念分析和指导营销活动。

 任务描述

DY电子有限责任公司销售业绩良好,企业经营利润丰厚,这不仅得益于DY电子有限责任公司优良的产品质量,还得益于该公司出色的营销手段。公司为了更好地发展,成立了专门的市场营销部,该部门的工作业绩直接决定着公司的利润状况。由于市场营销部的杰出表现,多次得到公司领导的表扬和奖励,公司领导甚至认为,市场营销部是公司的核心部门,其他各个部门都要积极配合营销部门工作,让公司能更好地立足市场,谋求更好更快的发展。那么,市场营销部门为什么对DY电子有限责任公司如此重要呢?营销部门是不是就是专门做产品销售的呢?前来DY电子有限责任公司销售部应聘的张同学在面试时遇到了上述问题。

 **任务分析**

现代的很多企业都成立了自己的营销部门,专门负责市场营销工作。营销部门的重要

性不容置疑,我们要理解营销部门对公司的作用,就必须清楚市场营销的内涵,理解市场营销与产品销售的不同之处。

一、市场营销的含义

(一)市场营销的概念

关于市场营销的概念,有多种不同的观点。美国营销大师菲利普·科特勒指出:"市场营销是个人和组织通过创造并同他人交换产品以满足他们需求和获得自己所需之物的一种社会和管理活动。"美国著名管理学家彼得·德鲁克说:"市场营销的目的在于使推销成为多余。"

从企业的角度来看,市场营销是指企业在变化的环境中,以特定的消费需求为中心所进行的一系列生产经营活动,从生产之前一直延续到销售以后。主要包括:企业营销活动的最初阶段——产前活动(市场调研、环境分析、市场细分和目标市场选择、产品开发研制等),企业营销活动的第二阶段——生产活动,企业营销活动的第三阶段——销售活动(有计划、有策略地定价、分销、促销和商品实体分配等),企业营销活动的第四阶段——售后活动(产品的售后服务活动)。

所以,市场营销可以概括为:在一定市场环境中进行的,源自市场、终于市场,满足消费者需求的企业一切生产经营活动。

(二)市场营销学的产生与发展

1. 市场营销学的萌芽阶段

19世纪末到20世纪20年代是市场营销学的萌芽阶段。1912年,哈佛大学的赫杰特齐在对大企业主的调查基础上编写了第一本以"Marketing"命名的教材,标志着市场营销学作为一门独立的学科正式出现。

2. 市场营销学的应用阶段

20世纪20年代末到50年代是市场营销学的应用阶段。在此阶段,许多市场营销学教科书问世,市场营销学体系被初步创立,组织上形成了若干市场营销学研究中心,其中,1931年成立的"美国销售协会"于成立之初就广泛吸收学术界、企业界的人士参加,成为研究市场营销学理论和实践以及培养市场经营人员的专门机构。

3. 市场营销学的变革阶段

20世纪50年代到70年代是市场营销学的变革阶段。此阶段的学者赋予了市场一个新概念:"广义的市场概念,包括生产者和消费者之间实现商品和劳务的潜在交换的任何一种活动。"所谓潜在交换,是指生产的产品和劳务要符合消费者的潜在需求和欲望。这一概念的提出把市场从流通领域扩展到生产领域和消费领域,使得市场营销学冲出了流通领域,走进了企业生产管理的大门。

4. 市场营销学的成熟阶段

从20世纪80年代起,市场营销学的应用超出了物质产品的范围,服务业、金融保险、信息咨询、文娱等行业,甚至军队、宗教团体、慈善事业也广泛应用了市场营销学原理,市场营销学与经济学、社会学、心理学等学科紧密结合,成为一门综合性的接近务实的管理学科和应用学科,标志着市场营销学的理论走向成熟。

5. 市场营销学在我国的发展

20世纪30年代,西方市场营销学传入我国,丁馨伯先生于1933年编译并由复旦大学出版了《市场学》。由于当时商品经济不发达,没有受到社会的广泛重视。新中国成立后,一直到改革开放之前,由于我国实行计划经济体制,商品经济受到一定限制,市场营销学在我国的研究进展非常缓慢。

20世纪80年代以来,以美国西北大学教授菲利普·科特勒的营销理论为主流的西方现代营销理论被逐渐引进到我国。市场营销学课程在我国部分高校开设,"中国高等院校市场学研究会"等不同类型的市场营销研究组织在我国成立。在全国各地从事市场营销学研究、教学的专家和学者的努力下,市场营销理论迅速在国内传播开来,并适应了我国市场经济建设的需要。随着我国改革开放的深入,经济高速发展,买方市场出现,许多企业纷纷将市场营销理论运用到企业的营销实践中,并取得了可喜的成就,这些成就进一步促进了市场营销理论的发展。经过理论界和企业界的共同努力,市场营销理论在我国的应用范围逐步扩大,由企业界扩展到事业单位和政府部门,并成为指导劳动者个人进入人才市场的重要理论依据。

二、市场营销的功能和作用

(一) 市场营销的功能

企业市场营销作为一种活动,有如下四项基本功能:

1. 发现和了解消费者的需求

现代市场营销观念强调市场营销应以消费者为中心,企业也只有通过满足消费者的需求,才可能实现企业的目标。因此,发现和了解消费者的需求是市场营销的首要功能。

2. 指导企业决策

企业决策正确与否是企业成败的关键。企业要谋得生存和发展,做好经营决策很重要。企业通过市场营销活动,分析外部环境的动向,了解消费者的需求和欲望,了解竞争者的现状和发展趋势,并结合自身的资源条件,指导企业在产品、定价、分销、促销和服务等方面做出相应的、科学的决策。

3. 开拓市场

企业市场营销活动的另一个功能就是通过对消费者现实需求和潜在需求的调查、了解与分析,充分把握和捕捉市场机会,积极开发产品,建立更多的分销渠道及采用更多的促销形式,开拓市场,增加销售。

4. 满足消费者的需求

满足消费者的需求与欲望是企业市场营销的出发点和中心，也是市场营销的基本功能。企业通过市场营销活动，从消费者的需求出发，并根据不同目标市场的顾客，采取不同的市场营销策略，合理地组织企业的人力、财力、物力等资源，为消费者提供适销对路的产品，做好销售后的各种服务，让消费者满意。

（二）市场营销的作用

1. 市场营销对企业发展的作用

市场营销虽然不是企业成功的唯一因素，却是关键因素。随着国际经济一体化的发展，各国均卷入国际市场竞争的洪流。哪家公司能最好地选择目标市场，并为目标市场制定相应的市场营销组合策略，哪家公司就成为竞争中的赢家。从微观角度看，市场营销是连接社会需求与企业反应的中间环节，是企业用来把消费者需求和市场机会变成有利可图的公司机会的一种行之有效的方法，亦是企业战胜竞争者、谋求发展的重要方法。

2. 市场营销对社会经济发展的作用

市场经济中，生产出来的东西如果不通过交换、没有市场营销，产品就不可能自动传递到广大消费者手中。从宏观角度看，市场营销对于适时、适地、以适当价格将产品从生产者传递到消费者手中，求得生产与消费在时间、地区的平衡，从而促进社会总供需的平衡起着重大作用。同时，市场营销对实现我国现代化建设、发展我国各领域的经济，起着巨大作用。

三、营销管理

通常人们认为，营销管理者的工作就是刺激顾客对企业产品的需求，以便尽量扩大生产和销售。其实，营销管理者的工作不仅仅是刺激和扩大需求，还包括调整、缩减甚至抵制需求，这是根据需求的具体情况而定的。简单地说，营销管理的任务就是调整市场的需求水平、需求时间和需求特点，使供求之间相互协调，以实现互利，达到组织的目标。因此，营销管理实质上就是需求管理。

1985年美国市场营销协会把市场营销管理定义为：规划和实施理念、商品和劳务设计、定价、促销、分销，为满足顾客需要和组织目标而创造机会的过程。营销管理的任务、种类及措施如表2.1所示。

表2.1 营销管理的任务、种类、措施

需求种类	例 子	营销管理任务	营销管理类型	营销管理措施
负（否定）需求	多数年轻人对戏剧；小孩对拔牙；爱穿平跟鞋的人对高跟鞋	转换（扭转）需求	扭转性营销	了解原因，对症下药
无需求	和尚对木梳；城里人对化肥；多数老年人对新潮服装	创造需求	刺激性营销	营造环境，刺激需求

续表

需求种类	例 子	营销管理任务	营销管理类型	营销管理措施
潜在需求	免洗涤衣服；无害香烟；折叠式电视机	开发需求	开发性营销	设计4Ps开发需求
衰退需求	功能单一的手机；蚊帐；收音机；随身听	恢复需求	恢复性营销	吸引竞争者的顾客、新购
不规则需求	农民对化肥和农药的需求；空调机；电暖器；羽绒服	配合需求	协调性营销	调整4Ps以适应需求变化
饱和需求	某些品牌手机、液晶彩电；快餐	维持需求	维持性营销	积极采取措施维持
过度需求	节假日人们对某些旅游点的观光需求；经济适用房	减低需求	限制性营销	降低质量，提价，减少服务网点、促销
有害需求	烟酒；黄色书刊及音像制品；毒品；野生动物制品	消灭需求	抵制性营销	不再营销

1．扭转性营销

扭转性营销是针对负需求而实行的。负需求是指全部或大部分潜在顾客对某种产品或服务不仅没有需求，甚至宁愿付出一定代价来躲避该产品。比如说，小孩对吃药打针有负需求；素食主义者对肉类有负需求。此时的营销任务是首先分析该产品不受欢迎的原因，然后对症下药，采取措施来扭转。

2．刺激性营销

刺激性营销是在无需求的情况下实行的。无需求的情况指顾客对产品根本不感兴趣或无动于衷。通常是因消费者对新产品或新的服务项目不了解而没有需求；另外，对非生活必需的装饰品、赏玩品等，消费者在没有见到时也不会产生需求。此时，营销管理的任务是设法引起消费者的兴趣，刺激需求。

3．开发性营销

开发性营销是与潜在需求相联系的。潜在需求的情况指多数消费者都有不能由现有产品满足的强烈需求。比如无害香烟和大量节油的汽车等。此时，市场营销的任务是估测潜在市场的规模，开发能满足潜在需求的产品或服务，将潜在需求变成现实需求，以获得极大的市场占有率。

4．恢复性营销

任何一个组织迟早都会面对它的一种或几种产品的需求下降的情况。在这种情况下，营销管理的任务是分析需求下降的原因，并判断通过改变产品特性、寻找新的目标市场或加强有效沟通等手段可否重新刺激需求。对于处于衰退期的产品或服务，如果有出现新的生命周期的可能性，就急需有效的恢复性营销。

5．协调性营销

许多组织面临的需求每季、每天、甚至每小时都处于不规则状态下，这造成了生产能力的不足或闲置浪费。如运输业、旅游业都有这种情况。此时,营销管理的任务是:设法调节需求与供给的矛盾,使二者达到协调同步。协调性营销就是通过灵活的定价、促销和其他激励办法来改变需求模式,使之平均化。

6. 维护性营销

当公司的业务量达到满意程度时,所面临的需求是充分需求,也指需求饱和的情况,即当前的需求在数量和时间上同预期需求已达到一致。这种状态常常会因消费者偏好和兴趣的改变或是同业之间的竞争而发生改变。所以,营销管理的任务是设法维护现有的销售水平,防止出现下降趋势。主要策略有保持合理售价、稳定推销人员和代理商、严格控制成本费用等。

7. 限制性营销

有些组织面临的需求超出了它们的预期,即某种产品或服务需求过剩时,应实行限制性营销。过剩需求是指需求量超过了卖方所能供给或原供给的水平,这可能是由于暂时性的缺货,也可能是由于产品长期过分受欢迎所致。例如,风景区过多的游人,对市场过多的能源消耗等,对此都应实行限制性营销。限制性营销就是指长期或暂时地限制市场对某种产品或服务的需求,通常可采取提高价格、减少服务项目和供应网点、劝导节约等措施。实行这些措施难免遭到反对,营销者要有思想准备。

8. 抵制性营销

抵制性营销是针对有害需求实行的。有些产品或服务对消费者、社会公众或供应者有害无益,对这种产品或服务的需求就是有害需求。营销管理的任务是抵制和清除这种需求。

市场经济体制下竞争激烈,使得现代企业生存压力巨大。想在激烈的环境中生存并发展壮大,必须时刻紧跟市场,生产市场需要的产品,制定市场能够接受的合理价格,构建科学的销售渠道,采取适当的促销策略。DY电子有限责任公司所生产的产品,很多企业都能生产,面临的市场竞争激烈,生存压力非常大,在这样的环境下,顺应市场是大势所趋。市场营销刚好满足企业顺应市场的要求。营销部门的工作是通过对市场的调查,为生产部门提供产品需求信息、帮助生产部门设计产品、确定产品价格、帮助产品销售等。因此市场营销部门是企业连接消费者的桥梁,市场营销部门是企业的生命线。

1. 简述市场营销的含义。
2. 结合市场营销的功能和作用,分析企业重视营销活动的理由。
3. 消费者不喜欢某一产品,甚至宁愿支付一定的代价来躲避该产品的需求属于什么类型?

任务二 市场营销观念

学习目标

通过学习传统营销观念和现代营销观念的类型、特点,掌握市场营销观念和市场营销的关系。

知识点

传统营销观念和现代营销观念。

技能点

运用营销观念分析并指导营销活动。

随着经济的发展、居民收入的快速增长,我国居民的消费水平越来越高,人们对生活质量的要求也越来越高。除了冰箱、彩电、洗衣机等家用电器之外,人们对厨卫、家居、生活类等小家电的消费需求在不断增加。为适应消费者的需求,DY 电子有限责任公司在市场调查的基础上,开发生产消费者需要的电子美容仪、电子按摩器等提高生活品质的小家电,取得了较好的经济效益。李同学刚被 DY 电子有限责任公司销售部门聘用,部门领导要求他分析公司这种经营行为取胜的关键在哪里。

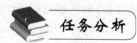

在分析公司这种经营行为取胜的关键时,我们得到的启示是:文化决定观念,观念决定战略,战略决定行为,行为决定效果,效果决定命运。DY 电子有限责任公司之所以能够"弹"无虚发,财源滚滚,是因为其树立了正确的营销观念,因此需要用营销观念方面的知识来分析该公司的经营行为。

营销观念是指企业在开展营销管理活动的过程中,在处理企业、消费者和社会三者利益方面所持的态度、思想和经营理念。观念决定行为,企业的营销观念引导它的营销活动,正确的营销观念会促进企业的发展,错误或不当的观念会将企业引向衰亡。了解市场营销观念的演变,有助于市场营销者做出正确的决策,做好营销工作,以促进企业的发展。

从演变的过程看,营销观念可归纳为五种,即生产观念、产品观念、推销观念、市场营销观念和社会市场营销观念。其中,前三者属于传统的营销观念,后两者属于现代营销观念。

一、传统营销观念

(一)生产观念

生产观念产生于20世纪20年代以前,是指导企业市场经营行为的最古老的观念之一。生产观念认为:消费者喜欢那些可以随处买到的价廉商品,企业应致力于提高生产效率和分销效率,扩大生产,降低成本,以扩展市场。生产观念是一种重生产管理、轻市场营销的企业经营哲学。

生产观念是在卖方市场条件下产生的。当市场商品供不应求时,消费者更在乎得到产品而不是它的优点,供应商会致力于扩大生产。比如在第二次世界大战末期和战后一段时期内,还有在我国计划经济体制下,市场商品短缺,企业大都奉行生产观念。具体表现为:工业企业集中力量发展生产,轻视市场营销,以产定销;商业企业集中力量抓货源,也不重视市场营销。除了产品供不应求的情况外,在产品成本高的条件下,企业经营也受生产观念支配,企业致力于以提高劳动生产率、降低成本,提高产品竞争优势来扩大市场。

(二)产品观念

随着生产力的发展,供不应求的市场状况得到缓解,由此而产生产品观念。产品观念认为,消费者喜欢高质量、多功能和具有某些特色的产品,企业应致力于生产高品质的产品,并不断加以改进。

奉行产品观念的经营者的具体表现有:"物以优为贵,只要产品质量好,就不愁卖不出去""酒香不怕巷子深"等。这些企业认为自己的主要任务是"提高产品质量,以质取胜",它们以企业的产品为中心,不适当地把注意力放在产品上,容易引发"营销近视",即只看到产品的质量,看不到市场的变化,没有真正理解消费者所关注的利益和需求,最终会使企业陷于危机之中。如一家生产文件柜的企业过分迷恋自己产品的质量,追求精美,生产经理认为他们制造了最好的文件柜,并宣传此柜"从四楼扔下仍完好无损",而销售经理却说,"确实如此,但我们的顾客可不打算把文件柜从楼上扔下去。"

(三)推销观念

20世纪30年代以来,由于科学技术的进步和管理思想的创新,生产力进一步快速发展,商品产量迅速增加,产品质量不断提高,买方市场开始在西方国家逐渐形成。在激烈的竞争中,许多企业认为要取胜就必须想尽办法进行大量的推销活动,激起消费者购买自己产品的兴趣和欲望,实现产品多销快销。推销观念应运而生。奉行推销观念的企业声称"我们卖什么,人们就买什么""只要有足够的销售(推销或促销)力度,就没有卖不出去的东西"。

推销观念认为,消费者通常表现出一种购买惰性或抗拒心理,如果任其自然的话,消费者通常不会足量购买某一组织(企业)的产品,因此该组织必须主动推销和积极促销,以刺激消费者大量购买本企业的产品。

许多经营非渴求商品的企业以及产品过剩的企业都奉行推销观念,有的企业还获得了巨大的成功。但从长远来看,此观念最终会被市场摈弃。因为推销观念本质上和生产观念有相似之处,它的出发点仍是企业,即企业生产什么就销售什么。企业重视推销和销售促进工作,千方百计地使消费者关注、购买、尽可能多购买本企业的产品,而不管消费者是否需要、是否有用,也不管消费者购买以后的感受以及派生的行为(比如买后不满意而做负面宣传)。

二、现代营销观念

(一)市场营销观念

市场营销观念是第二次世界大战后在美国新的市场形势下形成的,1957年,美国学者约翰·麦克金特立克等对这种思想进行阐述后,市场营销观念的核心原则才基本定型。所谓市场营销观念,是一种以顾客需要和欲望为导向的经营哲学,它把企业的生产经营活动看作是一个不断满足顾客需要的过程,而不仅仅是制造或销售某种产品的过程。

从推销观念到市场营销观念是企业经营思想的一次重大飞跃。市场营销观念把推销观念的逻辑彻底颠倒过来了,不是能生产什么就卖什么,有什么产品就推销什么产品,而是首先发现和了解消费者的需要,消费者需要什么,就生产什么、销售什么,消费者需求在整个市场营销中始终处于中心地位。奉行市场营销观念的企业认为,实现组织诸目标的关键在于正确确定目标市场的需要和欲望,并且比竞争对手更有效、更有利地传送目标市场所期望满足的东西。

市场营销观念基于四个主要支柱,即目标市场、顾客需要、整合营销和营利能力。市场营销观念和传统推销观念的比较见表2.2。

表2.2 市场营销观念与传统推销观念对比

营销观念 对比项目	传统观念	市场营销观念
出发点	厂商自身	市场
重点	产品	顾客需要
方法	推销和促销	整合营销
目的	通过销售获得利润	通过满足顾客需要获得利润

(二)社会市场营销观念

社会市场营销观念,也即社会市场营销管理哲学,就是不仅要满足消费者的需要和欲望并由此获得企业的利润,而且要符合消费者自身和整个社会的长远利益,要正确地处理消费者欲望、企业利润和社会整体利益之间的矛盾,统筹兼顾,求得三者之间的平衡与协调。

社会市场营销观念是对市场营销观念的修正和补充。它产生于20世纪70年代西方资本主义出现能源短缺、通货膨胀、失业增加、环境污染严重、消费者保护运动盛行的新形势下,因为市场营销观念不能显示和协调消费者需要、消费者利益和长期社会福利之间的冲突。

(三) 大市场营销理论

大市场营销是 1984 年由美国市场营销学家菲利普·科特勒提出的一种营销理论。他认为企业不仅必须服从和适应外部宏观环境,而且应当采取适当的营销措施,主动地影响外部营销环境;在实行贸易保护的条件下,企业的市场营销策略除了 4Ps 之外,还必须加上"两个 P"策略,即政治策略(Political power strategy)和公关策略(Public relations strategy)。这种战略思想,他称之为大市场营销。如图 2.1 所示。

他给大市场营销的定义是:企业为了成功地进入特定的市场,并在这个特定市场上经营,不应该消极地顺从于适应外部环境与市场需求,而应在战略上同时实行政治的、经济的、心理的、公共关系的技巧以赢得参与者的合作。

图 2.1 大市场营销的 6Ps 组合策略

如果企业是对规模狭小的、甚至是单个消费者的市场开展营销活动时,4Ps 策略是必须考虑的四大营销策略。但是,当企业面对规模巨大、人数众多、跨地区、跨国界的市场,甚至是全球市场时,原先采用的 4Ps 策略尽管不可或缺,但却会"力不从心"。这是因为,随着市场规模的扩大,会产生"小市场"原先并不曾遇到的问题。如市场越大文化差异越大,市场越大需求差异可能越大,市场越大环境越复杂;特别是随着世界范围贸易保护主义和政府干预经济的日益加强,政治权利对企业营销的影响也会格外增强。在这种情况下,除了传统的 4Ps 外,企业还必须利用政治权利和公共关系,取得政府官员、立法部门、企业高层决策者以及社会民众的支持和合作,扫清营销障碍,变封闭性市场为开放性市场。

三、现代营销观念的新发展

营销观念是企业在组织和谋划营销活动过程中所依据的指导思想和行为准则,它是在一定的经济基础上并随着社会经济的发展和市场形势的变化而不断创新发展的。现代市场营销观念在经历了生产观念、产品观念、推销观念、市场营销观念和社会市场营销观念之后,继续随着实践的发展而不断深化、丰富,产生了许多新的观念,这些新的观念相互交融,共同构成了现代营销观念的新特色。

(一) 创造需求的营销观念

现代市场营销观念的核心是以消费者为中心,认为市场需求引起供给,每个企业必须依照消费者的需要与愿望组织商品的生产与销售。几十年来,这种观念已被公认,在实际的营销活动中也备受企业家的青睐。然而,随着消费需求的多元性、多变性和求异性特征的出现,许多企业对市场需求及走向常感捕捉不准,适应需求难度加大。另外,完全强调按消费者购买欲望与需要组织生产,在一定程度上会压抑产品创新,而创新正是经营成功的关键所在。为此,在当代激烈的商战中,一些企业提出了创造需求的新观念。日本索尼公司董事长盛田昭夫说:"我们的目标是以新产品领导消费大众,而不是问他们需要什么,要创造需要。"创造需求的营销观念其核心是指,市场营销活动不仅仅限于适应、刺激需求,还在于能否生产出对产品的需要。

(二) 关系市场营销观念

关系市场营销观念是较之交易市场营销观念而形成的,是市场竞争激烈化的结果。传统的交易市场营销观念的实质是买卖双方是一种纯粹的交易关系。传统交易关系中,企业认为卖出商品赚到钱就是胜利,顾客是否满意并不重要。而事实上,顾客的满意度直接影响到重复购买率,关系到企业的长远利益。从 20 世纪 80 年代起,美国理论界开始重视关系市场营销,即为了建立、发展并保持长期的、成功的交易关系进行的所有市场营销活动。它的着眼点是与和企业发生关系的供货方、购买方、分销商等建立良好稳定的伙伴关系,最终建立起一个由这些牢固、可靠的业务关系所组成的"市场营销网",以追求各方面关系利益最大化。这也是当今市场营销发展的新趋势。

关系市场营销观念的基础和关键是"承诺"与"信任"。承诺是指交易一方认为与对方的相处关系非常重要而保证全力以赴去保持这种关系,它是保持某种有价值关系的一种愿望和保证。信任是当一方对其交易伙伴的可靠性和一致性有信心时产生的,它是一种依靠其交易伙伴的愿望。承诺和信任的存在可以鼓励营销企业与伙伴致力于关系投资,抵制一些短期利益的诱惑,而选择保持发展与伙伴的关系,从而获得预期的长远利益。因此,达成"承诺-信任"、然后着手发展双方关系是关系市场营销的核心。

(三) 绿色营销观念

绿色营销观念是在当今社会环境破坏、污染加剧、生态失衡、自然灾害威胁人类生存和发展的背景下提出来的新观念。20 世纪 80 年代以来,伴随着各国消费者环保意识的日益增强,世界范围内掀起了一股绿色浪潮,绿色工程、绿色工厂、绿色商店、绿色商品、绿色消费等新概念应运而生,不少专家认为,我们正走向绿色时代,21 世纪将是绿色世纪。绿色营销观念也就自然而然地相应产生。绿色营销观念的突出特点是:充分顾及资源利用与环境保护问题,要求企业从产品设计、生产、销售到整个营销过程都要考虑资源的节约利用和环保利益。

（四）文化营销观念

文化营销观念是指企业成员共同默认并在行动上付诸实施,从而使企业营销活动形成文化氛围的一种营销观念。它反映的是在现代企业营销活动中,经济与文化的不可分割性。在企业的整个营销活动过程中,文化渗透于其始终。商品中蕴涵着文化,经营中凝聚着文化。企业的营销活动不可避免地包含着文化因素,企业应善于运用文化因素来实现市场制胜。

李同学在对比几种营销观念后,分析任务所提供材料:DY电子有限责任公司取胜的关键在于它树立了科学的营销观念,在市场竞争中坚持以市场营销观念指导经营,紧紧围绕消费者需求开展市场营销活动。DY电子有限责任公司的做法给我们的启示具体包括:企业要树立正确的营销观念;注重新产品的开发,抓好产品质量;要有名牌意识,努力创造名牌。

1. "酒香不怕巷子深"的经营理念属于什么类型?
2. 传统营销观念和现代营销观念有哪些区别?
3. 简述绿色营销观念和大市场营销观念的主要思想。

实训目标

强化对各种营销观念及其特点的理解和掌握,提升学生的表达能力和总结概括能力。

实训内容

全班每位同学设计一个将特定商品销售给特定人群（完全拒绝这些商品）的营销难题（如把梳子卖给和尚,把电脑卖给没有通电村庄的农民等）,写在卡片上交给老师。两位同学一组,从老师手中抽取卡片。一位同学充当推销员,另一位同学充当顾客,在十分钟内,推销员向顾客成功推销出产品。然后二人互换角色,重新实践这一推销难题,根据表现决定两位同学胜负情况。

规则设定

根据推销员在推销过程中所体现的营销观念的现代性、推销说辞激发消费者需求的有效性、推销口头表达能力的影响性等评定成绩,记入其平时成绩。

美国爱尔琴钟表公司自1869年创立到20世纪50年代,一直被公认为美国最好的钟表制造商之一。该公司在市场营销管理中强调生产优质产品,并通过由著名珠宝商店、大百货公司等构成的市场营销网络分销产品。1958年之前,公司销售额始终呈上升趋势。但此后其销售额和市场占有率开始下降。造成这种状况的主要原因是市场形势发生了变化：这一时期的许多消费者对名贵手表已经不感兴趣，而趋于购买那些经济、方便、新颖的手表；而且许多制造商迎合消费者需要，已经开始生产低档产品，并通过廉价商店、超级市场等大众分销渠道积极推销，从而夺得了爱尔琴钟表公司的大部分市场份额。爱尔琴钟表公司竟没有注意到市场形势的变化，依然迷恋于生产精美的传统样式手表，仍旧借助传统渠道销售，认为自己的产品质量好，顾客必然会找上门。结果，致使企业经营遭受重大挫折。

【思考】
1. 爱尔琴钟表公司持有什么样的经营观念？
2. 该经营观念与市场营销观念有什么区别？

模块三
市场营销环境分析

任务一　宏观环境分析

学习目标

通过学习营销环境的分类和宏观环境的构成要素，掌握营销环境对企业营销活动的影响。

知识点

营销环境的分类、宏观环境的构成要素、宏观环境要素对企业营销活动的影响。

技能点

分析宏观环境威胁或市场机会对企业的影响。

 任务描述

　　DY电子有限责任公司主营的电子元器件产品，其客户大多是成交金额较大的集团客户，公司开展业务一直以销售人员进行关系营销为主，寻找潜在客户。但是这种做法的工作效率低，而且浪费了巨大的人力财力，公司要支付高额的运作成本，于是公司一直在寻找能够用更低廉有效的方式开展前期业务的接洽沟通。

　　公司策划部进行谨慎的分析后，决定尝试启用网络宣传的方式。经过分析比较之后，公司选用了网络营销软件行业最早的创始者——商务快车。几个月之后，公司产品在百度等搜索引擎上就有了几千条信息，并且排名一直在向前进。通过统计咨询发现，许多有意向的客户都通过搜索引擎和商务快车里各种电子商务网站上的信息进入公司网站，主动打电话来公司咨询。在使用商务快车后，公司接到的询价电话明显比以前多了起来，为后期的业务跟进提供了有效的依据，大大节约了寻找潜在客户的成本。销售经理问李同学从公司的这一成功中能得到什么启示？

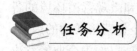

大学刚毕业的小李很快就明确了这是关于营销环境分析的任务。分析营销环境,首先要了解对企业营销活动产生影响的环境要素是哪些,明确这些环境要素的特点,提高认识程度,然后根据这些环境要素的具体情况制定相应的营销策略,来指导企业的营销活动。

一、市场营销环境分析概述

(一)市场营销环境的含义

环境泛指影响某一事物的力量总和。市场营销环境是指影响企业市场营销活动及其目标实现的各种因素和力量的总和。这些因素和力量包括对企业营销活动有影响的企业内部条件和外部环境。

市场营销环境的内容十分广泛而复杂,由于观点和角度不同,学者们对环境的分类也有所差异。著名营销专家菲利普·科特勒把市场营销环境概括为微观环境和宏观环境。市场营销环境的变化既能够给企业带来发展的机会,也能对企业造成威胁。关注并研究企业内外营销环境的变化,把握环境变化的趋势,识别由于环境变化所带来的机会与威胁,是营销管理的主要任务之一。

(二)市场营销环境分析的目的

市场营销环境分析的目的就是为了寻求营销机会和避免环境威胁,积极主动地"趋利避害",以保证企业各项目标的顺利实现。企业要想实现自己的目标,就必须正确分析市场营销环境,发挥优势、克服劣势,谋求企业外部环境、内部条件和企业营销目标之间的动态平衡。市场营销实践证明:适者生存。例如,在20世纪70年代以前,美国没有一家汽车公司曾料想到油价会猛涨,而正是这个变化对企业的经营活动产生了巨大影响和冲击。当年美国的汽车公司正是由于对环境预测不及时、应变不力,致使日本小型轿车大量打入美国市场,占有了将近一半的市场份额。因此,企业必须时时进行调查、分析和预测市场营销环境,并在此基础上制定自己的营销战略和策略,并相应地调整企业的组织结构和管理体制,使之与变化的环境相适应。

现代市场营销学认为,企业营销活动成败的关键在于企业能否适应不断变化的市场营销环境。营销管理者应密切注视市场环境的变化和策略的配合。企业策略与某一特定市场环境相配合的时间往往是短暂的,因为市场环境复杂多变,策略要随环境的变化而相应改变,不能一成不变。

(三)市场营销环境分析的内容

根据影响力的范围和作用方式,市场营销环境可以分为宏观营销环境和微观营销环境。

市场营销环境分析就是通过收集大量的环境信息，分析宏观营销环境和微观营销环境的各构成要素。当然，营销环境分析不是要列举出无穷多个所有可能影响企业营销活动的因素，而是要确认那些对企业营销比较关键的、值得企业做出反应的变化因素，以便为企业经营决策提供依据。

二、市场营销宏观环境分析

宏观市场营销环境主要包括人口、经济、自然、科学技术、政治法律及社会文化环境因素。如图3.1所示。宏观环境因素是不可控的因素，企业不可避免地受其影响和制约。

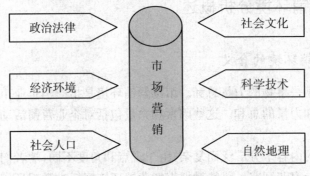

图 3.1　宏观营销环境

（一）人口环境

人口是构成宏观市场环境的第一位因素。因为人口的多少直接决定市场的潜在容量，人口越多，市场规模就越大。而人口的其他指标如年龄结构、地理分布、婚姻状况、出生率、死亡率、人口密度、人口流动性及其文化教育程度等，都会影响企业的市场营销活动。

1. 人口数量

人口数量是决定市场规模的一个基本要素，因此，按人口数量可大略推算出市场规模。我国人口众多，无疑是一个巨大的市场。

2. 人口结构

人口结构主要包括人口的年龄结构、性别结构、家庭结构、社会结构以及民族结构。

（1）年龄结构

不同年龄的消费者对商品的需求不一样。老年人、中年人、青年人与儿童等的需要是大不相同的。目前我国人口老龄化现象十分突出，因此，诸如保健用品、营养品、老年人生活必需品等市场将会兴旺。

（2）性别结构

反映到市场上就会出现男性用品市场和女性用品市场。男性与女性在消费心理与行为、购买商品类别、购买决策等方面有很大的不同。例如我国市场上，妇女通常购买生活用品、杂货、衣服，男子多购买大件物品等。

（3）家庭结构

家庭是购买、消费的基本单位。家庭的数量直接影响到以家庭为基本消费单位的商的数量,如住房、家用电器、汽车等。

(4) 社会结构

我国的人口绝大部分分布在农村,农村人口约占总人口的80%左右。这一社会结构的客观因素决定了企业在国内市场中,应当以农民为主要营销对象,市场开拓的重点也应放在农村。尤其是一些中小企业,更应注意开发价廉物美的商品以满足农民的需要。

(二) 经济环境

经济环境指影响企业营销活动的购买力因素,包括消费者的收入、消费支出倾向和消费结构及社会经济发展等内容。

1. 消费者收入水平

"有钱才能消费",消费者收入水平对企业营销活动影响极大。不同收入水平的消费者,其消费的项目是不同的,消费的品质是不同的,对价格的承受能力也是不同的。如价格昂贵的品牌服饰的购买对象为高收入消费者。

在研究消费收入时,要注意以下几点:

(1) 个人可支配收入

这是在个人收入中扣除税款等后所得余额,它是个人收入中可以用于消费支出或储蓄的部分,它构成实际的购买力。

(2) 个人可任意支配收入

这是在个人可支配收入中减去用于维持个人与家庭生存不可缺少的费用(如房租、水电、食物、燃料、衣着等项开支)后剩余的部分。这部分收入是消费需求变化中最活跃的因素,也是企业开展营销活动时所要考虑的主要对象。因为这部分收入主要用于满足人们基本生活需要之外的开支,一般用于购买高档耐用消费品、旅游、储蓄等,它是影响非生活必需品和劳务销售的主要因素。

(3) 家庭收入

家庭收入的高低会影响很多产品的市场需求。一般来讲,家庭收入高,对消费品需求大,购买力也大;反之,需求小,购买力也小。

需要注意的是,企业营销人员在分析消费者收入时,还要区分"货币收入"和"实际收入"。只有"实际收入"才影响"实际购买力"。

2. 消费者支出模式

消费者支出模式是指消费者各种消费支出的比例关系,也就是常说的支出结构。在收入一定的情况下,消费者会根据消费的急需程度,对自己的消费项目进行排序,一般先满足排序在前也即主要的消费。如温饱和治病肯定是第一位的消费,其次是住、行和教育;再次是舒适型、提高型的消费,如保健、娱乐等。

当家庭收入增加时,用于购买食物的支出比例下降,而用于服装、交通、保健、娱乐、教育的支出比例上升。这一研究结论被称为"恩格尔定律"。恩格尔定律的具体运用主要是通过计算恩格尔系数,恩格尔系数的计算公式为

$$恩格尔系数 = 食物支出 / 总支出 \times 100\%$$

食物支出占总消费量的比重越大,恩格尔系数越高,生活水平越低;反之,食物支出所占比重越小,恩格尔系数越小,生活水平越高。恩格尔系数反映了人们收入增加时支出变化的一般趋势,已成为衡量一个国家、地区、城市、家庭生活水平高低的重要参数。

在分析消费者支出模式时,还必须考虑我国消费者储蓄意识比较浓厚的这个特征。存的钱越多,用于消费的钱就越少。近年来,我国居民储蓄额和储蓄增长率均较大,使得国内消费总规模始终不能显著增长,影响了很多商品的销售。

(三) 自然环境

自然环境是人类最基本的活动空间和物质来源,可以说,人类发展的历史就是人与自然关系发展的历史,自然环境的变化与人类活动休戚相关。

1. 目前自然环境面临危机

主要表现在:

(1) 自然资源逐渐枯竭

传统上,人们将地球上的自然资源分成三大类:取之不尽、用之不竭的资源,如空气、水等;有限但可再生的资源,如森林、粮食等;有限又不能再生的资源,如石油、煤及各种矿物。由于现代工业文明对自然资源无限度地索取和利用,导致矿产、森林、能源、耕地等日益枯竭,甚至连以前认为永不枯竭的水也在某些地区出现短缺。目前,自然资源的短缺已经成为各国经济进一步发展的制约力甚至反作用力。

(2) 自然环境受到严重污染

截至目前,世界经济是物质经济,是一种肆意挥霍原料、资源、能源等自然资源的经济,是一种严重依赖矿物燃料作为发展动力的经济。这种经济模式粗放型的高速增长特点,不仅极大地消耗地球资源,而且使人类生存遭到空前污染,如土壤沙化、温室效应、物种灭绝、臭氧层破坏等等。环境的恶化正在使人类付出惨重的代价。

2. 自然环境的变化对营销的影响

这些影响从目前情况看,主要表现在以下方面:

(1) 企业经营成本的增加

自然环境变化对企业经营成本增加的影响主要通过两个方面表现出来。一方面,经济发展对自然资源严重依赖是传统经济发展模式的主要特征之一。自然资源日趋枯竭和开采成本的提高,必然导致生产成本提高。另一方面,环境污染造成的人类生存危机,使得人们对环境的观念发生改变,环保日益成为社会主流意识。昔日粗放模式下的生产方式必须彻底改变,企业不仅要担负治理污染的责任,还必须对现有可能产生污染的生产技术和所使用的原材料进行技术改造,而这不可避免地提高了企业生产成本。

(2) 新兴产业市场机会增加

环境变化给企业带来的市场机会也主要体现在两个方面。一方面,为了应对环境变化,企业必须寻找替代的能源以及各种原材料,替代能源及材料生产企业面临大量的市场机会。如石油价格的居高不下和剧烈波动,激起企业对替代能源研究的大量投资,仅仅太阳能领域,就已有成百上千的企业推出了更新一代具有实用价值的产品,用于家庭供暖和其他用途。另一方面,环保型材料和各种治理污染设备生产企业也在人们环保意识增加和治理污染的各种立法下,给污染控制技术及产品如清洗器、回流装置等创造一个极大的市场,促使企业探索其他不破坏环境的方法去制造和包装产品。

（四）科学技术环境

科学技术是社会生产力新兴的和最活跃的因素,作为营销环境的一部分,科技环境不仅直接影响企业内部的生产和经营,还与其他环境因素互相依赖、相互作用,尤其与经济环境、文化环境的关系更紧密。新技术革命给企业市场营销既创造了机会,又带来了威胁。例如,一种新技术的应用,可以为企业创造一个明星产品,产生巨大的经济效益；也可以迫使企业的某一传统优势产品退出市场。

新技术的应用还会引起企业市场营销策略、经营管理方式以及零售商业和消费者购物行为发生变化。

1. 新技术引起企业市场营销策略的变化

新技术给企业带来巨大的压力,同时也改变了企业生产经营的内部因素和外部环境,从而引起以下企业市场营销策略的变化:

(1) 产品策略。由于科学技术的迅速发展,新技术应用于新产品开发的周期大大缩短,产品更新换代的脚步加快。在世界市场的形成和竞争日趋激烈的今天,开发新产品成了企业开拓新市场和赖以生存发展的根本条件。因此,要求企业营销人员不断寻找新市场,预测新技术,时刻注意新技术在产品开发中的应用,从而开发出给消费者带来更多便利的新产品。

(2) 分销策略。由于新技术的不断应用,技术环境的不断变化,使人们的工作及生活方式发生了重大变化。广大消费者兴趣、思想等差异性的扩大,自我意识的观念增强,从而引起分销机构与分销方式的不断变化,大量特色商店和自我服务的商店不断出现。例如,20世纪30年代出现的超级市场,40年代出现的廉价商店,六、七十年代出现的快餐服务、自助餐厅、特级商店、左撇子商店等。尤其在信息技术迅猛发展的今天,网上销售更成为未来企业产品分销的重要途径,同时也引起分销实体流动方式的变化。

(3) 价格策略。科学技术的发展及应用一方面降低了产品成本,使价格下降；另一方面使企业能够通过信息技术,加强信息反馈,正确应用价值规律、供求规律、竞争规律来制订和修改价格策略。

(4) 促销策略。科学技术的应用引起促销手段的多样化,尤其是广告媒体的多样化,广告组合的效果、促销成本的降低、新的广告手段及方式将成为今后促销研究的主要内容。

2. 新技术引起企业经营管理的变化

技术革命是管理改革或管理革命的动力,它向管理提出了新课题、新要求,又为企业改善经营管理、提高管理效率提供了物质基础。目前许多企业在经营管理中都使用电脑、传真机等设备,这对于改善企业经营管理、提高企业经营效益起了很大作用。现在,凡是大众化的商品,在商品包装上都印有条纹码,使得结账作业迅速提高,大大提高了零售商店收款工作效率,缩短了顾客等候收款时间,提高了服务质量。

3. 新技术对零售商业和购物习惯的影响

自动售货机的出现,使销售形式得到改变,这种方式对卖方来说,不需要营业人员,只需少量的工作人员补充商品,回收现金,保养、修理机械;对买方来说,购货不受时间限制,在任何时间都可以买到商品和提供的服务。网络销售的出现,使消费者足不出户即可完成购物,大大方便了消费者,也改变了消费者的购物习惯和生活方式。

(五) 政治与法律环境

政治与法律是影响企业营销的重要的宏观环境因素。政治因素像一只有形之手,调节着企业营销活动的方向,法律则为企业规定商贸活动行为准则。政治与法律相互联系,共同对企业的市场营销活动发挥影响和作用。

1. 政治环境

政治环境指企业市场营销活动的外部政治形势、国家方针政策及其变化。

在国内,安定团结的政治局面不仅有利于经济的发展和人们收入的增加,而且影响到人们的心理状况,导致市场需求发生变化。党和政府的方针、政策,规定了国民经济的发展方向和速度,也直接关系到社会购买力的提高和市场消费需求的增长变化。

对国际政治环境的分析,应了解"政治权力"与"政治冲突"对企业市场营销活动的影响。政治权力对企业营销活动的影响主要表现在:有关国家政府通过采取某种措施限制外来企业及产品的进入,如进口限制、外汇控制、劳工限制、绿色壁垒等等。政治冲突则指的是国际上重大事件和突发性事件,这类冲突即使在以和平和发展为主流的时代也从未绝迹过。这种冲突对企业的市场营销工作的影响或大或小,或意味着机会,或产生巨大的威胁。

2. 法律环境

法律环境是指国家或地方政府颁布的各项法规、法令、条例等。法律环境不仅对企业的营销活动而且对市场消费需求的形成和实现都具有一定的调节作用。企业研究并熟悉法律环境,不仅可以保证自身严格依法经营和运用法律手段保障自身权益,还可通过法律条文的变化对市场需求及其走势进行预测。

各个国家的社会制度不同,经济发展阶段和国情不同,体现统治阶级意志的法律制度也不同。从事国际市场营销的企业,必须对相关国家的法律制度和有关的国际法规、国际惯例和准则进行深入的学习研究,并在实践中遵循。

(六) 社会与文化环境

市场营销学中所说的社会文化因素,一般指在一种社会形态下形成的价值观念、宗教信仰、道德规范以及世代相传的风俗习惯等被社会所公认的各种行为规范。具体包括一个国家或地区的价值观念、生活方式、风俗习惯、民族特征、宗教信仰、伦理道德、教育水平、文学艺术等内容的总和。主体文化占据主体地位,起凝聚整个国家和民族的作用,是千百年的历史沉淀,包括价值观、人生道德观等;次级文化则是在主体文化支配下形成的文化分支,包括宗教、种族、地域习惯等。文化对企业营销的影响是多层次、全方位、渗透性的。企业的市场营销人员应分析、研究和了解社会文化环境,以针对不同的文化环境制定不同的营销策略。

1. 教育状况

教育是按照一定的目的要求,对受教育者施以影响的一种有计划的活动,是传授生产经验和生活经验的必要手段,反映并影响着一定的社会生产力、生产关系和经济状况,是影响企业市场营销的重要因素。教育状况对营销活动的影响表现在以下几个方面：

(1) 对企业选择目标市场的影响。处于不同教育水平的国家或地区，对商品的需求不同。

(2) 对企业营销商品的影响。不同文化的国家和地区的消费者，对商品的包装、装潢、附加功能和服务的要求有差异。通常文化素质高的地区或消费者要求商品包装典雅华贵，对附加功能也有一定要求。

(3) 对营销调研的影响。在受教育程度高的国家和地区，可在当地雇佣调研人员或委托当地的调研公司或机构完成企业营销调研的具体项目，而在受教育程度低的国家和地区，企业开展调研要有充分的人员准备和适当的方法。

(4) 对经销方式的影响。企业的产品目录、产品说明书的设计要考虑目标市场的受教育状况。如果经营商品的目标市场在文盲率很高的地区，就不仅需要文字说明，更重要的是要配以简明图形，并要派人进行使用、保养的现场演示，以避免消费者和企业的不必要损失。

2．宗教信仰

纵观历史上各民族的消费习惯的产生和发展，可以发现宗教是影响人们消费行为的重要因素之一。某些国家和地区的宗教组织在教徒购买决策中也有重大影响。一种新产品出现后，宗教组织有时会提出限制、禁止使用，认为该商品与宗教信仰相冲突。所以企业可以把影响大的宗教组织作为自己的重要公共关系对象，在经销活动中也要针对宗教组织设计适当方案，以避免由于矛盾和冲突给企业营销活动带来的损失。

3．价值观念

价值观念就是人们对社会生活中各种事物的态度和看法。不同的文化背景下，人们的价值观念相差很大，而消费者对商品的需求和购买行为深受价值观念的影响。对于不同的价值观念，企业的市场营销人员就应该采取不同的策略。一种新产品的消费，会引起社会观念的变革。而对于一些注重传统、喜欢沿袭传统消费方式的消费者，企业在制定促销策略时应把产品与目标市场的文化传统联系起来。

4．消费习俗

消费习俗是人类各种习俗中很重要的一种，是人们历代传递下来的一种消费方式，也可以说是人们在长期的经济与社会活动中所形成的一种消费风俗习惯。不同的消费习俗具有不同的商品需要。研究消费习俗不但有利于组织消费品的生产与销售，而且有利于正确、主动地引导健康消费。了解目标市场消费者的禁忌、习俗、避讳、信仰、伦理等是企业进行市场营销的重要前提。

5．审美观念

人们在市场上挑选、购买商品的过程，实际上也就是一次审美活动。近年来，我国人民的审美观念随着物质水平的提高，发生了明显的变化。

(1) 追求健康的美。体育用品和运动服装的需求量呈上升趋势。

(2) 追求形式的美。服装市场的异军突起，不仅美化了人们的生活，更重要的是迎合了消费者的求美心愿。在服装样式上，青年人追求强烈的时代感和不断更新的美感，由对称转为不对称、由灰暗色调转为鲜艳、明快、富有活力的色调。

(3) 追求环境的美。消费者对环境的美感体验在购买活动中表现得最为明显。

因此,企业营销人员应注意以上三方面审美观的变化,把消费者对商品的评价作为重要的反馈信息,使商品的艺术功能与经营场所的美化效果融合为一体,以更好地满足消费者的审美要求。

在研究社会文化环境时,还要重视亚文化群对消费需求的影响。每一种社会文化的内部都包含若干亚文化群。因此,企业市场营销人员在进行社会和文化环境分析时,可以把每个亚文化群视为一个细分市场,生产经营适销对路的产品,满足顾客需求。

经过一番思考,小李做出了如下回答:

资料表明,公司能取得成功、有效节约营销成本,原因就在于公司及时利用了新技术、新手段改换营销工具,提高了效率,这说明公司顺应了技术环境的发展。科学技术是社会生产力发展的新兴的和最活跃的因素,作为营销环境的一部分,科技环境不仅直接影响企业内部的生产和经营,同时还与其他环境因素互相依赖、相互作用,既可能给企业市场营销创造机会,也可能带来威胁,所以企业在生产经营过程中必须善于分析并处理包括科技环境在内的人口、经济、自然、政治法律及社会文化环境等宏观因素。

1. 什么是企业的营销环境?宏观营销环境主要包括哪几类因素?
2. 西方人普遍认为"13"这个数字是不吉利的,常以14(A)或12(B)代替,这属于什么环境因素?
3. 保健品市场的兴起是由于人们观念变化引起的,这一因素属于什么环境因素?
4. 恩格尔定律的主要内容是什么?市场营销为什么要研究恩格尔系数?

任务二 微观环境分析

学习目标

学习微观营销环境的构成要素,掌握微观营销环境对企业营销活动的影响特点。

知识点

微观环境的构成要素。

技能点

分析微观环境威胁或市场机会对企业的影响。

任务描述

为充分把握市场机会，DY电子有限责任公司在生产电子元器件的同时，为消费者提供能提高其生活品质的各类小家电。然而我国小家电领域已涌现出以TCL、格兰仕、格力、方太、亚都、九阳为代表的一大批知名品牌，竞争非常激烈。面对众多强有力的竞争对手，DY电子有限责任公司明白自身必须致力于产品差异化能力的提升，以提升产品价值来获得高盈利保障和持续增长。在明确了经营思路后，DY电子有限责任公司瞄准竞争对手的薄弱环节，不失时机地填补市场空白，终于取得了市场营销的成功。

公司销售经理给王云布置了一个任务：分析DY电子有限责任公司取胜的绝招是什么？从中可以得到哪些启示？

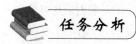

任务分析

经济管理专业毕业的王云接到任务后马上意识到这与过去学习的营销环境知识有关。案例资料显示对DY电子有限责任公司经营小家电产生影响的主要是微观营销环境因素。

相关知识

企业的微观营销环境是指对企业服务其目标市场的营销能力构成直接影响的各种因素的集合。包括企业内部环境、顾客、供应商、营销中介、竞争者和社会公众等与企业具体营销业务密切相关的各种组织与个人。

一、企业内部环境

企业为开展营销活动，必须设立某种形式的营销部门，而且营销部门不是孤立存在的，它还需面对财务、采购、制造、研究与开发等一系列职能部门。市场营销部门与这些部门在最高管理层的领导下，为实现企业目标共同努力。另一方面，企业市场营销部门与这些部门之间既有多方面的合作，也存在争取资源方面的矛盾。例如，在产品品质方面，营销部门从顾客需求出发，会对产品品质提出更高的要求；而生产部门从成本的角度出发，可能会降低对品质的要求。再如，对营销推广费用的核定，营销部门与财务部门往往会不一致。因此这些部门的业务状况如何，它们与营销部门的合作以及它们之间是否协调发展，对营销决策的制订与实施影响极大。营销部门在制订和实施营销目标与计划时，要充分考虑企业内部环境力量，争取得到高层管理部门和其他职能部门的理解和支持。

二、顾客

顾客是企业服务的对象，同时也是产品销售的市场和企业利润的来源，理所当然是营销活动的极其重要的营销环境。企业要投入很多精力去研究顾客的真实需求情况，在产品营销的方方面面都要充分考虑到他们的要求，并尽可能去满足他们的需求；否则企业的营销活动就会陷入"对牛弹琴"的局面。企业营销活动本质上就是围绕顾客需求而展开的。连锁经营之所以发展如此迅速，是因为它解决了顾客对企业信誉不放心的消费心理。

三、供应商

供应商是指向企业及竞争者提供生产经营所需资源的企业或个人。供应者对企业营销活动有重要影响，其所供应的原材料数量和质量将直接影响企业产品的数量和质量，所供应原材料的价格会直接影响产品的成本、利润和价格。特别是在现代化生产方式下，企业的许多成品、半成品都是由各种企业合作生产的。

企业与供应商的关系，既是一种合作关系，也是一种竞争关系。竞争关系主要表现在交易条件方面的竞争。如供应商得利多了，企业得利就少了。在这种竞争关系中，谁处于优势，谁处于劣势，不同的企业、不同的供应商是不同的。如当某种产品供不应求时，供应商就处于优势地位，他所获得的交易条件会更有利一些。再如随着连锁企业的市场声誉不断扩大，对零售渠道的控制能力也不断增大，连锁企业在双方关系中的优势也会不断增强，除不断要求降低进货价格外，可能对有些知名度不高的产品还要求增加诸如进场费之类的费用，而供应商也只能接受。

四、营销中介

营销中介是协助企业促销和分销其产品给最终购买者的个人或组织。包括中间商（批发商、代理商、零售商），物流配送公司（运输、仓储），市场营销服务机构（广告、咨询、调研）以及财务中介机构（银行、信托、保险等）。这些组织都是营销所不可缺少的中间环节，大多数企业的营销活动都需要他们的协助才能顺利进行。商品经济愈发达，社会分工愈细，中介机构的作用愈大。如随着生产规模的增加，降低产品的配送成本就显得越来越重要。于是适应这种需求的生产性服务行业就得到了发展。企业在营销过程中，必须处理好同这些中介机构的合作关系。

五、竞争者

一个行业只有一个企业，或者说一个企业能够控制一个行业的完全垄断的情况在现实中很不容易见到。因此与同行的竞争是不可避免的。我们可以将企业的竞争对手分为四个层次：

（一）产品品牌竞争者

产品品牌竞争者指品牌不同，但满足需要的功能、形式相同的产品之间的竞争。如轿车中的"奔驰""宝马""别克"等品牌之间的竞争。这是企业最直接而明显的竞争对手。这类竞争者的产品内在功能和外在形式基本相同，但因出于不同厂家之手而品牌不同。有关企业通过在消费者和用户中培植品牌偏好，从而展开市场竞争。

（二）产品形式竞争者

产品形式竞争者指较品牌竞争者更深一层次的竞争者，即各个竞争者产品的基本功能相同，但形式、规格和性能或档次不同。如自行车既有普通轻便车，又有性能更优良的山地车，厂家通过在顾客中发掘和培养品牌偏好，来展开市场竞争。

（三）平行竞争者

平行竞争者是潜伏程度更深的竞争者，这些竞争者所生产的产品种类不同，但所满足的需要相同。如汽车、摩托车或自行车都能满足消费者对交通工具的需要，消费者只能择其中一种。这属于较大范围的行业内部竞争。

（四）需求愿望竞争者

需求愿望竞争者是潜伏程度最深的竞争者，不同竞争者分属不同的产业，相互之间为争夺潜在需求而展开竞争。如房地产公司与汽车制造商为争夺顾客而展开的竞争。顾客现有的钱如用于汽车购买则不能用于房子购买，汽车制造商与房地产公司实际是针对购买者当前所要满足的各种愿望展开争夺。

在上述四个层次的竞争对手中，品牌竞争者是最常见、最外在的，其他层次的则相对比较隐蔽、深刻。正是如此，在许多行业里，企业的注意力总是集中在品牌竞争因素上，而对如何抓住机会扩大整个市场、开拓新的市场领域，或者说起码不让市场萎缩，则经常忽略不顾。所以，有远见的企业不会仅仅满足于品牌层次的竞争，它们明白关注市场发展趋势、维护和扩大基本需求的优势更加重要。

六、社会公众

社会公众是指对企业实现营销目标的能力具有实际或潜在利害关系和影响力的团体或个人。公众对企业的感觉和与企业的关系对企业的市场营销活动有着很大的影响。所有的企业都必须采取积极措施，保持和主要公众之间的良好关系。通常，企业周围大致有七类公众：

（一）金融界

对企业的融资能力有重要的影响。主要包括银行、投资公司、证券经纪行、股东。

（二）媒介公众

指那些刊载、播送新闻、特写和社论的机构，特别是报纸、杂志、电台、电视台。他们主要通过社会舆论来影响其他公众对企业的态度。特别是主流媒体的报道，对企业影响极大，甚至可以达到"一条好的报道可以救活一个企业，一个负面的报道可以使一个企业破产"的程度。因此企业对待媒体要慎之又慎。

(三)政府机构

企业管理当局在制订营销计划时,必须认真研究与考虑政府政策与措施的发展变化。

(四)公民行动团体

一个企业营销活动可能会受到消费者组织、环境保护组织、少数民族团体等的质询。

(五)地方公众

每个企业都同当地的公众团体,如邻里居民和社区组织保持联系。

(六)一般公众

企业需要关注一般公众对企业产品及经营活动的态度。虽然一般公众并不是有组织地对企业采取行动,然而一般公众对企业的印象却影响着消费者对该企业及其产品的看法。

(七)内部公众

企业内部的公众包括生产一线的职工、职能部门员工以及中高层管理人员、董事会成员等。大公司还发行业务通讯和采用其他信息沟通方法,向企业内部公众通报信息并激励他们的积极性。当企业雇员对自己的企业感到满意的时候,他们的态度也就会感染企业以外的公众。

结合微观营销环境知识,从案例资料中可以看出,DY电子有限责任公司经营小家电必须应对以TCL、格兰仕、格力、方太、亚都、九阳为代表的一大批知名品牌,竞争非常激烈。面对众多强有力的竞争对手,DY电子有限责任公司明智的做法是"曲线救国",而不是"迎头而上"。DY电子有限责任公司取胜的关键在于它进行了适当的市场分析,找到了竞争对手的薄弱环节,填补了市场空白。

案例启示:作为企业或商家,必须对包括企业内部环境、顾客、供应商、营销中介、竞争者和社会公众等与企业具体营销业务密切相关的各种组织与个人进行充分的了解,在此基础上,才能制定出适当的营销策略,收到良好的经营效果。

1. 微观营销环境包括哪几类因素?它对企业营销活动影响的直接程度如何?
2. 竞争者有哪些类型?他们对企业的影响有何区别?

任务三　市场营销环境分析方法

学习目标

通过学习市场营销环境的分析方法，掌握不同分析方法的内涵和特点。

知识点

价值链分析、PEST分析法、SWOT分析。

技能点

运用SWOT分析法分析企业营销环境。

DY电子有限责任公司小家电市场部经过市场调查和市场试验，得到如下信息：(1)从2006年8月1日起执行国家强制性3C论证，提高进入小家电领域的门槛，同时部分产品领域将推行准入制度；(2)大家电品牌、外资品牌在小家电市场的份额总体不断增加，发展规模不断壮大，进一步挤压小家电企业的发展空间；(3)竞争白热化使得小家电的利润越来越薄；(4)低质商品扰乱市场；(5)大部分消费者在消费小家电时开始注重品牌的选择；(6)市场规模大，在全球金融危机和经济增速放缓的背景下，小家电却在整体增速下滑的国内家电业中独树一帜。经理要求王云分析上述情况，并指出公司应该采取什么样的应对策略。

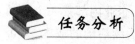

由资料可知，DY电子有限责任公司面对的营销环境变化既存在对公司发展不利的威胁因素，又存在营销机会，因此需要进行营销环境的机会和威胁分析，以便制定适当的应对策略。

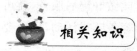

企业的营销活动都是在一定的环境中进行的，而营销环境的变化不仅给企业带来市场机会，也会造成威胁。并不是所有的市场机会都具有同样的吸引力，也不是所有的环境威胁都一样大。在系统地收集了市场营销环境资料后，接下来应用一定的方法对资料进行分析。

一、价值链分析法

价值链分析法是由美国哈佛商学院教授迈克尔波特提出来的,是一种寻求确定企业竞争优势的工具。即运用系统性方法来考察企业各项活动和相互关系,从而找寻具有竞争优势的资源。波特价值链如图3.2所示。

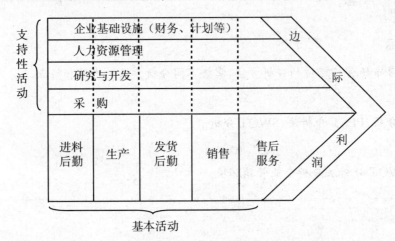

图3.2 波特价值链

(一)价值链的思想内涵

价值链思想认为,企业的价值增值过程按照经济和技术的相对独立性,可以分为既相互独立又相互联系的多个价值活动,这些价值活动形成一个独特的价值链。价值活动是企业所从事的物质上和技术上的各项活动,不同企业的价值活动划分与构成不同,价值链也不同。

对制造业来说,价值链的基本活动包括进料后勤、生产、发货后勤、销售、售后服务;支持性活动包括企业基础设施(财务、计划等)、人力资源管理、研究与开发、采购。每一活动都包括直接创造价值的活动、间接创造价值的活动、质量保证活动三部分。企业内部某一个活动是否创造价值,看它是否提供了后续活动所需要的东西、是否降低了后续活动的成本、是否改善了后续活动的质量。

价值链的含义可以概括为:第一,企业各项活动之间都有密切联系,如原材料供应的计划性、及时性和协调性与企业的生产制造有密切的联系;第二,每项活动都能给企业带来有形或无形的价值,如售后服务这项活动。如果企业密切注意顾客所需或做好售后服务,就可以提高企业的信誉,从而带来无形价值;第三,价值链不仅包括企业内容各链式活动,更重要的是,还包括企业外部活动,如与供应商之间的关系、与顾客之间的关系。

(二)价值链分析的特点

1. 价值链分析的基础是价值,各种价值活动构成价值链

价值是买方愿意为企业提供给他们的产品所支付的价格,也是代表着顾客需求满足的实现。价值活动是企业所从事的物质上和技术上的界限分明的各项活动。它们是企业制造对买方有价值的产品的基石。

2．价值活动可分为两种：基本活动和辅助活动

基本活动涉及产品的物质创造及其销售、转移给买方和售后服务的各种活动。辅助活动是辅助基本活动并通过提供外购投入、技术、人力资源以及各种公司范围的职能以相互支持。

3．价值链列示了总价值

价值链除包括价值活动外，还包括利润。利润是总价值与从事各种价值活动的总成本之差。

4．价值链的整体性

企业的价值链体现在更广泛的价值系统中。供应商拥有创造和交付企业价值链所使用的外购输入的价值链（上游价值），许多产品通过渠道价值链（渠道价值）到达买方手中，企业产品最终成为买方价值链的一部分，这些价值链都在影响企业的价值链。因此，要获取并保持竞争优势，就不仅要理解企业自身的价值链，也要理解企业价值链所处的价值系统。

5．价值链的异质性

不同的产业具有不同的价值链。在同一产业，不同的企业的价值链也不同，这反映了它们各自的历史、战略以及实施战略的途径等方面的不同，同时也代表着企业竞争优势的一种潜在来源。

（三）价值链分析内容

1．识别价值活动

识别价值活动要求在技术和战略上有显著差别的多种活动相互独立。如前所述，价值活动有两类：基本活动和辅助活动。

2．确立活动类型

在每类基本和辅助活动中，都有三种不同类型。

（1）直接活动：涉及直接为买方创造价值的各种活动。例如零部件加工、安装、产品设计、销售、人员招聘等。

（2）间接活动：指那些使直接活动持续进行成为可能的各种活动。例如设备维修与管理，工具制造，原材料供应与储存，新产品开发等。

（3）质量保证：指确证质量的各种活动。例如监督、视察、检测、核对、调整和返工等。

这些活动有着完全不同的经济效果，对竞争优势的确立起着不同的作用，应该加以区分，权衡取舍，以确定核心和非核心活动。

二、PEST 分析法

PEST 分析是指宏观环境的分析，宏观环境又称一般环境，是指影响一切行业和企业的各种宏观因素。对宏观环境因素作分析，不同行业和企业根据自身特点和经营需要，分析的具体内容会有差异，但一般都应对政治（Political）、经济（Economic）、社会（Social）和技术

(Technological)这四大类影响企业的主要外部环境因素进行分析。简单而言,称之为PEST分析法,如图3.3所示,为PEST分析模型。

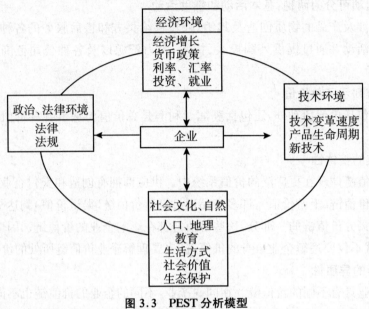

图 3.3　PEST 分析模型

三、SWOT 分析法

(一) SWOT 分析法的含义

SWOT 分析法,是一种综合考虑企业内部条件和外部环境的各种因素进行系统评价,从而选择最佳经营战略的方法。SWOT 分别是:"优势"——Strengths、"弱势"——Weaknesses、"机会"——Opportunities、"威胁"——Threats 这四个英文单词的第一个字母的缩写。通过 SWOT 分析,可以结合环境对企业的内部能力和素质进行评价,弄清楚企业相对于其他竞争者所处的相对优势和劣势,帮助企业制定竞争战略。

1. 企业优势和劣势

企业优势和劣势分析实质上就是企业内部经营条件分析,或称企业实力分析。

优势是指企业相对于竞争对手而言所具有的优势人力资源、技术、产品以及其他特殊实力。充足的资金来源、高超的经营技巧、良好的企业形象、完善的服务体系、先进的工艺设备、与买方和供应商长期稳定的合作关系、融洽的雇员关系、成本优势等等,都可以形成企业优势。

劣势是指影响企业经营效率和效果的不利因素和特征,他们使企业在竞争中处于劣势地位。一个企业潜在的弱点主要表现在以下方面:缺乏明确的战略导向、设备陈旧、盈利较少甚至亏损、缺乏管理和知识、缺少某些关键的技能、内部管理混乱、研究和开发工作落后、企业形象较差、销售渠道不畅、营销工作不得力、产品质量不高、成本过高等等。

2. 环境机会和威胁

企业的机会与威胁均存在于市场环境中,因此,机会与威胁分析实质上就是对企业外部环境因素变化的分析。市场环境的变化或给企业带来机会或给企业造成威胁。环境因素的变化可能对某一企业是不可多得的机会,但对另外一家企业则可能意味着灭顶之灾。

环境提供的机会能否被企业利用,同时,对于环境变化产生的威胁能否有效化解,取决于企业对市场变化反映的灵敏程度和实力。市场机会为企业带来收益的多寡、不利因素给企业造成的负面影响的程度,一方面取决于这一环境因素本身的性质,另一方面取决于企业优势与劣势的结合状况。最理想的市场机会是那些与企业优势达到高度匹配的机会,而恰好与企业弱点结合的不利因素将不可避免地消耗企业大量资源。

（二）营销环境的机会威胁分析

运用"环境威胁矩阵图"和"市场机会矩阵图"分析,见图3.4、图3.5。

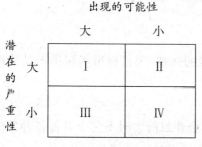

图 3.4　环境威胁矩阵图

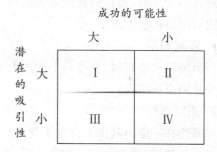

图 3.5　市场机会矩阵图

如果将市场机会和环境威胁两者结合起来,针对具体情况进行分析、评价,可以将企业或企业的业务划分为四种类型,见图3.6。

1. 理想企业,即高机会、低威胁的企业

理想型企业应考虑到机会难得,好景不长,甚至转瞬即逝,因此必须抓住机遇,迅速行动;否则会丧失战机,后悔莫及。

2. 冒险企业,即高机会、高威胁的企业

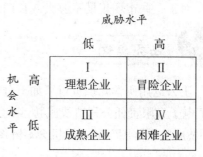

图 3.6　机会－威胁分析矩阵图

企业不宜盲目前进,也不应迟疑不决,应全面分析自身的优势与劣势,扬长避短,创造条件,争取突破性的发展。

3. 成熟企业,即低机会、低威胁的企业

企业可将机会水平低、威胁水平也低的业务作为常规业务,用以维持企业的正常运转,并为开展理想型业务和冒险型业务准备必要的条件。

4. 困难企业,即低机会、高威胁的企业

困难型企业要么努力改变环境,走出困境或减轻威胁,要么痛下决心,立即转移,摆脱无法扭转的困境,寻求新的出路。

（三）企业应对市场环境机会和威胁的对策

对于企业面临的最好机会和主要威胁,营销部门要制定正确的对策,对所面临的市场机会,企业必须慎重行事,认真评价其质量。有需要未必有市场,有市场未必有顾客,种种营销机会陷阱都可能出现。例如,高档豪华住宅是一个市场,但是有些地区未必有那么多的顾客购买,可能会出现较多空置,占据大量资金而致使营销计划失败。缺乏预测经验的人对某些领域表面上的机会可能会做出严重的错误估计,造成不可挽回的损失。而对所面临的威胁,企业有三种对策可以选择:

1. 反抗策略

企业利用各种手段,努力限制或扭转不利因素的发展。

2. 减轻策略

通过调整营销组合,改善环境适应,以减轻环境威胁的严重性。

3. 转移策略

避开不利环境,转移到其他更为盈利的行业领域或市场领域。

面对市场机会的对策:

1. 及时利用

当市场机会出现时,企业马上通过自身可控因素的调整,为目标市场提供产品或服务,以充分利用市场机会。

2. 适时利用

对那些在一定时间内不会发生变化的市场机会,企业目前暂时不完全具备各种条件时,应积极准备条件,待各方面条件成熟后,再利用这一市场机会。

3. 放弃不用

对于一些市场规模不够大或长期效益不够好的机会,就不得不放弃。

任务实施

王云运用所学知识进行了如下分析:根据资料显示,上述第(1)条至第(4)条动向给DY电子有限责任公司造成威胁,第(5)条至第(6)条动向则给公司带来市场机会。运用"环境威胁矩阵图"和"市场机会矩阵图"分析,见图3.7、图3.8。

	出现的可能性	
	大	小
潜在的严重性 大	Ⅰ (2)(3)(4)	Ⅱ (1)
潜在的严重性 小	Ⅲ	Ⅳ

	成功的可能性	
	大	小
潜在的吸引力 大	Ⅰ (6)	Ⅱ (5)
潜在的吸引力 小	Ⅲ	Ⅳ

图3.7 环境威胁矩阵图　　　　图3.8 市场机会矩阵图

将市场机会和环境威胁两者结合起来,针对具体情况进行分析、评价,见图3.9。

DY电子有限责任公司有三个主要威胁,即图3.7中的(2)(3)(4),一个最好的市场机会即图3.8中的(6),所以这家公司属于图3.9第Ⅱ种情况,即高机会、高威胁的冒险企业。

企业不宜盲目前进,也不应迟疑不决,应全面分析自身的优势与劣势,扬长避短,创造条件,争取突破性的发展。

据此,其市场部可采取如下应对策略:

(1) 经营要向精细化发展,强化品牌意识,提高品牌运作力;

(2) 深拓渠道网络,提高规模化生存力,保证一定规模下的利润点。

	威胁水平	
	低	高
机会水平 高	Ⅰ 理想企业	Ⅱ 冒险企业
机会水平 低	Ⅲ 成熟企业	Ⅳ 困难企业

图 3.9 机会-威胁分析矩阵图

1. 企业营销环境分析的目的是什么?
2. 常用的营销环境分析方法有哪些?
3. 处于威胁水平高、机会水平低营销环境下的企业属于什么类型企业?

实训目标

提升环境分析能力,训练发散性思维。

实训内容

选定某项环境变化因素(可以选定任何一种环境因素,如下雨、奥运会、全球气温变暖等),全班同学按照座次循环发言,轮到的同学必须快速说出这一因素变化给社会带来的一项威胁及一项机会,由专人记录各位同学发言。老师选定某项威胁(或机会),按照同样规则,轮到的同学必须快速说出针对这一威胁(或机会)的对策。根据发言的独特性与合理性加分,根据每位同学出现冷场的次数减分。将每位同学的最后得分作为平时成绩。

假日经济:一块冷热不均的馅饼

在习惯了多年的紧张工作之后,面对突然出现的长假,仿佛一夜之间,"休假"成了人们谈论最多的话题,而"假日经济"这一新名词也频频出现在大大小小的传媒上,成了吸引注意力最多的"新宠"。2000年"五·一",假日消费像一个风火轮,转到哪里就火了哪里,犹如天上掉下的馅饼,让商家个个喜笑颜开。只是手忙脚乱的商家在蜂拥而至的消费者面前显得力不从心,不但屡屡与众多商机擦肩而过,还惹得消费者怨声不断。于是,商家们为下一个长假憋足了劲。然而,当"十·一"如约而至之后,现实的境况却与商家的期望相去甚远,尽管商场依然人声鼎沸,却未见购物狂潮;尽管旅游点车来车往,却未见人潮涌动。从"五·一"的火爆到"十·一"的几分凉意,不但不少商家大失所望,也让跟着感觉走的商家们着实猜不透,假日经济"真经"何在?

从最具代表性的旅游市场看,铁路部门"十·一"期间发送旅客和客票收入分别比"五·

一"下降10.6%和9%,民航飞行航班和运输旅客比"五·一"下降19%。而国家统计局、国家旅游局的联合调查统计则显示,"十·一"假期期间国内旅游者达5982万人次,实现国内旅游收入230亿元,反比"五·一"期间的4600万人次和181亿元有不小的增长,这与许多旅游企业的冷清形成鲜明反差。消费者的消费行为发生了变化,而面对这些变化,许多企业的反应落后了一步。

【思考】
1. "长假"给企业营销环境带来什么样的变化?
2. 针对"长假"应采取什么样的营销策略?

模块四
市场调研与需求预测

任务一　市场调研

学习目标

通过学习市场调研内容、程序、方法,具备进行市场调研的能力。

知识点

市场调研内容,市场调研程序与方法。

技能点

掌握市场调研的一般步骤和方法。

任务描述

国内的电磁炉行业经历了2004~2007年的爆发性增长,大批工厂如雨后春笋般在珠三角和江浙一带迅速布局,从外观看来,整个市场表面一片繁荣。DY公司也想进军该行业,进行电磁炉的生产。在进入该行业之前,首先展开了市场调研。市场营销部的张明在此次的调研团队中,他该如何做好此次调研工作呢?

任务分析

一个企业要在竞争环境中生存下去,市场营销活动是必须的,市场营销中一个基础的环节就是了解市场、分析市场。而要做到充分有效了解市场,其中一个最重要的方法就是市场调研。在开展市场调研活动时,必须遵循调研活动的流程,选用科学的方法,配合以合理的实施与控制,以期得到正确的调研信息,并对企业经营决策和营销决策产生积极的指导作用。

在此次调研中,张明所在的调研团队可以先找到"标杆企业"。所谓标杆企业就是行业里的领头羊,光环笼罩全身,很多后来企业都将他们曾经的作为奉为至理而去模仿。这种

"拿来主义"的风险在于:这些标杆企业的"发家"手段并不一定适合后来的企业,因为企业所处的空间和时间都不一样。其实,这也是缺少调研理念的一种表现。调研就是使企业的决策、策略、计划符合客观实际的手段。作为中小企业的 DY 公司还需面对的问题包括:谁是我们的消费者,他们在哪里,他们的需求有什么不同,等等。这都需要进行调研后才能解决。

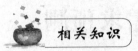

相关知识

一、市场调研的内涵

(一)市场调研的概念

在企业的市场营销管理过程中,每一步都离不开营销调研。因为,在市场营销的分析、计划、实施和控制的每一个阶段,营销管理者都需要信息,而市场调研是获取这些信息的最重要的途径。

市场调研是指企业运用科学方法,有目的地、系统地收集、记录一切与特定市场营销有关的信息,并对所收集的信息进行整理分析,从而把握目标市场的变化规律,为企业营销决策提供可靠的依据的活动。

(二)市场调研的类型

由于主体、客体、范围、时间、功能等方面所存在的差异,市场调研可以分为不同的类型,表现出不同的特征,如表 4.1 所示。

表 4.1 市场调研的分类

分类依据	调研分类名称	定义	备注
按市场调研的范围分类	专题性市场调研	是指市场调研主体为解决某个具体问题而进行的对市场中的某个方面进行的调研	大多数市场调研都是专题调研
	综合性市场调研	是指调研主体为全面了解市场的状况而对市场的各个方面进行的全面调研	这种调研在实践中比较少
按市场调研的功能分类	探测性调研	是一种为了掌握和了解调研者所面临的市场调研问题的特征和与此相联系的各种变量的市场调研	一般采用简便易行的调查方法,如第二手资料的收集、小规模的试点调研、定性调研、专家或相关人员的意见集合,等等
	描述性调研	是针对市场的特征或功能等,对调研的各种变量作尽可能准确的描述。描述性调研所要了解的是有关问题的相关因素和相关关系	它要回答的是"什么""何时""如何"等问题,它的结果通常说明事物的表征,并不涉及事物的本质及影响事物发展变化的内在原因。它是一种最基本、最一般的市场调研
	因果性调研	旨在确定有关事物的因果联系的一类市场调研。它也是结论性市场调研的一种。因果性调研涉及事物的本质,即影响事物发展变化的内在原因	市场营销的管理者更多的是根据事物之间内在的因果联系做出营销决策,因而,因果性调研是一种十分重要的市场调研

此外,对市场调研还可以从其他角度进行分类。例如,按调研的时间,可以分为一次性、突击性的市场调研和连续性、经常性的市场调研;按调研的对象,可以分为消费者调研、生产者调研、消费者及其购买行为调研、广告调研、形象调研、产品调研、价格调研、分销渠道调研等。市场调研的种类不同,其调研的特征、内容、要求、方法等都有区别。

(三)市场调研的内容

市场调研的内容很广,不同企业所从事的调研活动的侧重点也会有很大不同。最常见的一些调研项目是:市场特点研究,市场潜量的衡量,市场份额分析,销售分析,商业趋势研究,竞争产品研究,短期预测,新产品市场接受情况、市场、潜量,长期预测,定价研究。

一般来说,市场调研的内容大致包括以下几个方面:市场需求调研、产品调研、价格调研、促销调研、分销渠道的调研和营销环境调研。各项调研的具体内容如表4.2所示。

表4.2 市场调研的内容

调研名称	调研内容
市场需求调研	现有顾客需求情况的调研(包括需求类型、数量和时间等);现有顾客对本企业产品满意程度的调研;现有顾客对本企业产品信赖程度的调研;对影响顾客需求的各种因素变化情况的调研;对顾客的购买动机、购买行为的调研;对潜在顾客需求情况的调研,如需求产品的种类、数量和时间等
产品调研	产品设计的调研(包括功能设计、用途设计、使用方便和操作安全的设计、产品的品牌和商标设计以及产品的外观和包装设计等);产品系列、产品组合的调研;产品生命周期的调研等
价格调研	市场需求、变化趋势的调研;对影响价格变化的各种因素的调研;产品需求价格弹性的调研;替代产品价格的调研;新产品定价策略的调研;目标市场对本企业品牌价格水平的反应以及竞争者的产品质量和价格的调研等
促销调研	调研各种促销形式的特点以及促销活动是否别具一格、具有一定的创新性;是否突出了产品和服务特点,消费者的接受程度如何,是否起到了吸引顾客、争取潜在消费者的作用等
分销渠道调研	对各中间商(包括批发商、零售商、代理商、经销商)的经营状况、销售能力的调研;配送中心选在哪里最合理的调研;各种运输工具应如何安排的调研;如何既满足交货期的需要,又降低销售费用的调研等
营销环境调研	政治法律环境,如与该企业产品有关的方针政策、法令条例;经济环境,如经济发展水平、人均收入、消费结构变化、消费者储蓄和消费信贷的变化;科技环境,如新技术、新工艺、新材料的发展和产品新品种的增加以及生产能力的提高对供应关系的影响;竞争环境,如竞争者的生产能力和管理能力、竞争者产品的市场定位和营销组合策略、竞争者的生产技术、竞争者的资金实力和竞争者的企业形象等

二、市场调研的程序与方法

为了有效地进行市场调研,必须按照一定的步骤进行,市场调研的一般流程如图

4.1所示。

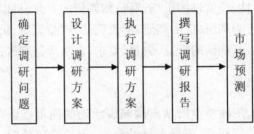

图 4.1 市场调研流程

（一）确定调研问题

要顺利地进行市场调研，首先要做的工作便是确定营销过程中所存在的问题以及调研目标。要针对营销问题进行追溯，掌握所有可能导致营销问题的行为和因素，找准方向，以保证调研确定有效。确定调研问题是一项重要而又细致的工作，涉及不同方面的工作内容。其一般的工作程序包括：

1. 调查或交流工作

先期的调查或交流工作有助于更科学、准确地确定市场调查问题。这包括与决策者交流、向专家咨询、搜集分析二手资料以及必要的定性调研。

2. 分析问题的背景

了解问题或机会的产生和出现的背景，有助于加深对问题和机会的认识和把握。这些背景包括：掌握与企业和所属行业相关的各种历史资料和发展趋势；分析决策者的目标；为了将调研问题确定在适当的范围内，还要分析企业的各种资源；了解消费者的购买行为、整个经济环境和文化背景以及进行市场调研所具备的技术条件等。

3. 明确决策问题和调查问题

需要将经营管理的决策问题转化为市场调查的问题。经营管理决策问题要回答决策者怎么做，而市场调查问题要回答需要什么信息，以及怎样以最好的方式获得这些信息。

调研问题确定后，便要开始设计调研方案了。

（二）设计调研方案

调研方案主要包括确定调研目的和内容、确定调研对象、确定资料的来源和收集方法、设计收集资料的工具、确定经费预算及时间进度安排等。

1. 确定调研目的和内容

调研目的的确定，就是明确在市场调研过程中要解决哪些问题，通过调查要取得什么样的资料，取得这些资料有什么用途等。衡量一个调研方案是否科学，主要就是看方案的设计是否符合调研目的的要求，是否符合客观实际。要确定调研目的，确定调研的内容，明确调查项目。

2. 确定调研对象

调研对象，也叫调查范围，是统计指标所反映的对象。在开展调研活动时，可以对调研对象进行普查，也可以采用抽样调查的方法。

（1）普查法。所谓普查是指去调查调研对象总体中每一个体的信息。由于大规模的普查将耗费巨额的资金和大量时间,所以市场调研中并不经常用到普查。

(2) 抽样调查。这是一种常用的确定调研对象的方法。一个相对较小但精心选择的样本能准确地反映出总体的特征,而且大大降低了调研成本。进行抽样调查涉及对抽样方法的选择,抽样方法大体上可分为两大类,即随机抽样法和非随机抽样法。

① 随机抽样法。随机抽样的最大优点是可以估算出抽样误差,即可以知道推断出的总体特征与实际特征之间的误差,但随机抽样法比非随机抽样法要花费更多成本和时间。随机抽样又可具体分为:简单随机抽样、等距抽样、分层抽样、整群抽样。

② 非随机抽样。它是按照调查目的和要求,根据一定标准来选择抽取样本,也就是对总体中的每一个体不给予被选择抽取的平等机会。其常用的非随机抽样方法有:任意抽样法、判断抽样法、配额抽样法、参考抽样法。

3. 确定资料来源

营销调研所搜集的资料可分为第二手资料和第一手资料两种。第二手资料是早已存在的、为某种目的而搜集起来的信息。第一手资料是为调研目标而专门搜集的信息。一般而言,企业进行的大部分营销调研都可以部分运用第二手资料来满足对信息的需要。因此,调研人员通常从搜集第二手资料开始调研工作。

4. 确定资料收集方法

当企业决定需要搜集第一手资料时,可供采用的方法主要有访问法、观察法、深度小组访问法、调查法和实验法。

(1) 访问法

访问法是通过询问的方式向被调研者了解市场资料的一种调研方法。访问法的分类如下表所示。

表4.3 访问法的分类

方法	分类	定义	优点	缺点	备注
访问法	人员访问法	以面对面的谈话方式向被调查者发问、记录来搜集资料	可观察性;灵活性;使调研更加全面和细致	费用高;优秀的调研人员难找;可能使被调研者产生被质问的压迫感	具体方式有:入户访问、拦截访问、座谈访问等。可以个人面谈,也可以群体面谈
	电话访问法	调研人员通过电话形式向被调研者询问预先拟定的内容而获取信息资料	搜集资料速度快、时间短、费用省;访问的时间选择性较大;不需面对面,减少各种顾虑,谈话更坦率和真实	只能限于简单的问题;无法获得视角信息;被调查者必须拥有电话,并且愿意进行合作	
	邮寄问卷法	将事先设计好的问卷或调查表,通过邮寄方式送达被调研者,请他们填好后按规定的时间寄回的一种调研方法	调查区域广泛,费用较低;避免调研人员的偏见,也有利于统计;回答问卷时间充分	缺乏灵活性;可能会使填写的资料产生信息失真;回收率低,经历时间长	一般附上回邮的信封和邮票,有时还寄上回答问题的报酬或纪念品
	留置问卷法	调研人员把调查表送达被调研者,并详细说明回答问题的要求后,由被调查者自行填写再由调研人员定期收回的一种方法	这种方法的优缺点介于人员访问法和邮寄访问法之间。它较好地结合了两者的优势,回收率较高,被调查者既不受调研人员的影响,又可避免被访问者对问题的误解,时间上也有一定的保证		

(2) 观察法

观察法,是通过观察被调查者的活动而取得市场资料的一种调研方法。运用观察法收集资料,调研人员同被调查者不发生接触,而是由调研人员直接或借助仪器将被调查者的活动按实际情况记录下来。按照不同的标准,观察法通常有下面几种分类方法,如表 4.4 所示。

表 4.4 观察法的分类

分类依据	类型	定义	实施
调研人员是否对观察实行控制	实验观察	是在人为设计的环境中进行的观察	例如,要了解商场售货员对挑剔顾客的态度情况
	非实验观察	是在自然状况下进行观察,所有参与的人和物都不受控制,跟平常一样	例如,调研人员在自然状况下观察商场售货员提供服务的过程
调研人员观察方式的不同	结构观察	是在事先根据调研的目的对观察的内容、步骤作出规定,然后根据这些规定来实施观察	要事先列出观察的内容,所以或多或少会有调研人员的意见参与其中,从而不可避免地对调研结果产生影响
	无结构观察	通常只规定调研的目的和任务,调研人员可以按照调研的目的要求确定观察的内容	一般在调研人员对调研对象缺乏足够了解的情况下使用,实施观察时较为灵活,可作为进行更深一步调研的基础
调研人员对所调研情景的介入程度	直接观察	调研人员直接加入到所调研的情景之中进行观察	调研人员可以根据调研目的,对需要了解的现象进行直接观察,观察结果针对性较强
	间接观察	调研人员不直接介入所调研的情景	通过观察与调研直接关联的事物来推断调研对象的情况
调研人员在观察过程中是否公开身份	公开观察	被调研者知道调研人员身份的情况下进行的观察	目标和要求明确,可以有针对性地为调研人员提供所需要的资料。但采用公开观察法时,被观察者意识到自己受人观察,可能表现得不自然,或者有意识地改变自己的惯常态度和做法,这种不真实的表现往往导致观察结果失真
	非公开观察	调研人员在观察过程中不暴露自己的身份	使被观察者在不受干扰的情况下真实地表现自己,这样观察的结果会更加真实可靠
根据观察中记录的主体划分	人工观察	由调研人员直接在观察现场记录有关内容,并根据实际情况对观察到的现象做出合理的推断	人工观察容易受调研人员自身人为因素的影响,如主观偏差、情绪反应等都会影响到调研的结果
	仪器观察	是将一些先进的设备(如录音机、摄像机等)引入调研领域而出现的一种新的观察法	如通过在商场的不同部位安装摄像系统,可以较好地记录售货人员和顾客的行为表现,借助仪器设备进行现场观察和记录,效率较高,也比较客观

(3) 实验法

实验法是将所要调查和解决的问题置于一定的市场条件之下进行小规模试验,搜集市场资料,测定其整体实施效果的一种方法。

实验法的优点是:方法科学,可以有控制地观察市场某些变量之间的相互影响及因果关系;可以获得较正确的资料和数据,减少决策的风险。

实验法的缺点是:相同的实验条件下不易控制结果的重复出现,因而实验结果的可比性受到一定的影响;只限于目前市场变量的分析,不能对过去或未来的变量进行实验和分析;实验周期长,调研费用较高。

在市场营销活动中,实验法主要包括以下几种,如表4.5所示。

表4.5 实验法的分类

类　　型	常用做法	效　　用	备　　注
试用法	先试制出若干台产品,请有关人员试用一段时间,然后由试用人员对新产品加以评价	通过这一办法,该企业不但可以搜集有关产品质量、性能、适用性等方面的信息,同时可以扩大宣传	试用法多用于新产品销售实验。例如,DY公司新开发出一种新型按摩机,为了确定是否适销对路,决定先做实验
试销法	将小批量产品有计划地投放到若干预定市场,进行小规模试验销售的一种实验方法	试销的目的在于了解市场、了解顾客对新产品的态度和反映,为改进产品的生产及制定营销策略和进行市场预测提供依据	随着市场经济的不断发展,越来越多的企业设立门市部或试销商店,以方便产品的试销活动
展销法	将不同厂家的同类产品设在同一市场进行销售的一种实验方法	它有利于销售人员搜集用户意见和要求,搜集行情、销路等资料;有助于对各种同类产品进行对比研究,以便提高企业产品的竞争能力	

5. 设计调研工具

调研人员在搜集第一手资料时,主要使用的调研工具是问卷。问卷的质量对市场调研的绩效有很大的影响,因此,问卷的设计工作应由经验丰富的调研人员来承担。问卷设计一般包含下列程序:

(1) 确定所需信息

问卷设计的目的在于向受访者收集所需的市场信息,调研人员必须根据自己的研究动机与目的,并参考分析时所用的统计技术和统计方法,才能着手设计问卷。对于所要收集的市场信息,不可笼统含糊。例如,市场情报的收集是要收集某种消费品的消费情形,研究者就不能很草率地只收集使用量情形,应进一步收集各种年龄、性别、教育水准的对象对此种消费品的消费情形,以利于研究者在选择目标、市场或做市场区隔时用。

(2) 确定所需的问卷类型

一般来说,由于调研的目的、对象、地点的不同,所选择的调研方法会有很大的不同,同样所需的问卷也不同。调研人员或市场调查研究者必须根据访问法的种类(例如个人访问法、邮寄调查法、电话访问法)、调查的对象、目的、地点,选择一种较合适的问卷。例如,在电话调查过程中,调研对象与调研人员可以沟通,但是他们无法看到问卷,这样就只能问短而简单的问题。

(3) 确定问题的内容

在确定了所需信息与所需的问卷类型之后,问卷设计的下一步骤就是要确定问题的内容。在确定问题的内容时,应注意以下几个问题:问题的必要性;是受访者可以答复的问题;对于问卷的内容,受访者是否愿意回答;受访者回答问题的时间不需要过长。

(4) 确定问题的结构

问题的内容一旦确定以后,即可着手拟定实际问题。在确定问题的用语之前,先要确定问题的结构。问题的结构主要有五种:开放式或自由式问题、封闭式问题、事实性问题、意见性问题、假设性问题。

① 开放式问题。问卷不提供答案的选项,而是要求被访者用自己的语言自由回答。

② 封闭式问题。是指事先设计了一组答案选项,受访者只能从中挑选一个或多个现成答案的提问方式。

③ 事实性问题。所谓事实性问题主要是要求受访者回答一些有关事实的问题。在市场调研中,大多数问题均属事实性问题,例如受访者的性别、所得、年龄、教育水准、家庭状况等。在问卷设计中,通常将此个人基本资料放在问卷最后,以免受访者在回答有关个人问题时有所顾忌,从而影响后面的答案。

④ 意见性问题。也称为态度性问题,即在市场调查中询问受访者一些有关意见或态度的问题。

⑤ 假设性问题。是指先假设一种情况,然后询问应答者在这种情况下会采取什么样的决定。

开放式问题与封闭式问题的对比优缺点如表 4.6 所示。

表 4.6 开放式问题与封闭式问题的对比

类型	优 点	缺 点	说 明
开放式问题	① 对受访者产生的影响甚小;② 所获得的资料往往比较主动、具体、信息量大;③ 容易引起受访者兴趣,较易得到受访者的合作	① 回答者因缺少强制性和范围,在表达不清思想时,常用"不知道"代替;② 回答的意见比较分散,难以得到明确答案,难以汇总统计;③ 由于受访者表达能力的差异往往会形成调查偏差	一般放在问卷的第一个问题多为潜在答案较多或者答案比较复杂的问题,例如"请问您对 DY 公司提高产品质量有什么要求与建议?"
封闭式问题	① 分析整理资料比较方便;② 节省调查时间;③ 不会发生记录上的偏见	① 所列出的答案不一定包括全部受访者的答案;② 答案的排列顺序可能会影响受访者的选择;③ 有些答案受访者未考虑到,因为其被要求选择一条或若干条回答,可能会草率选择了事,从而影响调查的准确性	封闭式问题一般有以下类型:① 二分法问题:请问您曾经购买过 DY 公司的产品吗? A:曾经购买过;B:不曾购买过;② 多重选择问题:请问您对购买的 DY 公司产品质量感到满意吗? A:很满意;B:一般;C:不满意;D:其他

（5）确定问题的用语

由于不同的用语会对受访者产生不同的影响，因此往往由于用语的不同，受访者对相同的问题可能会产生不同的反应，做出不同的回答。为避免这种情况，问题所用的字眼必须谨慎，以免影响作答者的正确反应。一般说来，设计问题应该遵循下列几个原则：

① 避免使用定义不准确的词语。如"经常""一般""偶尔"等含义不清的词语在问卷设计中应避免使用，而应使用一些对受访者来说只有单一含义的词语。

② 应尽量使用通俗易懂的词语。

③ 避免使用引导性的问题。如此类问题："消费者普遍对DY公司的产品质量较为满意，你认为如何？"

④ 避免直接使用调研公司的名字或品牌。

⑤ 避免使用负面性字眼。如下层阶级、蓝领阶级、下岗工人、待业人员等，这种字眼容易使受访者自动产生一种反感情绪。

⑥ 避免问让人困窘的问题：即有关私人的问题，或不为一般社会道德所接受的行为或态度，或有关荣誉的问题。

（6）确定问题的顺序

问题排列的先后顺序会影响到受访者的答案，因此在设计问卷时，要讲究问题的排列顺序，使问卷条理清楚。在确定问题顺序时，应遵循下列要求：

① 开放式问题放在问卷的前面。其目的在于使受访者充分发挥自己的见解，使受访者感到自在，不受拘束，培养后面的调查气氛。而且最初安排的开放式问题必须较易回答，不可具有让人困窘的问题。通常较重要的开放式问题也会置于问卷之首。

② 提问的内容应从简单逐步向复杂深化。专业性的具体细致问题应尽量放在后面。

③ 分类性问题，例如收入、性别、职业、年龄、教育水平等通常置于问卷之末。

④ 对相关联的内容进行系统整理，使受访者不断增加兴趣。

（7）确定问卷版面的布局

问卷的外观会影响受访者的态度与回收率。因此，在确定问卷版面时应注意以下问题：

① 问卷应尽量选用较好的纸张，并进行精美的印刷，这样受访者会更加配合，提高问卷回收率。

② 如果问卷的页数有多页，应按照顺序加以编页、编号，以防止在整理结果及编表时发生错误。

③ 问卷的大小应适中，其大小应保证携带、分类存档或邮寄的方便。

④ 问卷应有充足的空白处以便于填写答案之用，如果是问卷中有开放式问题，此点尤应注意。

（8）预试

问卷设计结束后，在进行调研之前，应先对问卷进行预试。经过预试可以发现不当的词语，并及时加以更改；使问题更为明确清晰；改变问题的先后顺序使其更为合理，甚至可增加或删除一些问题，使内容更具完整性。应尽量利用有经验的调研人员进行预试，以便其能提供较详细的意见。通常在进行预试时可附送一些赠品，以确保受访人员的合作态度和预试结果的正确性。

(9) 问卷修订到定稿

经过预试、分析之后,调研人员必须妥善地修改问卷。修改过的问卷即可定稿,准备大量付印。由于有时市场调查的有效样本数回件率低或废卷量大,致使样本收集不足,为确保达到调研人员所需的最小样本数,在印刷时所付印的份数最好能多准备 1/10,以备补充不足的份数。

6. 确定经费预算

调研的经费预算是调研方案的重要内容,经费的多少与调查范围、调查规模(样本量大小)、调查方法、调查难易程度等密切相关。一个市场调研项目的经费预算通常包括以下方面的内容:调研方案设计费;抽样费用;问卷设计费;问卷印刷、装订费;调研实施费,包括预调查费、培训费、交通费、调查员和督导的劳务费、礼品费以及其他相关费用;数据审核、编码、录入费;数据统计分析费;调查报告撰写费;折旧、耗材费;项目办公费,指进行项目所涉及的各种办公费用,如会议费、专家咨询费、通信费等;其他费用。

7. 安排调查进度

调查设计除了前面所列举的内容外,还要考虑调查时间和调查期限。调查时间指调查在什么时间进行,需要多少时间完成。不同的调查课题、不同的调查方法,有不同的最佳调查时间。例如,对于入户调查,最好的调查时间是在晚上和周末。这时家中有人的概率大,调查成功率高。另外,调查的方法和规模不同,调查工作的周期也不同。例如,邮寄调查的周期较长,而电话调查的周期较短。

调查期限是规定调查工作的开始时间和结束时间。包括从调查方案设计到提交调查报告的整个工作进度,也包括各个阶段的起始时间,其目的是使调查工作能及时开展、按时完成。为了提高信息资料的时效性,在可能的情况下,调查期限应尽可能缩短。

通常一个市场调研项目的进度安排大致要考虑如下几个方面:

(1) 总体方案论证、设计。
(2) 抽样方案设计。
(3) 问卷设计、预试、修改和定稿。
(4) 调研人员的挑选与培训。
(5) 实施。
(6) 数据的整理、录入和分析。
(7) 调研报告的撰写。
(8) 有关鉴定、发布会和出版。

(三) 执行调研方案

执行调研方案主要包括搜集和分析数据资料等工作。

1. 数据采集

调研方案实施的第一步便是采集数据。数据采集是按照调研设计的要求,收集所需有关信息的过程。数据采集是关系市场调查成功与否的关键一步,因此,在采集数据的过程中要进行严格的组织管理和质量控制。数据采集过程涉及选择、培训和管理调研人员,核实调研工作和评估调研人员也是这个过程中的重要部分。

(1) 选择调研人员

在挑选调研人员时应考虑以下几个因素:要根据调研的方式和调研对象的人口特征,尽量选择与调研对象相匹配的调研人员;调研人员的职业道德水平十分重要;调研人员的语言交流能力应比较强。

(2) 培训调研人员

为了提高数据采集的质量,需要对调研人员进行培训。这种培训可以在培训中心进行,也可以通过邮件方式进行。培训能够保证所有的调查员以同样的态度对待问卷,以便采集的数据具有一致性。培训内容应该包括:如何接触调查对象、如何提问、如何追问、如何控制表情、如何记录以及如何结束访谈。

(3) 管理调研人员

为保证调研人员按培训中所要求的方法和技术进行访问,在调查实施过程中,需要对调查员的工作进行检查和监督。现场工作人员的管理工作主要有:质量控制、文档管理、抽样控制、调研人员的工作报告。

(4) 核实调研工作

复核是对调查员完成工作的抽查,即通过对受访者进行再一次访问以检查调研工作的真实性。复核程序首先可以减少调研人员的作弊行为,同时也是对调研结果的质量进行一次检查。复核的比例根据调研的情况可以有所不同,一般在10%～20%之间,对存在质量问题的调研人员可以适当增大复核比例。复核的内容包括访问情况和问卷内容的真实性。

(5) 评估调研人员

评估调研人员能够寻找并建立更好、更高质量的调研队伍,使得调研人员更好地了解自己的工作状况。评估的标准主要包括:成本和时间、调查质量和调查成功率。

2. 数据分析

(1) 数据的准备

数据的准备阶段其关键任务是把调研过程中采集到的数据转换为适合于汇总制表和数据分析的形式。数据准备工作是一项较为费时、费力的工作,但对调查数据的最终质量和统计分析却有很大的影响。

(2) 数据的分析

数据分析主要是运用统计分析技术对采集到的原始数据进行运算处理,并由此对研究总体进行定量地描述与推断,以揭示事物内部的数量关系与变化规律。数据分析虽然在数据采集之后,但在进行调研方案的设计时,就需要根据调研项目的性质、特点、所要达到的目标,预先设计好数据分析技术,制订好分析的计划。数据分析人员不仅需要熟悉各种统计分析方法,还要熟悉统计分析软件和计算机操作。在市场调研中常用到的统计方法有:描述统计、参数估计、相关和回归分析、列联分析、多元统计分析等。

(四) 撰写市场调研报告

市场调研报告是市场调研人员对某个问题进行深入细致地调查后,经过认真分析研究而写成的一种书面报告,它是市场调研工作的最终成果的主要表现形式。市场调研报告不仅要应用大量统计数据对市场现象加以描述、应用统计模型对市场现象的规律进行反映,而且要对现象表现的原因进行分析,对现象发展变化规律的特点进行分析,得出判断性结论,提出建议性意见。调研报告对市场现象所作的各种分析,应该能更直接地为管理者进行营销决策服务。

(五)市场预测

当然,企业不仅仅是为市场调研而调研,而是要通过市场调研,利用一定的方法或技术,对未来一定时期内市场供求趋势和影响市场营销的因素的变化做出估计与推断,为企业的营销决策提供科学依据。市场预测的过程就是估计与推断的过程,其一般步骤为:

1. 确定预测目标

确定预测的目标是进行市场预测的首要问题。市场预测目标的确定应以产品生产和营销决策的要求为依据,特别要做到具体、准确、清楚,是短期预测还是中长期预测,是需求预测还是销售预测,是对一种产品或几种产品的社会需求量进行预测,或是对某一地区某一特定时间内某种产品的销售量进行预测,或是预测市场占有率等,这些都必须非常具体地确定下来。明确具体的预测目标,不仅便于预测工作计划的制定、资料的搜集、预测队伍的组织,而且有利于各相关部门的协调与配合。

2. 收集和分析资料

无论是采用定性预测法还是定量预测法的市场预测,都必须以充分的资料为依据。因此,对所需资料的收集是市场预测的前提和基础。市场预测所需资料必须力求完备、准确、实用。预测资料来源大体有以下几个方面:

(1) 本系统(公司、企业)的计划、统计和活动资料。

(2) 国家、政府机构及经济管理部门的有关方针、政策、法令、经济公报、统计公报等。

(3) 国外技术经济情报和国际市场活动资料。

(4) 商业部门和市场的统计数据资料。

(5) 科研单位、学术团体的研究成果,刊物的资料等。

(6) 实地市场调研资料。

在取得预测所需的资料后,企业应根据预测目标,对这些资料进行认真的核实与审查,去粗取精,去伪存真。对反映市场现象总体单位特征的资料,根据市场现象自身的特点,进行归纳分类,分析整理,使这些资料系统化、条理化,从而真正能够满足市场预测的需要。而且在必要时,还应不断地增添新的资料。

3. 选择预测方法,建立预测模型

市场预测人员,对所收集的资料进行加工整理后,还应对之进行周密地分析,以便于选择出合适的预测方法进行市场预测。根据市场现象及各种影响因素的具体特点,才能选择适当的预测方法。市场预测的方法很多,各种方法无论简单还是复杂,都有其特定的适用对象。在市场预测中,只有根据对所占有资料的认真分析并结合预测的目标和内容选择适当的方法,才能发挥各种预测方法的特点和优势,对目标市场的未来发展趋势做出可靠的预测。值得一提的是,在计算预测值时灵活运用预测模型,依据数学模型的运算规律,结合预测者对未来市场的估计,可以做出准确的预测。

4. 分析、修订预测结果

预测可能与实际不符,即发生预测误差。在预测过程中,产生误差的原因是多方面的,可大致从以下几个方面进行分析:

(1) 预测方法选择不当,建立的预测模型与产品实际需求规律不符。

(2) 建立预测模型所收集到的数据资料不全面或不准确,导致预测结果的偏差。

(3) 数学模型本身的缺陷。因为预测模型仅仅是实际过程的一个最佳近似,趋势预测模型与实际变动曲线完全吻合的情况是极为罕见的。

(4) 预测期间的外部经济形势与预测模型建立时期相比,发生了显著的变化,而建立模型时并未估计到某些显著变化。

(5) 预测人员的经验、分析、判断能力的局限性。

市场预测只是对未来市场情况及变化趋势的一种估计和设想。由于市场需求变化的动态性和多变性以及上述等原因的存在,需求预测达到100%的准确是不大可能的,总会有或多或少的误差存在。但如果预测误差过大,就会失去预测的实际意义,甚至会带来不利的影响。所以,对各种定量预测的结果,运用相关方法来分析预测误差、进行可行性分析是必要的。每次预测方案实施后,要按照实际计算误差,分析误差原因,评价预测以及所选用预测方案的可靠性,修正预测方案、改进预测模型、重选预测变量、调整预测结果做好准备工作。然后在已修订好的模型上输入数据,便可做出最终预测。

5. 编写预测报告,总结预测经验

对预测结果进行检验、评价、修订之后,要及时编写预测报告。预测报告是对预测工作的总结,用以向预测信息的使用者汇报预测结果。报告要求预测结果简单明了,并要求对预测过程、预测指标、资料来源等做出简明的解释和论证;而且要做到数据真实准确,论证充分可靠,建议切实可行,并应及时传递给决策者,以便决策之用。完成预测报告后,预测人员应当分析预测误差产生的原因,总结预测经验,不断提高预测水平。

1. 如何调研

那么,我们该如何去调研呢?这是一个很实际的问题。一个比较全面的调研过程包括以下几个阶段:

(1) 明确调研的目标。我们要知道哪些情况?是消费者需求,竞争情况,还是消费者偏好?漫无目的的调研或意图不明显的调研都会带来低效率,意义也不大,甚至会成为只是走走过场的形式主义。

(2) 设计调研方案。我们要去哪里调研?什么时候开座谈会?需要哪些人参加?这些都要事先考虑计划好,同时,根据调查问卷的需要准备好调查问卷,对于参加座谈会形式调查的人员需要提前预约组织好,并对座谈会上要交谈的内容、问题等要准备好。

(3) 执行调研计划。不管什么形式的调研,都是一个收集信息、资料的过程,这个过程的质量直接影响调研质量——准确性。

(4) 分析调研数据,总结调研结果。调研过程中收集来的数据、信息及资料是调研结果的输入内容,而调研结果就是对输入的数据、信息及资料进行去粗取精、去伪存真、由此及彼、由表及里的专业加工后输出的内容。

2. 调研中的注意事项

为了能够尽可能得到符合客观实际的结果,在调研的过程中,我们还需要注意以下几点:

(1) 不犯"想当然"的主观主义错误。有些企业在调研过程中容易犯这种毛病,他们在调研之前,思想就已经走到调研前面去了,已经对要调研的对象有了自己的认识,而整个调研的过程只是试图证明自己的观点的正确,甚至为了证明自己的判断的正确性而对任何现象都牵强附会,而对客观事实视而不见。

(2) 主要策划人员要亲自"下厨房",参与到调研的过程中去。调研不单单是了解情况,调研就是解决问题的起点。很多策划人员有这样的经历:在办公室里怎么想都想不出方法,脑袋里空空的,一旦离开办公室、离开电脑,到市场上去,与真正的消费者进行接触、交谈、观察,这之后头脑里就会装满许多奇思妙想,这就是参与调研的好的副作用。

(3) 要有打破沙锅问到底的精神。现在的社会,我们不是信息太少,事实上,我们面对的是一个信息爆炸的社会,要善于辨别真伪,抓住主要问题后要有打破沙锅问到底的勇气和智慧,只有这样,才能真正发掘出符合客观的资料。

鉴于调研的重要性,所以"不做调查没有发言权,不做正确的调查也没有发言权"。广大中小企业,在品牌定位前、在产品上市前、在上市策略出来前、在价格出来前,你的企业调研了吗? 如果没有,那么请尽快动起来吧!

1. 市场调研分为哪几个步骤?
2. 设计一个大学生超市消费调查的问卷,并组织实施调研。

任务二 市场需求预测

学习目标

学习市场需求预测的方法与技巧,理解市场调研报告的结构与内容,具备市场需求预测的能力,并能撰写市场调研报告。

知识点

市场需求预测的方法与技巧,市场调研报告的结构与内容。

技能点

市场调研报告的撰写。

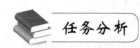

DY公司需要在电磁炉投入市场前进行销售量预测,从而决定产量。于是该公司成立专家小组,并聘请业务经理、市场专家和销售人员等八位专家,预测全年可能的销售量。八位专家通过对新产品的特点、用途进行介绍,对人们的消费能力和消费倾向作了深入调查后,提出了个人判断,经过三次反馈得到结果,张明汇总各专家的数据如表4.7所示。

表4.7 DY公司对电磁炉市场销售状况的专家预测表　　　　（单位:千件）

专家编号	第一次判断			第二次判断			第三次判断		
	最低销售量	最可能销售量	最高销售量	最低销售量	最可能销售量	最高销售量	最低销售量	最可能销售量	最高销售量
1	500	750	900	600	750	900	550	750	900
2	200	450	600	300	500	650	400	500	650
3	400	600	800	500	700	800	500	700	800
4	750	900	1500	600	750	1500	500	600	1250
5	100	200	350	220	400	500	300	500	600
6	300	500	750	300	500	750	300	600	750
7	250	300	400	250	400	500	400	500	600
8	260	300	500	350	400	600	370	410	610
平均数	345	500	725	390	550	775	415	570	770

使用德尔菲法进行预测时需要有一位协调者居中策划协调、拟定问卷、整理并综合专家们对未来的估计,此种方法可以减少多数意见造成的晕轮效应,在此次预测中张明就是居中协调者的角色。面对收集来的数据,张明对于最终销售数量的预测可采用平均值计算、加权平均计算、中位数计算三种方法。

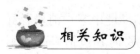

一、市场需求预测的方法与技巧

(一)市场营销预测分类

市场营销预测是指通过对市场营销信息的分析和研究,寻找市场营销的变化规律,并以

此规律去推断未来的过程。根据不同的标准,市场预测可以分为不同的类型:

1. 根据预测时间的长短划分

市场预测可以分为长期预测、中期预测和短期预测。长期预测一般指五年以上的预测;中期预测是指一至五年的预测;短期预测是指一年以内的预测。中、长期预测主要用于宏观预测,主要任务是为制定长远规划和长期计划提供依据。企业的短期预测主要用于微观预测,如旺季商品的供求预测、节日商品的供求预测、季节性商品的销售预测及专题预测等。短期预测的主要目的是为制订年度、季度计划,安排市场供应提供依据。

2. 根据市场预测的商品类别划分

可分为单项预测、分类别预测和总量预测。单项预测是指对某一种具体商品生产或需求数量的预测,以至对此类商品中的具体型号、规格、质量层次的商品的生产量或需求量进行预测。分类别预测是按商品的类别来预测其需求量或生产量等。如对服装类商品、通讯类商品、医疗保健类商品等进行需求预测。总量预测是指对产品的生产总量或需求总量进行预测。如对一定时间、地点、条件下的购买力总量、国内生产总值等进行预测。

3. 根据预测范围划分

可分为宏观预测与微观预测两类。宏观预测是指对影响市场营销的总体市场状况的预测。主要包括对购买力水平、商品的需求总量及构成、经济政策对供求的影响等方面的预测。微观预测是从一个局部、一个企业或某种商品的角度来预测供需发展前景。其主要任务是掌握本企业供应范围内商情的变化情况,为合理安排市场供应、扩大销量、提高企业经济效益提供依据。微观预测主要包括对商品的资源、商品的销售、库存情况以及企业的市场占有率和经营效果等情况的预测。

4. 根据预测时所用方法的性质来划分

可分为定性预测和定量预测两种。定性预测是根据调查资料和主观经验,通过分析和推断,估计未来一定时期内市场营销的变化。目前,我国一些企业常用的市场调研预测法和经验判断预测法就是以定性为主的预测方法。

定量预测是根据营销变化的数据资料,运用数字和统计方法进行推算,寻找营销变化的一般规律,对营销变化的前景做出量化的估计。

需要指出的是,定性预测与定量预测并不是截然分开的。在实际预测中,企业往往是将定性预测与定量预测相结合来进行综合预测。

(二) 市场需求预测的内容

市场需求是指通过一定的市场营销活动,使一定地区和市场营销环境中某一消费者群体在一定时期内可能购买的某一产品的总量。市场需求预测的主要内容包括以下几个方面:

1. 产品

市场需求预测是对某一产品的需求量的预测,这一预测通常要建立在明确产品类别的基础上,而对预测的产品类别则需企业根据其营销目标来确定。

2. 总量

对某一产品的市场需求总量既可用实物量来衡量,也可用货币价值量或相对数来衡量。

3. 市场预测

包括两方面的内容：一方面是对整个市场的预测；另一方面是针对细分市场的预测。一般来说，人口数量、居民收入水平、居民消费心理的变化、政府政策的变化等影响着整个市场的需求；而社会集团需求则主要受国家的各种政策以及企事业单位的财力状况和职工人数等因素的影响，它们对商品的花色、品种、规格的要求比较单纯，且对某一部分商品的需求数量比较稳定。

4. 地区

市场预测必须考虑市场需求的地域分布，考虑一定地域的商品市场占有率。一般来说，企业的市场营销活动总是集中在一定地域范围之内的；而且消费者需求存在着地域差异，企业需要把总体市场按地区划分为多个不同的细分市场。因此，应当根据营销目标界定市场营销预测的地域。

5. 时期

市场预测可以是短期的，也可以是中期或长期的。一般来说，预测的时期越长，预测的结果越不精确。

6. 市场营销环境

市场需求受到各种因素的制约与束缚。每一项需求预测，都必须考虑经济环境、家庭收入、政府法令、竞争状况、技术水平、消费者嗜好等营销环境因素的影响，并把预测建立在对这些因素的一定假设之上。

（三）市场需求预测的方法

1. 定性预测法

（1）经验法

经验判断法是一种主要依靠与预测对象相关的各类人员的知识和经验，对预测对象的未来发展变化趋势进行判断，从而得出有关结论的一种预测方法。由于这是一种传统的、容易操作的方法，因而在市场预测中占有很重要的地位，被广泛地应用在实际工作之中。采用经验判断法进行预测，需由熟悉业务、了解情况且有丰富经验和综合分析能力的有关人员按照一定方法进行预测。它是一种定性预测方法，在实际应用中可以结合采用一些定量分析技术，从而得出更为科学的预测结果。它具体可分为个人经验判断和集体经验判断两大类型。

① 个人经验判断预测法。是指由个人单独进行的经验判断预测法。主要有根据相关推断原理、对比类推原理、比例关系及平衡关系等进行的推断。

② 集体经验判断预测法。又称集体意见预测法，是指由经过精心挑选的具有一定经验和相关知识的一组人员共同座谈讨论、交换意见，在对预测对象进行充分地分析后，对其发展变化的趋势提出集体预测结果的集体判断的方法。具体方法有下列几种，如表4.8所示。

表 4.8 常见的集体经验判断预测法

项目名称	概　念	用途及说明
购买者意向调研法	是指调研消费者或用户在未来某个时间内购买某种商品意向的基础上,对商品需求量或销售量做出量的推断的方法	这个方法可以集中购买者购买商品的决策经验,反映他们未来对商品的需求状况。由于购买者最了解自己所需要的商品和数量,只要调研方法恰当、推断合理,预测结果就比较正确、可靠。购买者意向调研可分为生活资料消费者意向调研、生产资料用户意向调研及企业用户意向调研。不论何种调研,大多采用抽样调研及典型调研的方法,根据调研资料来推断总体
意见汇总法	是指在对某事物进行预测时,由企业内部所属各个部门分别进行预测,然后对各部门的预测意见加以汇总后形成集体的预测意见的一种判断预测法	例如,DY 公司需对企业的销售前景做预测,可先由企业下属的 20 个柜组分别对其未来发展趋势做出预测,报告给企业领导层,企业领导再对各柜组的预测资料加以汇总,并根据自己所掌握的资料对整个企业形势进行分析,在对各个柜组的预测值作必要的调整后,最后提出整个企业的销售发展趋势
意见测验法	是指向企业外部的有关人员（如消费者或用户）征求意见,加以综合分析后做出预测推断的一种方法	经常采用的有商品试销或试用征求意见法、消费者或用户现场投票法、发调研表征求意见法、商品试用征求意见法

(2) 专家意见法

专家意见法,是根据市场预测的目的和要求,由预测组织者向有关专家提供与市场预测有关的资料,由专家对预测对象的过去和现状进行分析综合,从中找出规律,并对今后的发展趋势做出判断,然后由预测人员对专家的意见进行归纳整理后得出预测结论的预测方法。专家意见法一般用于没有历史资料或历史资料不完备,难以进行定量的分析,需要进行定性分析的预测。

为了确保专家意见法的调研效果,应对专家进行适当、认真的选择。在选择专家时应注意以下要点:

第一,所选择的专家应具有代表性。专家应来自与预测项目有关的各个方面,互相之间最好互不相识,有较好的代表性。

第二,所选择的专家应具有较高的专业水平和丰富的经验。专家应具备丰富的相关工作经验和较高的专业知识水平,对市场变化有一定的洞察力,而且应具有良好的思维能力和表达能力。

第三,所选择的专家还应具有一定的市场调研与预测方面的知识和经验。

第四,专家的人数要适当。经验表明,人数控制在 15 人以内比较恰当。

专家意见法是一种在国内外广泛使用的预测方法。这种方法按预测过程和收集、归纳各专家意见的方式不同,又分为两种形式:专家会议法(小组讨论法)、德尔菲法。

① 专家会议法

专家会议法,是根据预测目的和要求,邀请或召集相关专家一起开会,由专家针对预测课题进行讨论与分析,最后综合各专家的意见做出预测。专家会议法预测的步骤是:

步骤一,根据预测的目的和要求,拟定意见咨询表。

步骤二,选定若干个熟悉预测对象的专家组成一个预测小组。

步骤三，召集小组成员开会，在会上向各成员发放意见咨询表，说明预测的要求，并尽可能提供有关参考资料。

步骤四，小组成员根据预测要求，凭个人经验和分析判断能力，提出各自的预测方案，并说明其理由。

步骤五，预测组织者计算有关人员的预测方案的方案期望值。

步骤六，将参与预测的有关人员分类，计算各类综合期望值。

步骤七，确定最终的预测值。

专家会议法的优点主要包括：简便易行，成本较低；由专家做出的判断和估计具有更高的准确性；可以使与会专家畅所欲言，自由辩论，充分讨论，集思广益，从而提高预测的可靠性。

专家会议法的缺点主要是：参加会议的人数有限，可能影响代表性；与会者可能会受到与预测因素无关的心理因素的影响，权威的意见会影响他人的意见；预测组织者最后综合的意见不一定完全反映与会者的意见。

② 德尔菲法

也称专家小组法，是指按规定的程序，"背靠背"地征询有关专家对企业的技术和市场问题的意见，然后进行预测的一种方法。这种方法一般是在缺乏客观数据的情况下，依据专家有根据的主观判断，逐步得出趋向一致的意见，为企业决策提供可靠依据。

这种方法的程序包括：

步骤一，确定预测题目，选定专家小组。确定预测题目即明确预测目的和对象，选定专家小组则是决定向谁做有关调查和意见的征询。

步骤二，设计咨询表，准备有关材料。围绕预测课题，从不同侧面以表格形式提出若干有针对性的问题，以便向专家咨询。表格应简明扼要，明确预测意图，不带附加条件，尽可能为专家提供方便，咨询问题的数量要适当。除了设计咨询表，还必须准备与预测有关的资料，以便专家在预测时参考。

步骤三，逐轮咨询和反馈信息。这是该法的主要环节。把咨询表和有关材料发给每一位专家，要求他们在互不商量的情况下，填写咨询表，并按时寄回。预测人员将收回的专家意见进行综合整理、归纳，并加以必要的说明，然后反馈给各位专家，再次征求意见，这样重复地咨询和信息反馈，一般进行三至四轮，直至意见趋于集中和一致。

步骤四，做出预测值。当经过几次反复咨询和信息反馈，专家小组的意见比较稳定后，可以采用统计分析方法对专家意见加以综合，得出预测值。

德尔菲法是一种常用的定性预测法，其主要优点如下：

* ❖ 匿名性。在进行函询调查过程中，各专家可以不受领导、权威的约束和心理干扰，独立充分地发表自己的意见。
* ❖ 反馈性。预测值是根据各位专家的意见综合而成的，能够发挥集体的智慧。
* ❖ 收敛性。通过逐轮咨询后，专家的意见会相对集中，得到一个相对较好的预测结果。

当然，这种方法并非完美，它在综合预测值时，仅仅是根据各专家的主观判断，缺乏客观标准，而且往往显得强求一致。而且因信件往返需要的时间较长，对信件的分析整理也要花费较长的时间，因此，该方法的作业周期较长。

2. 定量预测法

定性预测方法的依据主要是专家经验和意见等主观材料,而定量预测方法更注重量化的研究,并对研究结果做出量化的表述。时间序列法和回归分析法是最常用的定量预测法。

(1) 时间序列法

时间序列法就是将历史资料和过去的数据,按时间顺序排列成一组数字序列,通过分析建立数据模型,对预测对象进行定量的预测。

时间序列分析法的特点是,假定影响未来市场需求和销售量的各种因素与过去的影响因素大体相似,并且产品的需求形态有一定的规律可循。因而,只要对时间序列的倾向性进行统计分析,加以延伸,便可以推测出市场需求的变化趋势,从而做出预测。这种方法简单易行,应用较为普遍,主要适用于短期预测或中期预测。经常使用的时间序列分析法有简单平均法、绝对移动平均法、加权移动平均法、指数平滑法、趋势延伸法和季节变动预测法等。

(2) 回归分析法

回归分析法的基本思路为:根据决策目的的需要,通过对市场经济现象之间因果关系的定性分析,认识现象之间相互联系的规律所在,选择恰当的数学模型描述因果关系,主要研究变量之间的联系形态,据以预测目标变量的发展前景及其可能水平。回归分析法主要有一元线性回归预测法和多元线性回归预测法。

二、市场调研报告的写作

(一) 撰写要求

1. 针对性

一份好的调研报告必须具有较强的针对性,其主要表现在两个方面:一是撰写报告必须明确调研的目的。撰写报告时必须做到目的明确,围绕主题开展论述。二是调研报告必须明确阅读对象,即要明确阅读对象所关心的问题的侧重点。

2. 新颖性

市场调研报告应紧紧抓住市场活动的新动向、新问题,引用一些人们未知的通过调查研究得到的新发现,提出新的观点,形成新结论。只有这样的调查报告,才有使用的价值,达到指导企业市场经营活动的目的。不要把众所周知的、常识性的或陈旧的观点和结论写进去。

3. 时效性

当今世界已进入信息时代,市场竞争愈加激烈,企业在生产经营活动中必须掌握准确、及时、系统的经济信息资料,对市场变化迅速做出反应,并对未来状况加以预测,才能在竞争中取胜。因此,要顺应瞬息万变的市场形势,调研报告必须讲究时间效益,做到及时反馈。只有及时到达使用者手中,使决策跟上市场形势的发展变化,才能发挥调研报告的作用。"时间就是金钱",意义可能就在于此。

4. 准确性

市场调研报告必须以调查资料为依据。其中的数据资料尤为重要,因为数据资料具备很强的说服力,它往往比长篇大论的分析论述更能使人信服。一篇好的市场调研报告,必须有数字、有分析、有凭证。通过定量与定性分析,恰当运用调查资料与调查数据,可以增强调查报告的科学性和准确性。

（二）市场调研报告的结构

市场调研报告一般由标题、目录、概要、正文、结论及建议、附件这六部分组成。

1．标题

标题包括市场调研题目、报告日期、委托方、调查方。一般应打印在扉页上。

2．目录

目录是关于报告中各项内容的完整一览表。如果报告的内容、页数较多，为了方便使用，应当使用目录列出报告所分的主要章节和附录，并注明标题、有关章节号及页码。一般来说，目录的篇幅以不超过一页为宜。

3．摘要

摘要主要阐述课题的基本情况，其内容主要有以下四个方面：

（1）简要说明调研目的；

（2）简要介绍调研时间、地点、对象、范围以及调研的主要项目；

（3）简要介绍调研实施的方法、手段以及对调研结果的影响；

（4）调研中的主要发现或结论性内容。

4．正文

正文是市场调研分析报告的主要部分。正文必须准确阐明全部有关论据，包括问题的提出、论述的全部过程以及报告的结论。此外，还应有可供决策者进行独立思考的全部调查结果和必要的市场信息，以及对这些内容的分析与评论。

5．结论及建议

它是撰写调研报告的主要目的。在这一部分，研究人员要说明通过调研活动获得了哪些重要结论，根据调研的结论应采取什么措施。这部分与正文部分的论述要紧密对应，不可以提出无证据的结论。

6．附录

附录是指调研报告正文包含不了的或没有提及、但与正文有关、必须附加说明的部分。它是对正文报告的补充或更详尽的说明。

（三）市场调研报告的内容

市场调研报告的主要内容有：

（1）说明调研目的及所要解决的问题

（2）介绍市场背景资料

如地理、气候条件、经济、文化及社会变化趋势、政局变化、法律与政策等。

（3）分析的方法

如样本的抽取，资料的收集、整理、分析技术等。

（4）调研数据

（5）提出论点

即摆出自己的观点和看法。

（6）论证所提观点的基本理由

(7) 提出解决问题可供选择的建议、方案和步骤
(8) 预测可能遇到的风险及对策

张明可以采用的第一种算法是平均值算法：在预测时，最终一次判断是综合前几次的反馈做出的，因此一般取后一次判断为依据。则如果按照八位专家第三次的平均值计算，则预测这个新产品的平均销售量为：$(415+570+770)/3=585$（千件）。

第二种算法是加权平均算法：将最低销售量、最可能销售量、最高销售量分别按 0.2、0.5 和 0.3 的概率加权平均，则预测平均销售量为：$415×0.2+570×0.5+770×0.3=599$（千件）。

第三种算法是中位数算法：可将第三次判断按预测值高低排列如下：
最低销售量：300　370　400　500　550
最可能销售量：410　500　600　700　750
最高销售量：600　610　650　750　800　900
中间项的计算公式为

$$(N+1)/2 \quad (n=项数)$$

最低销售量的中位数为第三项，即 400。
最可能销售量的中位数为第三项，即 600。
最高销售量的中位数为第三、第四项的平均数，即 700。
将最低销售量、最可能销售量和最高销售量分别按 0.2、0.5、0.3 的概率加权平均，则预测平均销售量为：$400×0.2+600×0.5+700×0.3=590$（千件）。

需要说明的是，如果数据分布的偏态较大，一般使用中位数，以免受个别偏大或偏小的判断值的影响；如果数据分布的偏态比较小，一般使用平均数，以便考虑到每个判断值的影响。

1. 如何开展市场需求预测？
2. 结合之前所做的大学生超市消费市场调查，写出调查报告。

实训目标

引导学生参加"市场调研"业务胜任力训练的实践活动；切实体验市场调研分析行为，尝试进行市场调研报告的撰写，培养相应专业能力与职业核心能力；通过践行职业道德规范，促进健全职业人格的塑造。

实训内容

（1）在学校所在地选择两家大型超市（大卖场），调研两个以上品牌的盒装牛奶，对它们

的营销活动差异进行分析。

(2) 相关职业能力和职业道德规范的认同践行。

实训时间

在讲授本训练时选择周末进行。

操作步骤

(1) 将班级按 10 位同学分成一组,每组确定 1～2 人负责;

(2) 每组确定选择哪两种牛奶品牌作为调研的范围;

(3) 学生以小组为单位进入大型超市(大卖场)进行调研,并将调研情况详细记录;

(4) 对现场调研的资料进行整理分析;

(5) 提交小组分析报告;

(6) 各组在班级实训课上交流、讨论。

成果形式

撰写牛奶品牌促销对比调研分析报告。

联合利华的失败

联合利华公司的冲浪(surf)超浓缩洗衣粉在进入日本市场前,做了大量的市场调研。Surf 的包装经过预测试,设计成日本人装茶叶的香袋模样,很受欢迎;调研发现消费者使用 Surf 时,方便性是很重要的性能指标,于是对产品又进行了改进。同时,消费者认为 Surf 的气味也很吸引人。联合利华就把"气味清新"作为 Surf 的主要诉求点。可是,当产品在日本全国导入后,发现市场份额仅占到2.8%,远远低于原来的期望值,一时使得联合利华陷入窘境。问题出在哪里呢?在经过再次大量调研后,联合利华总结出了两点原因:

原因一:消费者发现 Surf 在洗涤时难以溶解,原因是日本当时正在流行使用慢速搅动的洗衣机。

原因二:"气味清新"基本上没有吸引力,原因是大多数日本人是露天晾衣服的。

【思考】

1. 从本案例中我们应当汲取哪些教训?

2. 如何帮助联合利华摆脱困境?请给出你的建议。

模块五
购买行为分析

任务一 消费者行为分析

学习目标

通过学习消费者行为模式的特点和分析消费者行为的模式,了解消费者购买行为对于市场营销的意义,掌握消费者购买行为背后的因素,为营销活动提供科学的依据。

知识点

消费者购买行为模式;影响消费者购买行为的因素。

技能点

掌握行为模式,分析消费者不同消费行为背后的原因。

DY电子有限公司生产的电吹风一向以价格低、质量好而受到消费者的喜爱,但最近几个月内该产品的销售量呈现连续下降的趋势,销售人员的业绩也不尽如人意,公司的销售部门对这种情况感到大惑不解,派员工张胜对这个情况进行调查,找出原因。

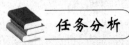

张胜认为该类产品的销售业绩虽出现了明显下滑,但是企业的产品质量或价格并没有发生变化,据此分析,应该从消费者和其他方面来寻找导致这种现象产生的原因。

一、消费者行为概述

（一）消费者行为的含义

消费者购买行为，是指人们在日常生活过程中，为了满足自身物质和文化生活的需要，根据其收入条件，进行产品选择、购买、使用与处理的过程中所有心理上与实体上的行为的总和。它包括消费者行为方式、方法、行为过程及其变化。

从这一定义我们可以看出，消费者的购买行为大体上可以分为两个部分：一是心理活动，包括对信息进行归纳分析、对同类产品的选择依据、对品牌的属性及价值评估等；二是消费者的实体行动，诸如货比三家、搜集信息、选择购买地点、与相关销售人员进行沟通及购买后对产品的使用等。

（二）消费者购买行为的类型

消费者的购买行为是消费者在一定条件和动机的驱使下，为了满足自己的需要而购买商品的活动过程。由于消费者的购买条件和动机的复杂多样，因此造成其购买行为也是多种多样的，可以根据不同的依据划分为不同的类型：

1. 根据消费者购买目标的确定程度

（1）完全确定型。此类消费者在购买商品以前，对所购商品的品牌、型号、款式，甚至不同经销商的价格差额都已有详细的了解。

（2）不确定型。此类消费者没有明确的购买目标，只是随意地看看商品，有时也会就感兴趣的问题进行提问，但一般不会对所给出的答案做出积极的反应。

（3）半确定型。此类消费者有大致的购买目标，但对商品的具体要求并不明确。如要添置一部手机是确定的，但购买哪一个品牌、什么款式、颜色及型号等并不确定。

2. 根据消费者的购买态度

（1）习惯型。此类消费者属于品牌忠诚度较高的消费群体。他们根据自己过去的使用经验，长期地购买和使用某一厂家或某一品牌的产品。

（2）冲动型。此类消费者属于易打动人群。他们容易受到产品的形状、包装、颜色或广告宣传、促销活动的影响而产生购买行为。

（3）理智型。此类消费者在进行购买决策时，注重收集与商品有关的信息，他们对商品会进行仔细的检查和比较。

（4）价格型。此类消费者在购买商品时，对于商品价格的变化最为敏感。诸如"大甩卖""清仓"等这些以低价为主要促销手段的形式，对于他们也最具吸引力。

（三）消费者购买行为的特点

一般来说，消费者的购买行为大体具有以下几个特点：

1. 行为的被动性

这是指消费者的购买行为不是无的放矢的,而是有一定的目标,也就是说是受到自身需要驱使的。

2. 角色的多重性

这有两重理解。一是一个消费者在消费过程中担任不同的角色,最常见的可分为提议者、影响者、决策者、购买者和使用者;另一个是在购买行为中,多个人参与,分别担任不同的角色。

3. 需求的个性化

不同的消费者在需求、爱好及对商品的认识上都有所不同,消费行为存在独特性和差异性。如手机的铃声是巨大的市场,许多网站精心设计、制作了能够迎合青年人个性化需求的铃声,其中当然也不乏另类、搞怪的铃声,受到追求时尚的年轻人的欢迎。

4. 可引导性

企业可以通过研制、生产、销售适合消费者的产品,使得潜藏在其内心的需求被激发出来,通过有效的广告、推广等促销手段刺激消费者的消费欲望,甚至可以影响他们的消费需求,改变他们的消费习惯。

(四)研究消费者行为的意义

1. 有利于正确引导消费需求

要正确地引导消费,必须深入地了解消费者行为,这有利于减少和消除各种畸形的腐朽的消费方式,有利于组织生产和销售,更好地满足消费者的需求。

2. 有利于增强企业竞争力

企业必须清楚地了解和及时掌握消费者的需求信息,研究影响消费者购买行为的各种因素,进而研制出符合消费者需求的产品,制定相应的营销战略,提高企业的市场竞争力。

3. 有利于消费者采取成熟而理性的消费行为

掌握丰富的相关知识,可以使消费者准确地认识影响自身消费行为的诸多因素,在购买的过程中采取理智而有效的方式,避免落入商家精心设计的营销陷阱,对于各种各样的打折、抽奖等促销活动都能保持清醒的头脑。

4. 有利于促进对外贸易的发展,开拓国际市场

消费者行为研究对于企业了解其他国家、地区的消费者心理与行为规律,促使商品能够适应出口国消费者的需要,提高企业在国际市场的竞争力,可以提供有力的支持与帮助。

二、消费者购买行为模式

(一)消费者一般行为模式

消费者行为的形成和发展过程主要可以分为以下几个阶段,如图5.1所示。

1. 刺激阶段

消费者的购买行为是因为受到刺激,这些刺激包括:营销刺激(营销4P,包括产品、价格、分销和促销等因素;另一种是其他刺激,是企业不可控因素的刺激,包括经济、文化、政治、法律、科技等因素。

2. 发现需求不足阶段

消费者在受到刺激之后,发现自己缺少了什么并由此产生对商品的需要感,这时消费者就出现了消费需要。因此也可以说不仅仅是满足消费者的需求,而是要创造消费者的需求。

3. 购买动机出现阶段

在发现自己的缺失之后,消费者会产生购买的愿望与动机,希望得到满足。当然,购买动机需要一定的条件才会出现:一是需要的强度与程度,二是外界的强有力的引导。

4. 搜集信息阶段

消费者在产生购买动机后,会着手了解和搜集与商品有关的信息,以此作为评价和购买的依据。

5. 分析与评价阶段

消费者对搜集到的信息进行加工与整理,对可供选择的商品进行综合分析与评价,得出相应的结论,为后面的购买决策提供充分的依据。

6. 购买行为阶段

在做了充足的准备工作后,消费者进行购买决策,采取购买行为。在这个阶段,消费者会受到来自于自身和外部多种因素的影响,这个阶段的变数较多,消费者可能因为某一个原因中断或终止购买行为。

7. 商品消费使用阶段

消费者对产品使用大致分为不使用、一次使用和重复使用三种情况。通过关注消费者对于产品使用的情况,企业可以了解消费者对产品质量、性能和与产品有关的服务的感受,为企业生产、销售及新产品的研发提供重要资料。

8. 购后行为阶段

消费者获得消费体验后,对于产品的评价及由此引发的相应行为。如果使用效果好,评价就高,消费者会采取积极的行动,如向他人介绍自己使用的效果;如果情况相反,消费者不但自己不会重复购买,还会将自身的不愉快的经历广而告之,这造成的负面影响是很大的。

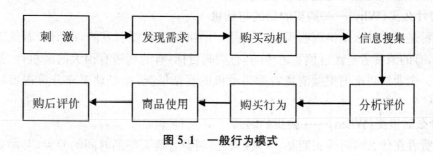

图 5.1　一般行为模式

(二) 霍华德-谢思模式

该模式的重点是对消费者购买行为从四大因素去考虑,分别为刺激或投入因素、外在因素、内在因素、反应或产出因素,如图5.2所示。

其中外在因素包括自身的财务状况、文化及亚文化的影响、时间的充裕程度等;内在因素是该模式最基本的因素,主要指消费者的心理活动过程,而这一过程又受到他们的感知结构和学习结构的影响;刺激或投入因素主要包括产品的性能、价格、可用性等,以及商家的推

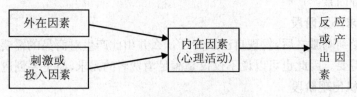

图 5.2　霍华德－谢思模式图

销手段和来自于家庭、社会相关群体的直接或间接的影响。这种影响的结果可以以不同的形式表现出来，如开始注意、希望了解、购买意图和购买行为等，由此也可以看出，反应或产出并不就是指发生购买行为，后者是最高级的形式。

三、消费者购买决策的内容与过程

消费者的购买决策过程，是指消费者购买行为或购买活动的具体内容、步骤、程度、阶段等。由于消费者的购买行为受到诸多因素的影响而存在很大差异，但从总体来看，这个过程还是具有相应的规律的。

（一）消费者购买决策的内容

一般认为，消费者购买决策的内容大体可以总结为"5W1H"。

1. 谁购买（Who）——购买主体

即要知道购买主体是谁。这个内容要分析清楚两个问题：一是真正的消费者是哪些人；二是在购买活动中，每个消费者所扮演的各是什么角色。

2. 买什么（What）——购买的对象

这是要确定购买的具体目标是什么，即消费者需要什么样的商品。不同的消费者对于商品的款式、质量、价格、颜色、包装等有着不同的要求，但基本上所有的消费者对于既物美价廉又具有特色的商品都是趋之若鹜的。

3. 为什么买（Why）——购买的目的与动机

消费者是出于什么动机而购买某一商品。动机是由需要引发的，而消费者的需要是多种多样的，有的消费者是经过慎重思考的，有明确目标；有的则带有很大的随机性，是冲动性购买行为。企业要想准确把握消费者购买动机的复杂情况，就必须要充分重视市场调查和预测。

4. 什么时候买（When）——购买的时间

即消费者在什么时间购买商品。一般来说，消费者购买商品时间的差异，与消费者本身的需要和动机有关，有的产品是每天必需的，如报纸；有的是隔一段时间需要购买的，如粮、油等，耐用消费品如电视、洗衣机等间隔的时间会更长一些；有的是临时需要而购买的，如气温突降而导致保暖用品热卖。

商家的营销手段、方式会对消费者的购买时间产生影响，如打折促销比开展任何活动更能激发消费者的购买欲望。现在许多商家推出一些特价时间段，而这一时间段的顾客流量会比正常的情况下多出好几倍。

另外，天气、个人的购买习惯也会影响消费者选择在什么时间去商场购买所需要的物品。

5. 在什么地方买（Where）——购买的地点

即消费者会选择在什么地方、哪家商场购买所需要的商品。企业必须清楚地认识到，消费者选择购买地点是与其惠顾动机、求廉动机、信任动机等有着直接联系的，企业要根据消费者的这些动机，改善经营管理，满足消费者需要。

一般来说，对于一般性的商品，消费者大多会遵循就近原则，哪儿方便就在哪儿买；而对于大件商品，则会选择到那些专业性较强的商场购买。

消费者在决定购买地点时，除了受自身因素影响之外，商场的外在形象如商场的装修风格、商品的布置、营业人员的服务态度等也是一个不可忽视的因素。

6. 怎样购买（How）——购买的方式

即消费者采取什么方式和手段购买商品。购买方式包括商店选购、邮购、代购、分期付款等。购买方式也是随着社会的发展而不断变化的。在网络没有被广泛使用之前，消费者都采用传统的购买方式。随着网络的兴起，许多消费者尤其是年轻人更多地喜欢网上购物，习惯使用信用卡。因而使得许多商家在进行实体销售的同时，也开设了网店，以满足消费者的需求。

（二）消费者购买决策的过程

现代营销学的理论认为，每一位消费者在进行购买行为时，都会有一个思考与决策的过程。虽然因消费者的个体差异或其他因素的影响，这一过程彼此之间有一定的区别，但从总体上看，消费者的购买过程基本上可以分为五个阶段：

1. 发现并确认需要阶段

消费者购买行为的起点是消费者自身的需要。这些需要大体上可以分为显性和隐性两种。无论是哪一种，只有消费者发现和认识到这种需要，并意识到这种需要没有得到满足，他们才有可能出现与之相应的购买动机和购买行为。

从心理学的角度来讲，需要的产生是因为外部或内在的刺激作用于动物的感觉器官，导致神经活动而引起的。消费者的需要，是在市场经济条件下对商品和劳务的需要。这种需要是无止境的，当旧的需要得到满足以后，在接受到刺激以后，新的需要又会出现，呈现螺旋式的变化。

营销人员要认识到消费者的需要程度和强度可能会随着时间的推移或内外因素的干扰而出现波动，应进行持续而有效的刺激，使消费者已经被唤起的需要逐步增强，最终促成其购买行为。

2. 围绕需要搜集信息阶段

当需要被发现并确认之后，消费者会围绕这个需要进行搜集相关信息的工作，作为进行选择、比较的主要依据。

一般来说，消费者关于商品信息的主要来源有以下几个渠道：① 私人渠道。作为消费者日常接触最多的人群，他们的家庭成员、同事、朋友所掌握的商品信息，会成为消费者的重点参考依据，这些人群的影响力不可忽视；② 商业渠道。商业广告、宣传单、商品的展览、展销、商场营业员的介绍等都可以为其提供需要的商品信息；③ 经验渠道。消费者本人曾经使用或正在使用某种产品而获得的有关信息，会对其新的购买行为产生很大的影响。④ 大众媒体。消费者可以通过报纸、杂志、广播、电视、网络等大众传播手段获得信息。

在了解了消费者的信息来源渠道之后,企业与营销人员要非常重视企业产品信息发布渠道的选择,选择正确、有效、消费者接受并欢迎的方式,这样才能达到理想的效果。

3. 评价与选择阶段

在消费者搜集到各种大量信息之后,会对信息进行整理并将之系统化,进而形成几个可供选择的方案,消费者会对方案进行分析和比较,最后才会决定按照哪一个方案进行购买。

一般情况下,消费者的评价行为会涉及这样几个问题:

(1) 产品的属性。即产品能够满足消费者的特性。消费者在购买某一商品时,除了重视质量以外,还会分析产品属性的多与少。例如消费者购买空调,除了看空调的制冷、制热效果外,还会考虑它的安装与售后服务、与家居风格的适合程度、声音状况、节能情况、是否容易清理等。

(2) 消费者的品牌认知。消费者对于某一品牌的总的认识会对他在决定购买哪一个品牌时产生决定性的影响。品牌忠诚度高的消费者一般情况下会选择自己信任的品牌产品,这种信任可能会延伸到同一品牌的其他产品。

(3) 消费者的评价标准。评价的标准不同,选择的方案也会不同。对于某一产品,有的消费者侧重于质量,有的重视售后服务,有的优先考虑款式,有的则把价格放在首位等。

4. 购买决策阶段

这一阶段是消费者购买行为的关键时期。经过对方案的评价与选择,消费者产生购买意图,但这并不意味着消费者就会下定决心购买,他人的态度、意外情况和对可能出现的风险的认识都会对消费者制定购买决策产生影响。

他人的态度是指与消费者有紧密联系的个人或群体对于购买的一种意见。他人的影响有多大,取决于他人态度的强弱及其与消费者的关系。如果孩子坚持要买那件自己喜欢的裙子并哭闹着不走,母亲可能同意购买;如果孩子对这件物品抱可有可无的态度,那结果可能会与前面相反。

意外情况的出现也会影响消费者的购买决策。如消费者本来想买房子,但金融危机爆发了,导致原先的计划被暂时搁置,购买行为被迫中断。

考虑到可能出现的风险,消费者可能会采取观望、等待的态度。如原本打算出门旅行,但在全球甲型 H_1N_1 大流行的背景下,消费者由于担心感染,会选择暂时放弃这个打算。

5. 购后使用与评价阶段

消费者购买了产品并不意味着购买过程结束了,而是进入了另一个重要的时期——购后使用与评价阶段。在这一时期,消费者会使用产品,并在使用过程中做出是否满意的评价。

现代市场营销学极为重视消费者在购买产品以后的行为,因为这种反馈对于企业及时了解并掌握消费者对产品的态度、对企业制订与调整生产计划、营销策略等都具有极其重要的意义。

四、影响消费者购买行为的因素

消费者是一个社会人,在购买过程中不可避免地会受到来自于各方面因素的干扰与影响,这些因素对于处在购买行为不同阶段的消费者产生的影响也是有所区别的。它们是多样的、复杂的,我们可以把这些因素从总体上划分为两大类——内在心理因素和外在环境因素。

(一)内在心理因素

对消费者购买行为产生影响的心理因素,即个体因素,是指消费者自身心理活动因素。每个消费者都是一个特有的存在,消费者之间是千差万别的,这种个体的差异性,造成了消费者心理活动的复杂性,但在个性中也存在共性。支配和影响消费者购买行为的心理因素主要包括以下几个方面:

1. 消费者的需求

需求是个体感到缺乏而力求获得满足的心理倾向。需求是人的活动的基本动力,它促使人朝着一定的方向,追求一定的目标,以行动求得满足。需求越强烈,由它所引起的活动就越有力。

消费者的需求是各式各样、复杂多变的,而且是分层次的,在相关的理论中,最著名的是马斯洛的需求层次理论。在这一理论中,他把人的需求从低级到高级划分为五个层次,如图5.3所示。

(1)生理需求。人们为了生存而必需的衣、食、住、行等方面的最低限度的需求。

(2)安全需求。在基本的生存得到保证之后,人们期望接受保护与免遭威胁,从而获得安全感的需要。

(3)社会需求。即归属和爱的需求。在生理和安全需求基本满足后,人就开始追求与他人建立友情,希望得到所在团队和组织的认可,也被称为社交需求。

(4)尊重的需求。它包含两个方面:一是求得别人的重视和尊重,如希望得到赞赏、支持和关心等;二是自尊,包括对自己充满信心、取得成就、追求独立自由等的欲望。

(5)自我实现的需求。这是最高层次的需求,是一种挖掘自身潜能、实现自己理想、充分发挥自己全部能力的需求。

图5.3 马斯洛需求层次

将这一理论运用于市场营销中对于消费者行为的分析,就是要求企业要准确掌握消费者的需求的内容、特点及其变化,使得产品、营销策略能够满足消费者的需求,在激烈的市场竞争中获得更多的消费者。

2. 消费者的动机

动机是指促使个体从事某项活动的内在原因。购买动机是消费者购买行为的基础,按照购买动机的目标不同,可以分为这样几类,如下表所示:

表 5.1 购买动机类型

类 型	具 体 表 现
物 美	注重商品的款式、颜色,重视商品能否满足和体现自身的审美观点
价 廉	对价格极其敏感,打折、赠送、特价等营销手段对于这些消费者有非常大的诱惑力
实 惠	重视商品的使用价值,讲实惠,图方便
名 牌	购买任何产品都必须是名牌,对于非名牌产品则是不信任的
奇 异	出于个性化的需求,追求产品的与众不同
安 全	极其注意商品是否卫生安全

3. 消费者的感觉

感觉是人通过视觉、听觉、触觉、嗅觉对外界的刺激物的个别属性的反应。消费者对不同的刺激物或情境会产生不同的反应,对于同一事物或情境并不一定能产生相同的反应,最终导致购买行为也会出现不同的结果。感觉过程是一个有选择性的心理过程,主要包括三个方面:

(1) 有选择的注意。人们每天面对的刺激物有很多,但人们不会也不可能注意所有的刺激物,只有选择性地注意那些与自身需求密切相关的刺激物。比如,一个想要购买空调的消费者走进商场,尽管有很多的商品展现在他面前,但他只会注意到空调这一商品及与空调销售有关的营销活动。

(2) 有选择的理解。消费者对于刺激物的反应并不是完全客观准确的,而是带有强烈的主观色彩,他们按照自己的兴趣、爱好、认识来主观地解释自己所注意到的事物。如果一个消费者从内心里认为国产品牌比不过进口品牌,那么,即使国产的商品再价廉物美,他也不会选择。

(3) 有选择的记忆。记忆是人们在感知过程中形成的对客观事物的反映在大脑中留下的痕迹。对于购买者来说,他们记住的是自己所喜欢的某一品牌产品的优点,而忘记其他同类产品的优点,这就是选择性的记忆。

4. 消费者的态度

态度是指人们对于事物的看法和行为倾向,包括肯定与否定、接近或回避、支持或反对。消费者态度会影响消费者的心理和消费者物行为的方向,并且态度一旦形成,就会在相当长的时间内具有稳定性,会长期影响消费者的购买行为。

从心理学的角度来说,消费者对于某一产品的态度主要包括三个方面:

(1) 情感。是指消费者对产品是否符合自己的需要而产生的主观态度体验。如对产品是喜欢还是不喜欢。情感是主观因素,某种程度上存在一定的非理性倾向,更多地受到消费者的生理本能和性格等因素的影响。

(2) 认知。指消费者对于某种商品的信念,是对认识对象的一种评价,认知是否正确、客观、公正,是否存在偏见、误解、曲解,都会对消费者的购买行为产生极大的影响。

(3) 行动。即由不同的态度所引起的不同的行为倾向。如果态度是肯定的,所采取的行动是喜爱、购买;如果是否定的态度,那么消费者所采取的行动则可能是拒绝、放弃。

5. 消费者的个性

个性指一个人的整体心理面貌,即具有一定倾向性的各种心理特征的总和,是在一定社会历史条件下,通过参加社会实践活动并受外界环境的作用逐渐形成和发展的。

个性的心理特征是指个体上经常表现出的一种稳定的心理特点,反映了人的心理活动与行为差异,主要由以下几个部分组成:

(1) 气质。前苏联心理学家巴甫洛夫用条件反射发现高级神经活动的两种基本过程具有三种特征,它们的不同组合形成了四种气质类型,拥有不同气质类型的消费者购买行为上有明显的差异,如表5.2所示。

表5.2　气质类型及特点

气质类型	感受性	耐受性	可塑性	速度
胆汁质	低	较高	小	快
多血质	低	较高	大	快
黏液质	低	高	稳定	慢
抑郁质	高	低	刻板	慢

(2) 性格。是人对现实的稳定态度和习惯化了的行为方式中所表现出来的个性心理特征。性格是消费者最为重要的个性心理,可以根据不同的标准对消费者的性格类型进行划分。

根据消费者的购买心理活动过程的特点,可以分为善于思考、反复权衡的理智型,情绪化、易受诱惑的冲动型,目的明确、决策果断的意志型。

根据心理活动倾向,可以分为只相信自己的内向型消费者和与他人沟通、购买热情高的外向型消费者。

根据受他人影响的程度,可以分为谨慎行事、购买经验丰富的独立型消费者和易受他人影响的顺从型消费者。

(3) 能力。是人顺利完成某种活动所必须具备的心理特征。根据消费者对所购买商品的认知程度来划分。一为知识型。这类消费者非常了解自己即将购买商品的有关信息,长期积累的消费经验使得他们非常有主见,很少受他人的影响,一般不需要别人来为自己出谋划策,会用自己对商品的感受来进行思维与判断。二为无知型。与前一类相反,这类消费者没有丰富的消费经验,对商品极少了解,因而在购买的过程中比较依赖于外界力量的帮助,容易信任营销人员的推荐。

(二) 外在环境因素

消费者生活在社会环境之中,他们不可能摆脱客观外物和所处环境对于自身所产生的影响。这些外在环境因素也是很复杂的,本书主要从以下几个方面进行分析:

1. 社会因素

社会因素主要包括社会角色、社会阶层、相关群体、家庭等。

(1) 社会角色。每个消费者都在社会生活中扮演着不同的角色，无论是自觉还是不自觉，他们都会在自己的消费行为中做出适合自己角色的动作。比如教师在着装时基本上都会以庄重大方为主要的服装风格，对于流行时尚甚至个性化的奇装异服则较少关注。

(2) 社会阶层。社会阶层是指具有相似的社会地位、文化水平、价值观和共同兴趣爱好的人组成的持久不变的群体。在商品的选择上，高薪收入者比较重视产品的品牌档次，倾向于购买高档、奢华的商品；而低收入者对于价格较高的消费品持谨慎的态度。在购买地点的选择上，前者一般出入于高级商场，后者一般会选择折扣商店。

(3) 相关群体。是指影响消费者购买行为的个人或集体。按照对消费者的影响程度可以分三种。一是基本群体。包括家庭成员、朋友、同事、邻居等，这类群体与消费者日常接触最多，关系最为密切，消费者与这类群体之间相互影响、相互作用。二是次要群体。即消费者所参加的社会团体、组织，这类群体对消费者的影响是间接的。三是期望群体。与前两种群体不同，消费者并不是其中的一员，而是渴望成为其中的一员，因此他们会追随这一群体中的某些成员，极力去仿效，如娱乐明星、体育明星等在消费者中的影响力是无限大的。

相关群体的影响也表现在三个方面：一是他们的消费行为或生活方式，使消费者改变自己原有的购买行为或更换自己的购买行为；二是期望群体引起的仿效影响，会使一些忠诚追随的消费者跟随他们的消费行为和方式；三是促使人们的购买行为趋于一致。

企业在进行市场营销时，绝对不能忽视相关群体的影响力，应了解他们的爱好，迎合他们的需求，从而扩大销售。

(4) 家庭。家庭是以婚姻、血缘和继承关系的成员为基础组成的社会生活的基本单位。人们的价值观、审美观、行为习惯大多是在家庭的影响下形成的，家庭也是影响消费行为最直接、最密切的一个重要因素。

家庭购买决策有两种类型。一是一人决定：这说明在这个家庭中某一个成员拥有比较绝对的发言权，只要他决定购买，别的成员一般不会提出反对意见；二是全民协商，一人决定：在进行购买决策时，家庭集体参与讨论，提出意见，在综合意见后，再由一人拍板决定。大多数情况下，购买如房子、汽车等大件商品时才会采取这种方式，一般的日常用品可能性不大。

2．文化及亚文化因素

文化对消费者行为的影响是多方面的，它影响人们的消费习惯，决定人们的需求内容和获得满足的方式，这种影响主要以形成某种风俗习惯来制约人们的行为。如中国人重视春节，因此春节前，消费者购买行为是一年中的高峰期，而在西方，圣诞节则是商家销售的最佳时间段。但是文化的影响不是强制性的，而是长期熏陶的结果。消费者时刻受到自己身处的文化环境的影响，在不知不觉中接受了文化所确立的行为准则。

亚文化是指在社会中不占主导地位的一种局部的文化现象。一个国家或社会内部并不是整齐划一的，若干社会成员因民族、职业、地域等方面具有共同的特性，进而组成一定的社会群体或集团。亚文化对于消费者的心理和行为有着更为直接、具体的影响。其中对消费者购买行为影响较大的亚文化群体主要有四类：

(1) 地域群体。即使是同一民族，因为居住在不同的地域，也会表现出语言、生活习惯的不同。

(2) 年龄亚文化。不同年龄的亚文化群体有着不同的价值观念和消费者习惯，对产品或服务有着不同的要求。比如，老年人比较保守，对老产品持信任态度，对于出现的新产品或服务则持怀疑态度；而年轻消费者则追求新颖、时尚、个性化，喜欢尝试新产品或服务，容易诱发随机性或冲动性的购买行为。

（3）性别亚文化。男性与女性在消费行为方面存在明显的不同。女性消费者喜欢"货比三家"，在挑选商品时不厌其烦，有时犹豫不决，在购买动机上，随机性较大；男性消费者大多因为需要某种商品才会去进行购买。

（4）民族亚文化。每个民族经过长期的发展而拥有了属于本民族的独有的、稳定的民族风俗和习惯，这种亚文化在民族生活方式、消费习惯等方面都有所体现。

3．经济因素

经济因素是影响消费者购买行为最基本、最有决定意义的因素，包括外部经济因素和内在经济因素。

（1）外部经济因素具体包含政府的经济政策、产品的价格和经济周期等

政府作为拥有强制权力的机关，颁布的有关经济发展的各项政策比如央行调整准备金率的幅度与频率、政府的补贴措施与力度等都会对消费者的购买行为产生重大影响。

消费者对某种产品的购买行为首先要受到产品价格的影响，一般来说，当产品价格上涨时，消费者就会减少对该类产品的购买数量或频率，当产品价格下降时，消费者就会加大对该类产品的购买力度。

经济周期与消费者之间是相互影响的，消费者的行为会影响经济周期的发展。如果消费者购买需求旺盛，购买力强，那么经济发展的周期会缩短，相反，时间则会拉长。

（2）内在经济因素主要指消费者的经济收入和消费支出的结构情况

消费者的经济收入直接决定了消费者的购买能力。消费者的收入主要包括工资、福利、补贴及额外收入等。由于各种因素的影响，不同地域、不同行业、不同阶层消费者的收入水平是不一样的，因此，企业要针对不同的收入水平进行细致的市场切分。

综上所述，我们可以得出这样一个结论：消费者的购买行为是复杂多样的，是多种因素共同作用的结果，但是也是可以找到规律、进行科学分析的。企业在进入市场时，必须对所面向的消费者进行客观、准确、细致的研究，制定适合的营销方式，取得理想的营销效果。

经过调查，张胜分析销售下滑可能有以下几个方面的原因：价格比同类产品低，不符合消费者的购买价格心理；新的竞争品牌出现，抢占了市场份额；产品在设计、功能上更新过慢等。针对这种情况，公司应及时进行市场调查，丰富产品的组成，高、中、低档皆有，满足消费者的不同需求；对于竞争对手的出现，要第一时间掌握其产品的相关技术信息及其竞争优势，有针对性地进行产品调整；加快产品的更新周期，定期推出新产品，抢占新市场；加强宣传的力度，扩大产品知名度。

1．消费者购买行为的概念和特点各是什么？
2．消费者的购买模式有几类？各自内容是什么？

3. 影响消费者购买行为的因素都有哪些?

任务二 生产者购买行为分析

学习目标

了解生产者购买行为与消费者购买行为的区别,掌握生产者购买行为的类型及影响生产者购买行为的要素。

知识点

生产者的购买行为类型;生产者购买决策过程;影响生产者购买行为的因素。

技能点

掌握生产者购买行为的特点,分析影响生产者购买行为的因素。

DY公司三年来一直为某电器生产企业提供电路板,二者合作非常愉快。在合同即将到期时,电器生产商却表示双方再继续合作可能性很小,因为他们企业购买了一套新的生产设备,原有的电路板规格不符合新的标准,而DY公司很重视这一大客户,很想继续与之合作,公司市场部的主管决定亲自出面,找到解决这个问题的办法。

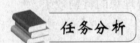

两家公司有着良好合作的基础,电器生产者需要新规格、新标准的配件,原有的合作伙伴是否能满足这一需求,他们并没有把握,因此将原因告知,是希望DY公司有所行动,能够生产出与之相配套的配件。

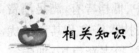

一、生产者市场概述

(一)生产者市场的含义

生产者市场又可称为生产资料市场或产业市场,该市场的购买者经常购买机器设备、原料、零部件等,其目的是更进一步加工制造成品或劳务,通过出售或出租以获得利润。

（二）生产者市场的特点

生产者市场与消费者市场相比,具有以下几个方面的特点：

1. 购买者数量少,购买规模大

相对于数以亿计的消费者而言,生产者市场的购买者数量只占到前者的几十分之一,但因为他们每次购买的数量是用以满足某一时期的生产需要,所以其购买数量和金额都远远大于消费者市场。

2. 购买者的地理分布相对集中

这主要是受到历史传统、交通运输条件、原材料产地等因素的影响。

3. 买卖双方的关系密切

生产者的购买规模大,因此对于供应者来说,他们都是比较重要的客户,因此会想方设法与其搞好关系,加强关系营销,保持良好的购买关系;而对于生产者而言,他们也希望从供应者那里了解到更多有关产品质量、规格和交货方式等方面的信息,因此双方各取所需,在长期的合作中营造和保持密切的关系。

4. 需求缺少弹性,受价格变动的影响较小,但波动性较大

生产者的需求是一种派生性的需求,生产者根据消费者对商品的需求状况来确定自己的需求数量,而不是依据价格来决定的,因此这种需求基本上不会受到价格因素的影响。但这种需求会受到国家宏观经济政策、生产技术的发展和变化等因素的剧烈影响,因此波动性较大。

5. 购买的专业化

生产者市场的采购行为一般都是由专业人员及高层管理人员具体施行的,他们具备良好的专业知识和专业素质,购买行为较为理性。

6. 影响购买决策的人员较多

对于大批量地集中购买,生产者是非常谨慎的。因此,参与购买决策的人员数量较多,不仅有专家,有时高级管理人员也会参与主要产品的购买决策。

（三）生产者市场的购买对象

生产者市场的购买对象是指为了生产其他产品而购买的产品,主要有以下几类：

1. 原材料

这类产品是未经加工的原始产品,完全参与生产过程,构成产品的实体,它一般作为企业生产原料而购进,因此在购买时都是大批量地定时定量购买,如矿石、原油、棉花等。

2. 零部件

这是已完工的产品,但还没有被组装到用户所需的产品中,如集成电路、电机、仪器仪表等。

3. 生产装备

一般指企业的固定资产,主要包括企业的主要生产设备、厂房等。它们大多价格昂贵,在性能方面的要求也很高,它们参与产品的生产,但不构成产品的实体,其价值以折旧的形式计入产品的成本。

4. 服务

主要指与大型设备有关的如安装、调试及人员的培训等,有时也可单独购买服务。

5. 消耗品

也称消费品,是维持企业生产与经营的必需品,这类物品价格低、消耗快,需要经常购买,如办公用具、清洁用品等。

二、生产者购买行为的类型

从生产者购买的目标和需求的不同,其购买行为大致可以划分为三大类:

(一) 直接重购

直接重购是指购买者根据以前的购买惯例,采购一直在重复购买的产品。这是一种最简单的购买行为,生产者只需要按照过去的规定和惯例进行采购就可以了,决策过程相对简单,甚至采购人员自己就可以决定。

(二) 修正重购

修正重购是指购买者对过去的采购从价格、规格、交货方式等方面进行适当修正的购买行为。进行修正的目的是为了寻找到更低的价格、更好的服务或更为便利的交货条件。这种行为情况较为复杂,交易双方的决策人数也会相应地有所增加。

(三) 全新购买

全新购买是指生产者为了增加新的项目或更新产品、设备,购买以前从未购买过的产品或服务的行为。由于是第一次购买,对于生产者来说,购买成本越高,风险也就越大,因此在这一过程中,参与决策的人数较多,购买过程也更为复杂。

三、生产者购买的过程

对购买过程的分析,主要是针对修正重购或全新购买而言的。

(一) 购买过程的参与者

所谓购买过程的参与者是指那些参与购买决策过程的个人或群体,包括使用者、影响者、决策者、批准者、购买者和把关者,他们共同组成一个"采购中心",负责购买并承担由此而产生的风险。

1. 使用者

指企业中将要实际使用产品或服务的人。他们往往是最初提议购买的人,对确定产品的规格、品种等方面起到一定的作用。

2. 影响者

对购买行为起到直接或间接影响的人员。他们通常协助决定产品的规格与标准,在这一环节中,企业的技术人员承担了重要角色。

3. 决策者

指企业中真正有权做出购买决定的人。他们一般在购买数量和选择供应商等方面作出相应的决策。

4. 批准者

他们是那些有权批准决策者或采购者所提出的购买行动方案的人。

5. 购买者

即实际执行采购任务的人员。他们负责与交易对象进行谈判,在简单的购买行为中,购买者就是决策者,而在较为复杂的购买行为中,他们是重要的参谋者。

6. 把关者

是指有权阻止销售者接触或将信息传递给采购中心相关成员的人员。他们在购买过程中履行监督与管理的职责,确保购买过程的公开与公平,维护企业的利益。

采购中心的规模大小因所采购的产品规模大小而变化,并不是固定不变的,每个人所承担的角色各有其不可替代的地位和影响,在购买过程中的作用同样是不能忽视的。

(二)购买决策过程

在直接重购的情形下,购买行为比较简单,所经历的阶段也最少,而修正重购或全新购买的过程则较为复杂,大体可分为以下八个阶段:

1. 出现需求

买某种产品是为了满足需要,而这种需求的出现是受到内部或外部刺激产生的。如机器设备老化,影响了正常生产,需要尽快更新;原来的供应商所提供的产品不符合要求或双方在某些方面没能达成一致,企业想更换供应商;企业在参加一些展览会时受到广告的影响,发现了更好的产品等因素都有可能引发新的需求。

2. 确认需求

即确定所需产品的特征和数量。如果是复杂的产品,购买人员需要与其他相关人员(如技术人员、工程师等)共同研究产品的全面特征,并按其各个属性的重要程度进行排列,以此来确定需求的重要项目。

3. 确认产品规格

在决定需求要项后,购买者接下来的工作是明确该产品的技术规格,对产品进行价值分析,以求产品的技术规格和性能达到最理想的状态,从而降低企业的成本。

4. 寻找供应商

凡是购买复杂的、价格昂贵的产品,都要广泛寻找适合的供应商。可以通过企业名录、电脑资料、其他公司介绍、商业广告、展览会等方式进行寻找,找到之后,企业可以根据自己的需求和标准将这些候选者划分成几个等级,列出选择的先后顺序。

5. 征求报价

购买者将请合格的供应商提出报价。通过对报价单的分析,筛选出报价相对比较合理的供应商,将他们作为主要的选择群体。

6. 选择供应商

购买决策者对合适的供应商及他们的报价再进行全面的综合比较,并通过与供应商的直接接触,争取到最有利的价格和交易条件;当然,供应商的数目也是需要考虑的,更多时候,为了避免过分依赖于一家供应商而面临较大的风险,企业可以选择与多家供应商进行合作。

7. 正式签订购买合同

一旦确定了供应商之后,购买者就要给选定的供应商发出订货单,详细准确地列出技术规格、购买数量、交货时间、退换货政策、保证条款等内容,双方签订正式交易合同。

8. 绩效评估

购买者通过征询使用者的意见、检查合同的履行情况等对自己的各家供应商的绩效进行审核和评估,并以此作为与供应商是否继续合作的一个重要依据。

四、影响生产者购买行为的因素

与消费者购买行为一样,生产者的购买行为也会受到来自各方面因素的影响,主要有以下四个方面,如表 5.3 所示。

表 5.3 影响生产者购买行为的主要因素

组织因素	人际因素	环境因素	个人因素
目标	地位	经济环境	年龄
政策	权限	政治环境	收入
管理制度	相互关系	技术环境	教育程度
工作程序	互相影响的程度	竞争环境	个性特点

(一)组织因素

即企业单位本身的因素。这一因素在影响生产者购买行为的诸多因素中拥有特殊的地位。每个生产企业都有自己的目标、政策、管理制度、工作程序和组织的结构。这些组织因素会对购买决策产生很大影响。生产者市场的营销者要准确了解企业内部的情况及其变化,如购买决策层的组成情况、采购部门的地位、决策是集中还是分散等,有针对性地采取措施予以应对。

(二)人际因素

指企业内部的人际关系。主要指参与购买决策过程的各个方面的人员情况。采购中心成员的地位不尽相同,权力大小有所区别,彼此之间的关系也不一样,这样复杂的人际关系对于购买的影响是不可忽视的。因此,营销人员必须了解主要的决策人员的行为方式和评价标准及互相之间的影响程度等,采取有效的措施,以争取他们的支持。

(三)环境因素

影响购买决策的环境因素包括各种宏观营销环境。如经济环境、政治环境、技术环境、竞争环境等。

购买者受到目前与预期未来的经济环境的影响,如市场需求状况、未来的经济增长预测、生产的资金成本等,当经济发展的不确定性较高时,企业可能会中止原先的购买计划。

购买者的行为也会受到政治环境、科技环境、竞争对手情况的影响,如政策的调整、新技术的出现、竞争对手的购买行为等,都会对企业的购买产生不同程度的影响。

(四)个人因素

个人因素主要指采购中心成员的个人特征,包括年龄、收入、受教育程度、个性特点、所处职位等。每个参与购买决策的成员都难免会受自身主观因素的影响,这些主观因素可能会使得他们在对购买风险的认知、选择供应商、购买产品的数量和规格上出现差异,从而对整个购买决策和购买行为产生影响。

针对这种情况,市场部主管的首要工作是核实情况是否属实,如果是借口,要找出这背后的真实原因及其找借口的真实目的,采取措施来进行解决;如果情况属实,本公司又想与之合作,可以根据自身的实力看能否生产出其需要的产品,如果可以,继续合作的可能性是很大的,毕竟双方有着很好的合作经历。

1. 生产者的购买类型有几种?请尝试进行分析。
2. 生产者与购买过程的参与者及其各自的职责是什么?
3. 影响生产者购买的因素有哪些?你还能发现哪些因素?

任务三　客户关系管理

学习目标

了解客户关系管理对于市场营销的重要意义,掌握客户服务中心的构成及其工作内容。

知识点

客户管理的意义与客户管理的内容;客户服务中心。

技能点

掌握客户资料的收集与管理方法,建立客户资料档案。

 **任务描述**

DY电器公司的客户服务部门最近进行了一次较大的人事调整,刚上任的负责人发现原有的许多客户资料存在不够完整或丢失的情况,使得对客户的跟踪服务或回访出现困难,于是指派小李进行客户资料的重新整理工作。

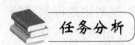 **任务分析**

小李发现出现这种情况的原因是:原先的客户管理中出现了较大的漏洞,管理混乱,无专人负责,另外对于如何管理客户资料,部门中的大多数员工并不知晓,资料的收集和整理没有系统性。要想解决这个问题,需要从强化管理制度和管理工作专业化入手。

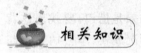 **相关知识**

一、客户关系管理的含义与特点

客户关系管理又称CRM,即英文"Customer Relationship Management",一般译为"客户关系管理",也可以译成"顾客关系管理"。无论从哪个角度进行界定,至少应包含三个方面:

(1) 客户。客户是企业的重要资源,是企业赖以生存与发展的前提。在现代客户关系管理理论中,客户的概念扩大到公司的外部合作伙伴、公司内部上下流程的工作人员等,形成了广义的客户概念。

(2) 关系。随着市场经济的发展,企业之间的竞争已从产品的竞争、服务的竞争,发展到了客户关系的竞争。在客户关系中,企业要将与客户保持长期的、和谐的关系作为客户关系管理的出发点和最终目标。客户关系是双向、互惠的,在此基础上长期满足客户的需求并同时实现企业的利益,因此,企业与客户的关系是双赢的。

(3) 管理。这是一个面向客户的管理系统。这个系统的存在与实施促成了企业与客户之间的亲密接触,从而通过利用客户关系提升了企业的利润。这种管理具有主动性、区别性和技术性的特点。

综上所述,客户关系管理是企业为提高竞争力,达到制胜、发展的目的,确立以客户为中心的发展战略而实施的全部商业过程,通过进行客户研究,优化企业组织体系和业务流程,提升客户满意度和忠诚度,提高企业利润的实际工作,并利用先进的信息技术,进行客户系统化管理。

客户关系管理具有以下几个特点:

(1) 它是一种商业策略。企业进行客户关系管理的根本目的是追求利润,而改变管理方式、更新管理理念、选择和管理有价值的客户及其关系是一种极其有效的途径。

(2) 它是一门经营哲学。通过客户关系管理,企业可以对新、老客户进行差异性管理,可以更好地满足他们的个性化需求,此外,还可以通过客户关系管理不断地挖掘、创造新的需求。

(3) 它是一种技术手段。客户关系的系统化管理依赖于一定的技术手段,如客户关系管理软件、业务流程的自动化、网络客户关系管理等,利用先进的科学技术手段使得企业的客户关系管理更加系统、服务更及时。

二、客户关系管理的意义

(一) 提升企业的核心竞争力

企业核心竞争力是企业在长期发展过程中形成的、企业独具的竞争优势,是使企业在激烈的市场竞争中能够取得主动的核心能力。企业对所掌握的客户信息进行细分,可以更好地满足客户的不同需求;不断发展和维系好新老客户,可以使企业在激烈的竞争中脱颖而出,获得竞争优势。

(二) 提高企业的工作效率

客户关系管理系统中科学技术手段的运用,提高了企业与客户交流和沟通的效率,如电话、网络、邮件等。由于建立了一个统一的接触平台,对企业的市场、销售、服务等环节进行了有效的整合,客户与企业的一点接触便可以完成多项任务,办事效率得到很大提高,客户的满意度也相应得到提升。

企业通过高效率的客户管理,增强双方的信任与了解,达成交易的时间和精力得到节约,企业的利润率当然会相应提高。

(三) 提升客户管理水平

客户关系管理是一项复杂的工作。企业对于客户的管理是企业管理中重要的组成部分,对客户关系管理的情况如何,是评价企业管理制度的一项重要内容。

企业经过整合,系统化地对自己的客户进行有效的管理,获取有利信息,与客户进行积极的沟通,在管理工作中发现问题和不足,处理与客户的矛盾与纠纷等,改变和完善企业的经营理念、方式,提高企业的客户关系管理的水平,提高客户的忠诚度。

三、客户关系管理的内容

(一) 客户分析

1. 客户生命周期

又称客户关系生命周期,是指客户关系水平随着时间变化而发生变化的轨迹。根据国内外学者的研究,可以依据关系的不同将客户生命周期划分为四个阶段:

(1) 考察阶段。在这一阶段,企业将某一划定区域内的潜在客户作为调查研究的主要对象,从中确定可以进行开发的目标客户。与此同时,客户也会进行与企业交流、交易的尝试,双方都在互相了解、探索,都在测试对方的诚意。

（2）关系形成阶段。能够进入这一阶段就已经表明双方都比较满意考察的结果，在建立了一定的信任的基础上，认识到对方能够给自己提供满意的利益，并愿意由此建立起长期的关系。随着企业与客户关系的进一步融洽，客户已经可以为企业的发展做出贡献。

（3）稳定阶段。这是客户关系发展的最高、最理想阶段。双方关系处于一种相对稳定状态，对对方提供的价值满意度很高，交易量很大。在这一阶段，企业的投入较少，客户为企业做出的贡献较大，企业与客户的交易处于盈利状态。

（4）衰退阶段。引发关系逆转的因素很多，任何一方的不满意、需求改变或找到其他的合作伙伴都有可能引起这种变化。在这一阶段，企业与客户的交易量缓慢下降，一方开始表现出结束关系的意图。

2. 客户分级

企业根据客户给企业创造的利润和价值的大小，对客户进行四个层级的划分，即重要客户、主要客户、普通客户和小客户。

（1）重要客户是能够给企业带来最大价值的前1%的客户，他们对企业的忠诚度很高，是企业客户资产中的最稳定部分。他们乐意使用新产品，并帮助介绍新客户，为企业开发新客户节约了大量成本。

（2）主要客户是除重要客户以外给企业带来最大价值的前20%的客户。他们对价格的敏感度较高，对企业的忠诚度没有前者高，为了降低交易风险，还同时和其他企业保持联系，因此，这类客户可供挖掘的潜力不是很大。

（3）普通客户是除了前两者之外为企业创造最大价值的前50%的客户。这一类客户数量较大，但他们的购买力、忠诚度和给企业带来巨大价值的能力与前两者有很大的差距。

（4）小客户是指除了上述三种客户之外的另外50%的客户。这类客户人数多，但为企业带来的利润少，购买力弱，有时只是偶尔购买，并且对企业的商品经常挑剔，忠诚度也不高。

（二）客户的开发、管理与保持

1. 客户开发

通过一定的措施使目标市场中的消费者真正成为企业的客户的过程。这个过程大致分为三个阶段：

（1）寻找新客户。寻找客户不可盲目，要依据一定的市场细分理论，确定终端客户的范围和区域，合理地运用寻找客户的基本方法，找出具体的客户，如表5.4所示。

表5.4 寻找客户的方法

名称	地毯式搜寻	广告开拓	间接获取	利益吸引
内涵	根据商品的特性和用途，确定一个可行的推广范围，通过个人或组织的行为来寻找新客户	利用各种广告媒介寻找新客户	利用与企业有交易关系的现有客户的交际关系，获得新客户	利用商品的实惠和利益来吸引新客户的注意，进而进入洽谈阶段
应用	搜寻范围合理选定	媒体的选择	信任现有客户	准确地告诉新客户享受商品的好处

(2) 评估新客户。在找到新客户以后,要对新客户进行资格审查,对需求度、购买力、决策权、信誉度等多个方面进行详细的评估。

① 需求度。仅满足于找到新客户并知道他们有需求是不够的,还要对这种需求的量的大小有清楚的了解。如果客户的购买量不大,而且又是一次性的购买,企业就必须要权衡这样的交易是否对自身有利。

② 购买力。即便新客户的购买欲望非常强烈,购买的数量也很大,但并不能就将其作为现实的客户来加以认识,还需要认真分析其现实的购买能力。如果客户缺少足够的资金,不能一次付清货款,这时企业必须要保持谨慎的态度。

③ 决策权。即掌握新客户的决策制度、决策过程情况,尤其是在决策的过程中,谁处于决定性的地位。清楚了解这一点对于今后的工作方向将会产生重大的影响。

④ 信誉度。企业要调查新客户在市场同行和与其合作过的单位中的评价,以此作为对新客户进行评估的一个方面。另外,也要对企业的内部状况进行认真的了解,如职工是否团结、遵守制度情况、企业支付情况等。

接近新客户。这一阶段是企业接受客户考察的阶段,因此企业要十分谨慎,尽量避免出现差错,选择适当的方法接近客户。

2. 客户的管理与保持

(1) 客户管理

客户的满意管理。客户满意是一种感觉状态的水平,它来源于客户对产品或服务可感知的绩效与客户的期望所进行的比较,也就是说,企业所提供的产品或服务能否达到客户所期待的程度,能否让客户觉得高兴。绩效与期望之间存在的差异形成了不同的客户满意度。我们可以用这样一个公式来表示:满意=绩效/期望值。

要想提高客户的满意度,要做到以下几个方面:

① 随时倾听客户的声音。在与所有客户进行日常接触中,企业能够认真听取来自于客户的不同的反馈,尤其是接受客户抱怨或投诉时,更要耐心地倾听。如海尔的地瓜洗衣机就是在接到了一位农民的投诉后,根据这类客户的特殊需要而研发的新产品,不仅销售量大增,更获得了良好的市场评价。

② 对客户反映的情况进行核实并及时处理。不管客户提的问题是大是小,企业都应该予以重视,并及时进行回复,这样才能使企业与客户之间形成良好的互动关系,赢得客户的信任。

③ 重视企业内各部门之间的合作。客户管理并不仅仅是客户服务部门的工作,而是所有部门共同参与的一项工作。如客户的退、换货就需要生产部门、销售部门、服务部门的协调工作才能完成。

④ 客户忠诚度管理。所谓忠诚的客户是指那些反复购买某品牌并且只考虑该品牌而不考虑其他品牌的客户。这类客户有两个明显的特征,即购买态度积极和购买行为的重复。当然客户的忠诚度是高是低,主要的影响来自于企业的客户服务工作能否让客户感到满意。

⑤ 客户档案管理。企业对于搜集到的客户的所有信息要系统地整理与归档,建立严格规范的客户档案管理制度。企业要配备专业的人员从事这项工作,一方面要做到详细、准确地收集客户信息,及时进行登记和归档,对于客户的理性信息也要尽快进行更改;另一方面,

对于所掌握的客户信息要进行相应的保密工作,确保客户的信息不外泄,保证客户的利益。

(2) 客户保持

客户的保持是指延长客户关系的维持时间并以增强客户忠诚度为目标,同时提高客户保持度和客户占有率的一种管理手段。

对于企业来说,保持住现有的客户就意味着企业利润的增加,同时利用现有客户去发展新客户也为企业节省了大量开发新客户的所需成本;另外,老客户由于经常与企业打交道,有着良好的交易记录,因此他们也是企业免费的宣传员,对于企业提高声誉有着极大影响,所以保持老客户也是企业一个非常重要的工作。

① 重视产品质量,提供优质服务。长期稳定的产品质量是客户保持的根本。这里的产品是指根据客户需要生产出来并能够满足其喜好的产品,而不仅仅指符合质量标准的产品。因此企业要及时了解与掌握客户的需求,利用科学技术和先进的生产方式,生产出客户喜欢的产品,既能满足客户的需求,又能提高市场竞争力,占有较大的市场份额。

② 同时,由于科技的发展,同类产品在质量上的差异越来越不明显,出现差距的是服务。如今客户对于企业服务的要求也越来越高,大多数客户的不满并不是来自于产品质量而是来自于客户服务,因此企业要进一步提高服务的能力与质量,增强客户对企业的信任与好感,为企业保持住更多的客户。

③ 加大情感投资。如果说以上是让客户获得实在的利益与好处从而留住客户的话,与客户的情感交流与沟通则是从心理的层面进行的客户保持工作,这种心理的作用将更加有力并持久。真正的客户关系是建立在相互信任的基础上的,随着客户保持的时间的长久,情感因素变得越来越重要,这成为客户对企业保持忠诚的根本原因。因此企业要努力寻找与客户之间商品之外的关系,如在客户的生日、重要的纪念日采取适当的方式向他们表示祝贺,这样的情感维系更加深入人心,更能获得客户的情感上的认可与信赖,使他们成为企业的忠诚客户。

④ 信息处理技术的运用在客户保持工作中也是不可或缺的。企业要建立完整、详细、准确的客户数据库,利用数据库进行客户管理工作,应用数据库对现有客户进行分析,并通过现代通讯手段与客户保持密切的联系,进而建立起长期的合作伙伴关系。

四、客户服务中心

目前市场竞争的主要方面已转向客户或客户群的争夺上,这就要求企业要采用更丰富多样的服务手段来为客户提供随时随地的服务。在这种情况下,客户服务中心成为企业在激烈的市场竞争中能否继续生存的关键。

(一) 客户服务中心的概念及功能

客户服务中心(也可称为呼叫中心)一词来源于英文"Call Center",在我国一般称为客户服务中心(Customer care center)。从管理的角度,客户服务中心是一个促进企业营销、市场开拓并为客户提供友好交互式服务的管理与服务系统。

客户服务中心可以扩大客户的选择范围,客户可以通过电话、传真、电子邮件或互联网及视频手段与客服中心联系,因此,客户服务中心不仅提升了企业的形象,而且使得企业在客户服务方面的资金投入大大减少,也为广大客户提供了便利条件。一个现代的、智能化的客户服务中心至少应具备以下几个方面的职能:

(1) 是客户关系管理的基础,是企业接触客户的主要渠道。

(2) 具有良好的社会效益和经济效益,是"利润中心"。

(3) 采用最现代化的科学技术,有完整的管理系统,随时可以观察客户服务中心的运行情况,为用户提供最优质的服务。

(4) 可以提供每周7天、每天24小时的不间断服务。

(5) 对外面向用户,对内与企业联系,把从用户那里获得的各种信息、数据存储于数据库中,为领导者的分析和决策提供参考和依据。

(6) 根据客户的信息,选择最适合的业务代表。

(二) 客户服务中心在客户管理中的意义与作用

客户服务中心的设置,是因为企业认识到良好的客户关系已经成为电子商务时代竞争制胜的关键,通过它可以实现企业与客户之间的互动,能让客户感受到企业的价值。

(1) 客服中心是为客户提供优质服务、维护客户忠诚度的中心。事实证明,留住老客户比更换客户更为经济有效。企业应满足他们的需求,提供优质服务,提高客户的满意度和忠诚度,如快速处理客户的抱怨和投诉,帮助客户解决问题,促使客户回头购买更多的产品或服务,甚至带来更多的新客户。要想满足客户的需求,必须要了解他们的个性化需求,客户服务中心通过搜集并利用客户的相关信息,帮助企业了解客户的需求、想法、要求等方面的问题,实现优越性的服务,保持客户的忠诚度,促进企业发展。

(2) 客服中心是企业搜集市场情报和客户资料的中心。有了客服中心,企业可以更快地感受到市场发生的变化,提供给后台的部门,为企业生产和服务提供科学的依据;客服中心搜集客户的资料,建立客户资料数据库,为企业对消费者进行分析提供参考。

(3) 客服中心使得"成本中心"变为"利润中心"。企业为客户提供服务是需要一定资金投入的,这个需要成本的中心已成为企业客户管理系统的重要组成部分和关键环节,它不但为企业创造社会效益,还能够创造经济效益。客服中心能快速处理客户的抱怨,解决客户遇到的问题,让客户充分享受贴心的服务;另外,通过向客户推荐产品,满足客户的个性化需求。一般情况下客户会重复或更多地购买,并向其联系的人群宣传,带动其他消费者前来购买,给企业带来更多的效益。

(三) 客户服务中心的构成

一个完整的客户服务中心由以下几个部分构成:

1. 智能网络(IN)

它是客服中心的基础通信设施,它可以根据企业的不同需求来定制不同的路由策略、提供800免费呼叫服务、支持虚拟专用网等。除此以外,还可以进行自动码识别和被叫号码识别的服务。

2. 交换机(PBX)

它是进入客服中心的门户,是客服中心与外界发生联系的主要渠道。它对外提供与市话局中继线的接口，对内提供与连接坐席代表话机和自动语音应答设备的内线接口。交换机具有自动分配功能，为提高客户满意度，它会将路由给最闲的话务员以减少排队时间，也可以提示客户选择留言等，提供人性化的服务。

3．计算机电话集成系统(CTI)

这一系统的主要作用是使交换机和计算机系统实现信息共享，并根据呼叫者、呼叫原因、呼叫的时间和呼叫中心的通话实时状况来选择路由和更新数据库。CTI 技术的典型应用包括：屏幕弹出、语音和数据传递功能、预拨功能、预览功能。

4．交互式语音应答系统(IVR)

又可称为自动语音应答系统，它主要是扮演了一个自动话务员，在繁忙、等待或无人时，完成各种自动化任务。在减轻话务员负担的同时，也可以让客户得到满意、及时的服务。用户可以通过系统导向的语音目录，使用按键或语音进行信息的输入，系统根据用户的选择连接数据库，为客户提供动态的信息服务。

5．人工坐席/业务代表(Agent)

它是客服中心的重要组成部分，也是客服中心最灵活、最宝贵的资源，与简单的互动对话相比，人工坐席提供的服务更加周到和具有亲和力。坐席代表的主要工作设施包括话机及与其配套的耳机、话筒、运行 CTI 应用程序的 PC 或计算机终端，坐席代表通过鼠标、键盘完成电话的接听、转接、外拨、挂机等，不必对话机进行实际的物理操作。

6．呼叫管理系统(CMS)

呼叫中心经过几年的飞速发展，改变了以前单一的语音功能，变得智能化、移动化、网络化，其功能如表 5.5 所示。

表 5.5 呼叫中心的功能

信息汇报	监 测	坐席管理与呼叫中心管理	统计分析与决策支持
实时收集交换机数据，整理为各种形式的报告	全方位监控客户服务状况，自动警告及非常情况指示，保障服务效果	跟踪坐席活动和呼叫中心系统资源运行情况，实时修改相关配置	提供各类查询方式，将信息转变为战略知识工具，给用户独特的数据

7．主机应用(Host Application)

主机是系统内部的数据服务器，主要用来存放话务人员信息、计费信息、客户信息、业务受理信息和咨询信息。

8．来话管理(ICM，Incoming Call Management)

是为来话提供工作流程管理的应用程序，可以节省时间并为客户提供一些个性化服务，既提高了客户满意度，又为企业节约了成本。

9．去话管理(OCM, Outgoing Call Management)

在对客户发起主动呼叫时使用，主要有两种类型：预览呼叫时，系统首先接通坐席的号码，然后再拨客户的号码，其结果是话务员与客户通话或因某些原因导致通话中断、放弃；预测呼叫则是将整个过程自动化,如果有人接听则将电话转接给话务员,如果无人接听,则自动跳过,将客户的号码存入联系名单中,等待适合的时间再进行呼叫。

10. 工作流程(WFM,Working Flow Management)

它是专为坐席调度和未来线路需求分析而设计的,目的是提高服务中心的客户响应能力。

针对发现的问题,公司客服部门的小李立即对原有的资料进行了重新整理,及时补充和重新建立客户的资料,同时对从事客服工作的人员进行了专门的培训,使得公司的客户管理工作步入正轨。

1. 什么是客户服务中心?它具有哪些功能?
2. 客户管理的意义和内容各是什么?
3. 客户服务中心由哪几部分构成?

调查在校大学生购买手机的动机、目的及使用情况。

实训目标

通过亲身调查与体验,掌握消费者购买行为的差异性及其影响因素,提升学生的实践调查能力及进行数据分析、判断的能力。

实训内容

调查购买手机的动机、心理价格、功能要求、目的。

北京王府井百货大楼最近亮出新招,把南京羽绒厂的充绒"车间"搬进了商场。这个现场充绒的"车间"共有15平方,透过全封闭铝合金玻璃窗,三位工人称绒、充绒、缝纫的一举一动,顾客一目了然。含绒量的50%、70%、90%三种,重量可多可少,高密度防绒布袋有7种颜色和图案可供选择。车间外围满了顾客,有人说:"这家厂真会做生意!"也有的人说:"生意就该这么做!"经过统计,羽绒被的日销售额比原来增长了6倍。

(资料来源:http://wenku.baidu.com/view/1cd0dccf58f5f61fb7366647.html)

【思考】

1. 生产厂家采取这样的行为满足了消费者什么样的心理?
2. 王府井百货大楼这样做的目的是什么?
3. 羽绒被的销售激增说明了什么问题?

模块六 目标市场营销战略

任务一 市场细分

学习目标

通过学习市场细分的概念、意义、标准与步骤,具备进行市场细分的能力。

知识点

市场细分的概念与意义,市场细分的标准与步骤。

技能点

掌握进行市场细分的技能。

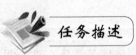

DY公司的电磁炉产品即将进入市场,面对广阔的市场空间,电磁炉销售需要找到自己的细分市场,才能制定有针对性的营销策略,如何寻找细分市场呢?作为市场营销部人员的张明陷入了思考中。

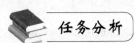

任何企业无论实力多么强大,都不可能满足所有市场的要求。企业为了实行市场营销战略,必须按照一定标准对市场进行细分,并在细分的基础上结合自身的实力和外部环境,经过分析、评估后选择对企业最有吸引力的市场作为自己的目标市场,然后在这个目标市场中为自己的产品确定适当的竞争地位。因此,市场细分是选择目标市场和市场定位的前提和基础。

一、市场细分的概念

市场细分是指企业按照消费者的欲望和需要及购买习惯和行为诸因素把整个市场细分为两个或两个以上的子市场,以确定目标市场的过程。市场的细分是调查分析不同的消费者在需求、资源、地理位置、购买习惯和行为等方面的差别,然后将上述需求基本相同的消费者群分别收并为一类,形成整体市场中的若干"子市场"或"分市场"。不同细分市场之间的需求差别比较明显;而在每一个细分市场内部,需求差别则比较细微。

理解这一概念时应了解以下几点:
(1) 市场细分是对顾客群组的细分;
(2) 市场细分的基础是消费者同质需求的差异性;
(3) 市场细分不同于市场分类。

二、市场细分的要求

市场细分的基本要求是既要确保满足消费者需求的有效性,又要确保企业经营的可操作性和盈利性。市场细分必须满足以下几点:

1. 可衡量性

可衡量性是指细分市场必须是可以衡量的,也即细分出来的市场不仅范围比较明晰,而且该市场的大小也能大致判断。这样才可以较好地估算细分市场的规模和对应的购买力。无法衡量的标准是不能用来细分市场的。

2. 可进入性

可进入性是指企业有能力进入选定的细分市场,也即细分市场应是企业能够对顾客产生影响、企业产品能够展现在消费者面前的市场。市场细分应当能反映出不同细分市场可进入性的差异,以便企业进行比较选择。例如,以地域来划分细分市场,有的地区是可进入的市场,有的地区是较难进入的市场,有的地区是不可到达的市场。这便要求企业在细分市场时,必须考虑企业营销活动的可行性。

3. 可盈利性

可盈利性是指细分出来的市场必须具有一定规模,足以使企业实现其利润目标。过细的细分使单个目标市场规模过小,没有规模效益。多个的小目标市场使企业产品品种多,批量小,成本高,管理复杂。因此,在进行市场细分时,企业必须考虑细分市场上顾客的数量、他们的购买力和产品的使用频率。企业所选定的细分市场,应该是具有足够的潜在顾客的市场,并且他们又有充足的经济实力,使企业有利可图。

4. 稳定性

稳定性是指在一定时期内,细分市场必须保持相对的稳定,以便企业制订较长期的策略。需求经常变化会造成开发新产品的失败,甚至资源配置的损失。

三、市场细分的标准

划分市场应考虑有关的因素,也就是要选择适当的市场细分标准。消费品市场的主要顾客是消费者,而生产资料市场的顾客主要是生产企业。这两类顾客的动机和目的各不相同,因而市场细分的标准也就有所不同。

1. 消费品市场细分的标准

因企业不同而各具特色,但各企业有一些共同的标准,这就是市场细分的一般标准,包括地理因素、人口因素、心理因素和经济因素。这些因素可以进一步划分为若干具体的变量因素,如表6.1所示。

表6.1 消费品市场细分的标准

细分标准	定 义	具体变量的内容	应 用 说 明
地理因素	是指消费者所处的地理位置和自然环境	具体变量包括国家、地区、城市、乡村、城市规模、地形、气候、人口密度、交通运输及通讯条件等	按照地理因素细分市场,对于研究不同地区消费者的需求特点、需求量及其发展变化趋势具有一定意义,有利于企业开拓区域市场。通过地理因素细分市场,企业应考虑将自己有限的资源尽可能投向力所能及的、能最大程度地发挥自身优势的地区市场中去
人口因素	是指消费者个体特征及文化表现	具体变量包括年龄、性别、职业、收入、文化程度、社会阶层、婚姻状况、家庭人口、宗教信仰、风俗、民族等	人口变量与需求差异性之间存在着密切的因果关系,是人们细分市场所考虑的最重要的因素。人口因素是企业细分市场的重要而常用的标准,取得各种变量的资料也较容易
心理因素	是指消费者的心理特征	具体变量包括生活方式、个人性格、购买动机、兴趣爱好、价值取向、对于品牌的忠实程度及对营销因素的敏感程度等	心理因素十分复杂,以这类因素为标准细分出的市场,往往能够显示出不同群体对同种商品在心理需求方面的差异性
经济因素	是指消费者的经济收入状况	具体变量包括个人收入、家庭平均收入、可供自由支配的收入等	消费者实际经济收入的多少,直接决定着其购买力的大小,是能否导致购买行为和购买状况的关键因素

以上四种因素对消费者来说,往往是相互影响、综合起作用的,不能截然分开。但其中必有最主要的决定性因素。因此,市场细分不能只考虑某一方面的因素,也并非根据所有因素,而是要根据产品特点,将消费者之间产生明显差异的若干个因素有效地结合起来进行,这样才能选出比较理想的目标市场。同时,要不断地调整用作市场细分的因素,以便寻找新的、能够提供更好机会的细分市场。

2. 生产资料市场细分的标准

生产资料市场的细分,一般是以顾客为基础的。市场细分的依据,通常有三方面的因素,如表 6.2 所示。

表 6.2　生产资料市场的细分标准

细分标准	内　　容	应用说明
顾客需求特点	具体变量包括:购买目的、商品用途、质量要求、功能要求、价格要求、交易方式、供货时间、使用频率等	工业用户购买生产资料,有的是为了不同生产需要,有的是为了再出售,有的是为了正常开展业务工作的需要。企业往往根据需求不同的顾客来细分市场。因此,顾客的需求特点是生产资料市场细分的一种最通用的标准
顾客规模	企业可根据顾客规模的大小将其分为大、中、小规模三类,分别有针对性地采取不同的营销策略	根据顾客规模大小不同,订货数量的多少悬殊非常大。大客户户数虽少,但需求量很大;小客户户数虽多,但需求量很小
地理位置	任何一个国家或地区,由于自然资源、气候条件、社会环境、历史继承等方面的原因,以及生产的相关性和连续性不断加深,会要求生产力合理布局,从而形成若干产业地区	企业按顾客所处的地理位置来细分市场,选择顾客较为集中的地区作为自己的目标市场,这样,不仅联系方便、信息反馈快,而且可以更有效地规划运输路线、节省运力与运费,同时也能更充分地利用销售力量,降低销售成本

四、市场细分的步骤

为了确保市场细分的有效性,企业的市场营销人员应该了解和掌握细分市场的程序。美国市场学家杰罗姆·麦卡锡曾提出过一般的市场细分步骤:

1. 确定市场范围

任何一个企业都有其自身的任务和目标,并以此作为企业制定生产经营和市场开拓战略的依据。一旦进入一个行业,便要考虑可能产品的市场范围的选择问题。而产品市场范围的确定是以市场的需求而并不是产品的特性为依据的。也就是说,市场范围的确定必须贯彻"需求链"的思想。一旦市场需求发生了变化,整个产品的市场范围也要做相应的调整。

2. 列举潜在顾客的基本需求

产品的市场范围确定后,市场营销人员可以将市场范围内的潜在顾客分为若干个专题小组,了解他们的动机、态度、行为等,从而比较全面地列出影响产品市场需求和顾客购买行为的各项因素,作为以后进行深入分析研究的基本资料和依据。

3. 分析潜在顾客的不同要求

顾客的不同需求是细分市场的基础。因此,企业在列举潜在顾客的基本需求后,可以向不同的顾客进行抽样调查来进一步搜集有关信息,并用因素分析法对资料进行分析,确定相关性很大的因素(即潜在顾客的共同需求),然后用聚类分析法划分出一些差异最大的细分市场。

再根据潜在顾客不同的态度、行为、人口变数、心理变数和一般消费习惯等进一步细分。进行这一步细分的目的在于了解在所列举出的基本需求中对于不同的潜在顾客群来说,最重要的有哪些,从而发现不同的潜在顾客群在需求上的差异性,即找出他们的不同需求。具有不同需求的顾客群构成企业的细分市场。为了确保细分的效果,可以重复上一步,直至有三个或三个以上的分市场出现为止。

4. 删除潜在顾客的共同需求

潜在顾客的共同需求,是企业无论选择哪些细分市场作为目标市场时都必须使之得到满足的,它是企业产品决策的部分重要依据,但它不能作为细分市场的依据,只能作为企业制定市场营销组合策略的参考。所以,在进行市场细分时要剔除潜在顾客的共同需求。

5. 初步确定细分市场

对细分市场的初步确定是指为细分市场暂时命名,即在分析了潜在顾客的不同需求、进行了市场细分并剔除各细分市场上潜在顾客的共同需求后,各细分市场上剩下的需求。由于需求各不相同,这时为了便于对各细分市场的特征作进一步的分析,可根据各细分市场上顾客的特点暂时为各细分市场确定一个名字。

6. 进一步认识各细分市场的特点

上述工作完成后,企业还需进一步对各细分市场顾客的需求及其行为特点作深入的分析与考察,确定已掌握了各细分市场的哪些特点,还需要对哪些特点进一步分析研究,从而决定是否需要再分或重新合并。这一步是对以上几步的重新认识和必要的调整,以形成细分市场的雏形。

7. 测量各组细分市场的大小

细分出来的市场必须大到足以使企业实现它的利润目标,这时的细分市场对企业来说才是有用的。因此,还要将经过以上步骤划分出的各细分市场与人口变数结合起来加以分析,测量出每个细分市场上潜在顾客的数量、他们的购买能力和产品的使用频率,从而掌握各细分市场的市场潜量。只有那些拥有足够的潜在购买者,并且他们又有充足的货币支付能力、使企业能够补偿生产与销售成本并能获得利润的细分市场才有开发的价值。而那些顾客的需求没有体现为有支付能力的购买力或潜在顾客数量极少的细分市场则不值得开发。

经过以上七个步骤,企业便完成了市场细分的工作,下面企业便可以根据自身及产品的实际情况,选择目标市场,并采取相应的目标市场营销方法,制定出与目标市场需求相适应的市场营销组合策略,更好地为目标市场服务。

对于企业而言,可以从不同的角度采用不同的方式寻找细分市场,但也存在共性的地方,而这些共性的方面是值得企业思考和借鉴的:

1. 细分市场是以机会为出发点的

企业需要考虑:这个市场上有哪些机会?哪些客户群的需求没有得到满足?是否存在新的客户群?哪些客户群是竞争对手服务得很好的?

2. 要深入分析和理解客户的需求差异,而不是停留在表面特征划分上

高质量的细分需要在对市场和客户需求充分调研的基础上,对客户需求的各种差异进行反复分析和理解,直到找到能充分区分需求差异又与自身能力相匹配的细分维度。

3．企业在细分市场和选择目标市场时需要聚焦

企业的资源是有限的，尤其对于创业和成长期的企业。

4．细分市场是动态发展的

企业进入不同的业务，需要结合客户需求和竞争状况的不同，采用不同的细分方式。而企业在业务发展的不同阶段也需要不同的细分方式。

5．DY公司市场细分实操

依据以上原则，DY公司营销部门的张明在进行电磁炉市场细分时进行如下操作：

（1）就电磁炉市场来说，属于消费品市场细分，一般的细分依据包括地理因素、人口因素、心理因素和经济因素。

（2）DY公司作为一家中小型企业，必须集中资源，找到购买潜力最为集中的区域进行销售。

（3）从人口因素来说，从婚姻状况可以划分出传统家庭和单身家庭，这有助于DY公司找到目标市场。

（4）心理因素可能的影响主要是品牌知名度和关注度，对此问题，DY公司可以通过低价和同质保障来予以解决。

（5）在经济因素细分中，就需要找到需求低价同质电磁炉产品的收入群体作为细分市场。

1．消费者市场细分的依据是什么？
2．请对手机市场进行细分。

任务二　目标市场选择

学习目标

通过学习市场的内涵、市场选择的策略与方法，具备进行目标市场选择的能力。

知识点

目标市场的内涵、市场选择的策略。

技能点

掌握目标市场选择的策略与方法。

任务描述

目前国内的小家电市场上，M 公司在电磁炉产品中处于垄断地位。DY 公司作为一家刚进入电磁炉市场的中小型企业，目前在市场中还处于追随者的地位，如何在市场细分的基础上寻找到自己的目标市场，进而开展有针对性的营销活动，是 DY 公司的当务之急。营销部的张明受领导指派参与了此次任务。

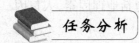
任务分析

目标市场是在市场细分和确定企业机会的基础上形成的。企业通过市场细分，会发现不同欲望的消费者群，发现市场上尚未得到满足的需求，这种"未满足的需求"就是市场机会。一般来说，只有与企业的任务、目标、资源条件相一致并且比竞争者有更大优势的市场机会才是企业机会。确定了企业机会，也就基本确定了企业的目标市场。张明和他的团队决定以此为思路开展工作。

相关知识

一、目标市场概述

（一）目标市场的含义

目标市场是企业为满足现实或潜在的消费需求而开拓的特定市场。目标市场与市场细分是两个既有区别又有联系的概念。市场细分是发现市场上未满足的需求，按照不同的购买欲望和需求来划分消费者群的过程。而确定目标市场则是企业根据自身条件和特点选择某一个或几个细分市场作为营销对象的过程。因此，市场细分是选择目标市场的前提和条件，而目标市场的选择则是市场细分化的目的和归宿。

一个细分市场要成为目标市场，必须具备以下条件：
(1) 有较大的购买容量和发展稳定的发展前景；
(2) 市场竞争较小，或虽激烈，但企业仍具有一定的竞争优势；
(3) 企业有能力来满足市场需求并且能取得一定的销售利润；
(4) 该细分市场与企业经营发展方向一致。

（二）目标市场选择的标准

每个企业由于自身的实际需要不同，选择目标市场的标准也不尽相同，但常用的目标市场选择标准有以下几个：

1. 市场容量与效益

市场有一定的购买力、能取得一定的销售利润是选择目标市场的重要条件之一。因为目标市场上仅存在未满足的需求,不等于有购买力及有足够的销售额。如果没有购买力或购买力很低,就形成不了现实的市场。企业得不到必要的利润,就没有进入该细分市场的价值。如在一些国家和地区,虽然存在着很多未被满足的需要,但由于经济落后,居民收入水平低、购买力低,因而有些高档商品还不能以这些国家和地区作为目标市场。

2. 市场潜力

市场不但存在未满足的需要,而且有一定的发展潜力。这是企业选择目标市场的首要条件。市场发展潜力的测定,可以从最近几年的某细分市场销售额递增比率、当年销售额和次年预计销售额入手,分析该细分市场的需求状况和需求变化趋势,从而掌握该细分市场的发展潜力。目标市场有发展潜力,企业才能在满足消费者潜在和未来的需求中得到长期发展。

3. 竞争状况

如果目标市场上竞争对手众多,竞争激烈,竞争者完全控制了目标市场,企业选择这种目标市场就没有任何实际意义。一个理想的目标市场,不仅存在未满足的需要,有一定的购买力和市场规模,而且在市场竞争方面具有竞争对手较少、竞争者没有完全控制目标市场的竞争优势。

4. 开拓能力

目标市场的选择要与企业的综合实力相适应,只有企业的实力能达到开拓细分市场的程度,才能作为企业现实的目标市场。企业是否具有开拓该目标市场的能力,是选择目标市场必备的主观条件。这里主要是指企业的人力、物力、财力以及经营管理水平。

二、目标市场选择的影响因素

企业在选择目标市场时必须根据自身的具体情况,权衡利弊得失,慎重选择。一般来说,在选择目标市场时,企业需考虑以下因素:

（一）企业的资源积累状况

企业的资源状况不同,对目标市场的选择情况也会有所不同。但当企业有较雄厚的资源积累,如拥有大规模的生产能力、产品和技术开发能力,或有庞大的销售网络和著名商标等时,就可以选择所有细分市场。因此,通常采用全面选择方法的企业多是资源积累较雄厚的企业;而一些资源积累较少、实力较弱的企业往往较多选择专门或集中选择方法,这样可以使自己有限的资源优势得到充分的发挥。如像丰田、通用这样一些规模巨大、实力雄厚的企业大都选择了全面性方法,而集中性选择方法则为铃木、大发等这些实力稍逊一筹的公司所采用。

（二）产品特性

产品特性是指产品是否同质,能否改型变异。有些产品的差异性较小,尽管这些产品自身可能会有某些差异,但顾客一般并不太重视或不加区别,亦即它们适应消费的能力较强。如食盐、纯净水等可视为"同质性产品",对"同质性产品"刻意追求其差别化则可能成本过高,得不偿失。而对一些差异性较大的产品,如服装、汽车等,不仅本身可以开发出不同规格型号、不同花色品种的产品,这种种不同还会带来品质、性能等方面的较大差别,消费者对这类产品的需求也是多样化的,选择性很强。因此,则宜采用专门或集中性选择方法。

(三)产品的生命周期

在选择目标市场时还要考虑产品所处的生命周期的阶段。当产品处于生命周期的投入期或成长初期阶段,由于竞争对手较少,品种比较单一,消费者对产品不太了解,因而需求的差异性表现得不明显,通常可采用全面性方法。当产品处于生命周期的成长期或进入成熟期以后,市场上生产同类产品的企业增多,竞争加剧,消费者需求的差异性也逐步变得清晰起来,这时宜采用专门性或集中性选择方法,以便更好地满足不同消费者的需要,并设法保持原有市场,延长产品生命周期。

(四)市场特性

市场特性是指不同细分市场的消费者对产品需求差异的大小。如果市场上所有的消费者对某些产品的需求比较相近,购买习惯等没有太大的差异,对市场营销刺激的反应较为一致,如对一些廉价的一次性使用的产品,通常消费者不会有什么特殊要求,则对这类产品采用全面性方法可大大降低产品成本。而对于一些需求差异性较大的产品,如汽车、手表、化妆品等,则可采用专门性或集中性选择方法。

(五)竞争对手的市场策略

目标市场营销对于企业获得竞争优势起着至关重要的作用。为了获得竞争优势,企业在选择目标市场策略时,还必须了解竞争对手采取何种策略,根据竞争对手的不同情况作出不同的选择,或采取与竞争对手相同的目标市场策略,或采取与竞争对手不同的策略以避免直接竞争。也就是说企业应把目标市场的选择策略与竞争战略系统有效地结合起来。

总之,企业必须综合考虑以上这些因素。企业必须在充分进行市场分析的基础上,慎重选择目标市场。

三、目标市场选择的基本要求

目标市场是企业整个营销策划围绕的中心,企业由此展开营销活动,以达到自身的营销目的。在细分市场的基础上,企业可以选择一个或几个细分市场作为自己的目标市场。企业在选择目标市场时应掌握以下基本要求:

(一)成本最小

企业应该深入分析意欲进入的目标市场产品的成本大小,应比较各个细分市场的产品成本,在一般情况下应确定产品成本较低的细分市场为目标市场。这一成本估算不仅包括生产成本,还应包括各种营销活动带来的成本支出。

（二）能力匹配

在若干个细分市场中，企业要确定目标市场，必须考虑本企业的人力、财力以及技术力量和经营管理水平是否与欲开发的目标市场的需求潜能相匹配，企业有无实力满足或逐步满足消费者的需求。从另一角度考虑，企业还应分析对于这一目标市场是否还会有实力"盈余"，如果存在这种情况，应该扩大目标市场的范围，以与企业实力相匹配。

（三）风险最低

企业进入一个目标市场，必定存在风险。这种风险主要来自主客观因素的不相符合，导致原有策划方案无法实施，或实施了但达不到预定目标。

这种风险也可能是因为出现了某些无法预料的意外事件。这里特别要指出的是各个企业可能会选择同一细分市场为目标市场，这样，市场竞争就不可避免了，竞争产生的风险也随之产生。对这种情况企业必须要有充分的估计，考虑可能存在的各种因素和突发事件，未雨绸缪，精心策划，把风险降到最低程度。

（四）收益最大化

企业选择的目标市场，应该能够给企业带来可观的经济效益。这一市场应有足够的销售数量，如果只有消费欲望而不能形成实际的购买力，那么这一细分市场不应被选为目标市场。即使经过评估认为确实有经济效益的细分市场，企业也应对各个细分市场进行比较评估，以收益最大化为原则来确定经济效益最好的细分市场为目标市场。

四、目标市场选择的基本步骤

（一）初选

企业在选择目标市场时，首先可以采用排除法进行初选，一步步缩小选择范围。进行初选时，可以先从最明显的因素开始，考虑一个因素，排除一批；然后再考虑下一个因素，再排除一批，直至剩下几个对象作为初选的目标市场。但是初步筛选要力求避免两个错误：一是忽视为企业主要产品提供良好前景的市场，遗漏巨大的市场机会；另一个是在前景不好的市场花费太多的调研时间。因此，初选工作必须做到全面、经济、快捷，所需数据资料应尽可能地从大量公开发行的资料中取得。

（二）消费者分析

在进行初步筛选之前，经营者应该首先建立起针对消费者或用户的主要候选产品的消费形象，该形象包含着个人或集团性的、现有或潜在的消费者所需要的产品特性。它可以具体回答：谁适合使用这种产品？怎样使用这种产品？在哪里可以买到这种产品？怎样买到这种产品？为什么买这种产品？什么时候买这种产品？回答这些问题意味着消费者开始选择候选产品。在勾画产品形象时，刚刚步入市场的企业经营者主要依靠自己的市场经验。

（三）需求量估计

估算市场需求有很多方法，大致有：比较各地消费水平现状的横向分析法以及比较各地消费水平变化的动态分析法、具体分析消费需求决定因素的要素分析法。分析的目标是找"缺口"，找那些总体来说"供不应求"的市场。对市场容量的估计应尽可能采用已有的统计资料，确定预期的目标市场。对市场容量的估计可分为直接估计和间接估计。对市场容量的直接估计是借助于实际销售资料或消费量进行直接估计。在初步筛选时要求对候选产品在很多地区的市场潜力进行"快速确定"。对市场潜力的评估只要求确认目标市场的前景即可。

（四）市场的选择与确定

目标市场初选的结果可能有三种：

第一种情况，按企业目前的情形，没有合适的细分市场。这时还应进一步查清原因，找出问题关键，然后对症下药，等条件改善了再考虑如何进入。

第二种情况，仅有一个细分市场是潜在的市场。此时需作进一步详细分析，以便下决心。

第三种情况，有多个细分市场具有进入可能性，这就更需要进一步调查研究，进行比较，以便作出更合适的判断。

以上情况中前两种比较简单，研究重点应放在第三种。因为是初步的选择，故范围应尽可能广，只有当某个国家或地区的市场确实不具备进入的可能性时才能放弃，以避免错过大好机会。对于初选的目标市场，还应该进行更深入的调查，明确每个可能的目标市场的容量和本企业在这个市场上的销售前景，以便作出正确的决策。

（五）评估细分市场

经过初步筛选后的市场数目已经较少，对这些市场，要进行更精确的评估。在评价不同的细分市场时，一家企业必须分析以下三个因素：细分市场的规模和发展；细分市场结构的吸引力；企业的经营目标与资源。

1. 细分市场的规模和发展

营销者首先必须搜集和分析目前各种市场的销售额、增长率和预期利润等各种资料。许多营销者对具有适当规模和增长特点的市场感兴趣。一般说来，理想的细分市场是具有大的目前销售额、高的增长率和高的利润贡献的细分市场。可是值得注意的是，最大的最快速增长的细分市场不是对任何企业来说都是最有吸引力的。较小的企业可能发现它们缺少所需要的技术和资源来为较大的市场服务，或者这些细分市场的竞争太激烈了。这些企业可能喜欢选择一些较小的不太有吸引力的细分市场，对它们来说，在这些市场上容易获得更多的利润。

2. 细分市场结构的吸引力

细分市场可能具有理想的规模和发展特征，但从盈利角度来看，它未必能提供理想的利润。所以，营销者还必须考察一些影响细分市场长期吸引力的主要结构因素，一般包括下列四个方面：

(1) 竞争者。进行市场细分的目的之一是为了减少竞争对手，从而可以缓和竞争。如果在细分市场上已经存在许多强有力的和具有进攻性的竞争者，这一细分市场就不太具有吸引力。另外，竞争者中还包括可能加入的潜在竞争者或新竞争者。

(2) 替代性产品。替代品的威胁也决不可忽视。如果在一个细分市场上目前或将来存在许多替代性产品的话，那么可能会妨碍进入这一细分市场的企业获取足够的利润。

(3) 购买者的力量。如果在一个发达市场上，购买者相对于销售者具有强有力的讨价还价力量，那么，他们将迫使价格下降，并需要企业提供更好质量的产品与服务。所以说购买者的相对力量影响细分市场的吸引力。

(4) 供应商。供应商讨价还价的能力非常重要。当供应商是大的且集中的、存在很少替代者时，或者当供应的产品是企业一项重要的投入时，供应商往往是强有力的。如果在一个细分市场上已存在一个强有力的供应商，他能控制生产所需的原材料与服务的价格及它们的质量和数量，这样的细分市场也是缺乏吸引力的。

3. 企业的经营目标与资源

评估细分市场必须确定：它是否符合企业的长远目标；本企业是否具备在该细分市场获胜所必需的技术和资源。如果企业要真正赢得细分市场，它需要发挥其压倒竞争者的优势。企业如果不能制造具有某些优势价值的产品，就不应该进入该细分市场。即便一个细分市场有适当的规模和增长率，它在结构上也有吸引力，营销者在决定是否进入这一细分市场时还必须考虑这样做是否符合自己企业的目标与资源状况。一些有吸引力的细分市场可能会快速消失，因为它们不符合企业的长期目标。虽然这些细分市场就它们本身来说是有吸引力的，但它们可能将企业从它的主要目标中转移出去，企业也不具有在这一个细分市场上取得成功所需要的技术和资源。

所以，企业应该选择适宜的细分市场，采取开拓战略，为企业创造生存发展的潜在机会点。

（六）选择目标市场的营销策略

由于企业生产能力、方式、财力以及经营方式等方面存在着一定的差异，因此目标市场的营销策略也就不一样。归纳起来，有三种不同的目标市场策略可供企业选择：无差异营销，差异性营销，集中性营销。

1. 无差异营销

无差异营销是指企业经过市场细分后，经过权衡利弊得失，不去考虑各细分市场的特性，而注重细分市场的共性，决定只推出单一产品，运用单一的市场营销组合，力求在一定程度上满足尽可能多的顾客的需求。

一般来说，这种策略除适用于市场需求同质的产品外，主要适用于需求广泛、能够大量生产、大量销售的产品。采用这种策略的企业一般具有大规模单一连续的生产线，拥有广泛的或大众化的分销渠道，并能开展强有力的促销活动，投放大量的广告和进行统一的宣传，因而往往能在消费者或用户心目中建立起"超级产品"的印象。如早期的美国可口可乐公司，由于它拥有世界性专利，因此在相当长的时间内，只生产一种口味的产品，而且仅用一种瓶子盛装，甚至连广告词句也只有一种。其曾凭这种单一产品和单一营销组合的无差异策略长期占领世界软饮料市场。

无差异营销的最大优点便是成本低。大批量的单一品种的生产降低了单位产品的生产、库存和运输成本；无差异的广告宣传等推销活动可以节省促销费用；忽略市场差异则相应降低了市场调研、产品研制、制定多种市场营销组合方案等所要耗费的人力、财力与物力。这样，企业生产产品的低成本转化为了产品的低价格，从而提高了企业产品的价格竞争力。

然而，这种策略对于大多数产品并不适用，企业也不宜长期采用这种策略。因为：

（1）从客观上讲，消费者的需求是存在着巨大差异并不断变化的。很少有一种产品能够长期满足其消费者的需求。

（2）当众多企业如法炮制，都采用这种策略时，就会形成整体市场竞争异常激烈、而小的细分市场上的需求却得不到满足的局面，这对营销者、消费者都是不利的。

（3）由于市场上激烈的竞争，使得采用这种策略的企业很少获利或获利并不大。

2．差异性营销

差异性营销策略是指企业决定同时为几个子市场服务，设计不同的产品，并在分销渠道、促销策略以及定价决策等方面都加以相应的改变，以适应各个分市场的需要的营销活动。

差异性策略具有很大的优越性。一方面，生产和销售的针对性强，容易打开相关市场，有利于企业在市场竞争中获得更大的市场占有率；另一方面，如果一个企业在数个细分市场上都能取得较好的营销效果（连带取得优势通常较为容易），就能树立起良好的市场形象，增强企业的市场竞争力；另外，这种策略还有利于企业综合利用各种资源和生产能力，分别满足不同地区消费者的需求，增加产品销量，提高经济效益。

当然，这一策略也存在一定的缺点：实行差异化营销，能够创造更大的销售额，但是市场调研、广告宣传等营销费用以及生产成本、管理费用、库存成本等也会大幅度增加。

因此，这一策略的运用必须限制在这样一个范围内：销售额的扩大所带来的利益，必须超过营销总成本费用的增加。这就要求企业固然不能选错细分市场，但同时也不宜卷入过多的细分市场。

3．集中性营销

集中性营销是指企业集中所有力量，以一个或几个性质相似的子市场作为目标市场，试图在较少的细分市场上占有较大的市场占有率。

实行集中性营销的企业，一般是资源有限的中小企业。一些中小企业无力在整体市场或多个细分市场上与大企业抗衡，而在大企业未予注意或不愿顾及而自己又力所能及的某个细分市场上全力以赴，则往往易于取得经营上的成功。由于资金占用少、周转快、成本费用低而能取得良好的经济效益，而且因为易于满足特定需求而有助于在这一特定市场取得有利地位。因此，如果子市场选择恰当的话，企业不仅可以取得较高的投资收益率，也能够迅速扩大市场规模。

这一策略的不足之处是潜伏着较大的风险。因为所选目标市场范围比较窄，一旦目标市场突然不景气或出现恶化，例如，消费者的需求偏好突然发生变化，或者市场上出现了比自己强大的竞争对手，企业就会立即陷入困境。

【案例】

买彩电可吃"自助餐"

海尔集团与华联家电联手推出按需定制产销新模式,即最新研制开发的海尔彩电新品样机于2000年9月17日在华联家电下属十大连锁门店同时亮相,它们均由华联家电根据市场需求向海尔集团定制定购,消费者还可自行选择其外观、结构和功能设置等,预约登记定购。

以往的家电营销模式,一般是"厂方产什么,商家销什么,消费者就买什么"。而今启动的这个"按需定制、按需定购"的创新产销模式,其最大的新意就在于变消费者的被动"看菜下筷"为主动"上桌点菜"。华联家电与海尔集团签约定制的四种三新(新科技、新功能、新型号)彩电新机种,从研制开发起就融入了销售方的"声音"。如产品一律设有的前置输入、前置耳机插孔、超强接收218频道等功能配置,甚至包括机种外壳的各种色彩样板确定和机型型号的定名,均为华联家电根据对市场需求信息的搜集和反馈,向供货商提出一揽子定制定购要求清单目录后试生产。

更有创意的还在于:今起样机悉数上柜后,供货商和销售商还联手向消费者提供一张张详细介绍各类样机、设有所有配置功能的"菜单"。通过现场演示和技术讲解,客户可如同上桌点菜那样根据自己的需求、喜好包括经济上的精打细算,随意打勾选定自己的"菜谱"。经销售商交由供货商下单"炒小锅菜",定制定购的批量产品其销售权在一定期限内也由华联家电独家"买断"。行家将这种探索性的产销模式称之为以人为本的"个性化研制开发"和"个性化消费"。

五、目标市场选择的方法

企业在选择目标市场时,可采用的选择方法归纳起来主要有五种,即集中选择、多重选择、专门产品选择、专门市场选择、全面选择。

(一) 集中选择法

集中选择是指集中企业的全部资源专攻某一细分市场。最简单的办法莫过于只选一个细分市场,即以一种产品满足一个市场的需要,以一个细分市场为其目标市场。通过这种方式,企业能够在一个适度规模的市场中占有很高的市场份额,从而占据强有力的竞争地位,在对该市场的需求特点的了解上、在良好信誉的建立上都占有相当大的优势。

另外,在生产、分销、促销等方面,集中选择一个市场可使企业节省不少开支,如果在这个市场上经营良好的话,投资回报也会是相当可观的。但是,集中选择单一市场要承担较大的风险,所以大部分企业更愿意选择多个细分市场开展营销活动。

此种方法较适合于以下情况:资源有限,只能占领某一个细分市场;该细分市场吸引力较大且尚无有实力与企业抗衡的竞争对手;对于企业未来整个市场的拓展和发展来说,该细分市场具有至关重要的作用。

(二) 多重选择法

多重选择是指企业选择多个细分市场作为自己的目标市场。这些市场都具有吸引力,适应企业的要求和资源状况。这些细分市场之间很少或根本不发生大的联系,但都可以为企业创造利润。即使一个市场情况不好,企业也可以在其他市场上继续获得收益。这样选择的目标市场比选择单一目标市场的风险要小一些。但是,企业所选择的多个细分市场在分散企业风险的同时,也容易分散企业有限的注意力。

(三)专门产品选择法

专门产品选择是指企业只生产和销售能够满足各类顾客需要的某一类产品。企业选择同一种产品的若干个细分市场作为目标市场。使用这种方法,企业可以在一种产品领域建立良好声誉。不过,由于企业只生产一种产品,一旦新技术或新产品出现,企业便会面临效益降低的危险。

(四)专门市场选择法

专门市场选择是指企业集中力量生产销售供某类顾客需要的各种产品。企业选择一类细分市场,经营多种这个市场需要的产品。当这个市场上产生新的需求时,企业亦可以自己的知名度向这类顾客推销新产品,形成有效的新产品分销渠道。当然,当企业所选定的这个消费群体的需求下降时,对所有东西的需求都会降低,那么企业的各种产品的分销便会变得相当困难。

(五)全面选择法

一些较大的企业选择一个大市场为目标市场,生产多种产品或一种产品满足该市场上所有消费者的需要。这对企业实力有很高的要求。

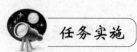

DY公司的张明等人决定在进入这一市场前研究当前市场领军者M公司产品的不足之处,通过发现其不足之处,期望找到市场空间。经过周密分析,终于发现了M公司产品有以下不足:① 以单身用户为对象的电磁炉使用市场正在扩大,而M公司仍把对象重点放在传统家庭身上;② M公司产品样式单一,而市场要求多样化;③ M公司产品品牌附加值高,产品价位高,顾客可能会寻找低价的同质量替代品。张明等人将研究结果汇报公司领导,DY公司针对调查结果,决定将目标市场选择为以单身用户为对象的电磁炉使用市场,并制定相关的营销策略。

1. 简述各种目标市场策略的适用范围。
2. 如何确定目标市场?

任务三　市场定位战略

学习目标

通过学习市场定位的概念、作用以及策略、步骤与方法,具备进行市场定位的能力。

知识点

市场定位的概念和作用,市场定位的三个层次,市场定位的策略。

技能点

掌握市场定位的步骤与方法。

在完成市场细分、目标市场选择之后,DY公司针对调查结果,决定将以单身用户为对象的电磁炉使用市场确立为自己的目标市场,并制定相关的营销策略。在此基础之上,DY公司需要进行市场定位。如何进行市场定位呢?这个问题又摆在了张明等人的面前。

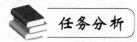

对于张明所在的DY公司而言,企业在选定目标市场之后,还要决定怎样占领市场。DY公司为了能与竞争产品有所区别,进一步开拓和抢占目标市场,取得产品在市场上的竞争地位和优势,更好地为目标市场服务,需要在目标市场上给本企业产品确定一个适当的市场定位。

一、市场定位概述

(一)市场定位的概念

是指勾画企业产品在顾客心目中的形象,使企业所提供的产品具有一定特色,适应一定顾客的需要和偏好,并与竞争者的产品有所区别的计划性活动。

在理解这一概念时,应注意以下几点:

(1)市场定位的对象是顾客,其结果是要在顾客的心中建立起关于企业及其产品的良好形象;

(2)市场定位是一套行动系统,它应贯穿于产品的设计、生产、促销、销售、售后服务等所有的经营环节之中;

(3)市场定位是针对消费者心理的行动。

(二)市场定位的作用

企业之所以要进行市场定位,也就是要取得在目标市场上的竞争优势,确定本企业以及本企业的产品在顾客的心中留下良好的、深刻的印象,以便吸引更多的顾客。因此,市场定位是市场营销战略体系中的重要组成部分,对于树立企业及产品的特色优势,满足顾客需求以及提高企业竞争实力均具有十分重要的作用。

1. 有助于企业明确市场营销组合的目标

市场营销组合,即产品、价格、渠道和促销等手段及战略的协调运用,是企业占领市场的基本手段,从本质上讲是市场定位战略的具体战术。如果一家企业将自身的产品定位于"优质产品",那么其必须为此推出优质产品,制定与高质量相一致的较高售价,通过高档次的中间商分销,以及通过高档次的广告媒体进行大规模的广告宣传,才能树立持久而令人信服的优质形象。

通过选择目标市场,确定了一个企业的潜在顾客和一个范围内的竞争对手。市场定位则进一步限定了这个企业的潜在顾客和竞争对手。因此,市场营销的各种营销策略与战略决策,必须只有在市场定位的前提下,才能得以有效地实施,真正地成为有意义、有效益的营销组合。

2. 有利于树立企业及其产品的特色优势

随着市场经济的飞速发展,在同一市场上存在同一类产品的众多品牌的现象屡见不鲜,这便对这些产品的生产厂家和经营者造成了严重的威胁。企业为了使自己生产或经营的产品获得稳定的销路,防止被别家产品所替代,惟有从各方面为其产品培养一定的特色,树立一定的市场形象,在顾客的心目中留下良好的深刻的印象,以期在顾客心目中形成一种特殊的偏爱。这一切工作,便是进行市场定位所要完成的任务。

(三)市场定位的原则

一个企业的产品、服务、人员、形象、渠道以及其他方面实行的差异化,对于企业来说,虽然每一个差异都是着意追求的,但并不是每一个差异都能发挥出很好的作用,有的差异甚至是无意义的。这样,到底选取哪些差异来定位,还必须对全部差异进行比较和评估。有效的差异化应满足下列各原则,如表6.3所示。

表 6.3　市场定位的原则

定位原则	说　　明
重要性	是指该差异化能向相当数量的顾客提供较高价值的利益
明晰性	该差异化是其他企业没有的，或是该公司用一种突出、明晰的方式提供的
优越性	是指该差异化明显优于通过其他途径而获得相同的利益
可沟通性	是指该差异化是可以沟通的，是买主可以看得见的
不易模仿性	是指该差异化是其竞争者难以模仿的
可接近性	是指买主有能力购买该差异化
盈利性	是指公司将通过该差异化获得利润

二、市场定位的三个层次

在现代市场营销学中，市场定位是一个多维的过程，它包括三个相互关联的层次：产品定位、品牌定位和企业定位。

（一）产品定位

产品定位是市场定位的第一步，是指将某个具体产品定位在消费者心中，让消费者一产生类似的需求，就会联想起这种产品。产品定位是其他所有定位的基础，这是因为企业最终销售出去的是产品，只有产品在消费者头脑中形成鲜明的形象，才有可能在消费者头脑中树立起良好的品牌及企业形象。

产品定位的目的是让产品在消费者心目中留下深刻印象，产品可以是有形的物品，如汽车、可乐；也可以是无形的东西，如美容、音乐会；产品还可以是人员，如某歌星、影星等。因此，产品的各个要素都要与这一定位形象相符合。

企业应针对其产品的不同层面采取相应的措施，使自己的产品与市场上所有其他的同类产品有所不同，它应该在各个层面上具有一个或几个特征，看上去好像是市场上"惟一"的，从而获取竞争优势。

这种不同可以具体表现在许多方面：技术、质量、安装、应用、维护、价值、包装、销售对象、分销渠道和售后服务，但也不一定非要在几个方面同时表现出差别，仅在一个方面有所不同就行了，如"低价格""高质量""技术领先"等。这种不同之处，应该非常鲜明突出，并将之深深印入顾客的头脑中，变成顾客的一种感觉和印象。

（二）品牌定位

品牌定位必须以产品定位为基础，通过产品定位来实现。一旦品牌定位成功，品牌作为一种无形资产就会与产品脱离而单独显示其价值，品牌的价值甚至比产品本身的价值还高得多，它是产品销量的保证。于是，品牌可以转卖，品牌可以授权，即使不是同一家企业生产的产品，只要冠以同一品牌，就在消费者心中拥有同样地位。

企业销售出去的产品往往与其品牌紧紧相连，顾客一旦认可了某种产品，实际上也就认可了这个产品的品牌,因而很多人常常会把产品定位与品牌定位当成一回事。其实,两者是不相同的。当一种知名品牌只代表某一特定产品时,产品定位与品牌定位没什么区别。但当一种知名品牌代表众多产品时,产品定位就会与品牌定位有所不同。企业还可以对同一种产品实施不同的品牌定位。当品牌获得一定知名度后,企业常常会将它延伸到其他领域,企图利用品牌效应将新产品打入市场,尽快得到消费者认同。

(三)企业定位

企业定位处于定位阶梯的最高层。企业必须先定位他们的产品和品牌,然后才能在公众中树立企业美好的形象。没有好的产品定位和品牌定位,企业的地位难以树立起来,但企业定位的内容和范围比前两者要广得多。而作为定位的最后一步,企业定位对前两步起着强化的作用。较高的企业定位可以确保企业的产品定位和品牌定位,一旦企业获得较高的地位,其他各种地位也就会相应地得到巩固,还会使企业获得长期效益。

一个企业良好的形象和较高的社会地位不仅应得到消费者认可,还应得到与企业有关的所有人员和机构认可,包括供应商、批发商、零售商、风险投资者(股东)、金融家、政府、新闻机构、报刊评论员、经济分析员、律师、产业界知名人士和有关专家教授等。

企业定位首先应有良好的产品定位和品牌定位,如果企业的产品技术不先进、质量不如人或品牌知名度不高,企业的地位就无从谈起。此外,企业定位还要考虑其产品范围是否与企业定位相符。

市场定位的三个层次是一个整体的经营活动,不仅仅局限于开展公共关系和广告宣传,它是制定企业市场营销整体策略的核心部分。市场定位像一根无形的线索,从上到下贯穿企业所有部门,企业各部门人员都必须服从市场定位策略,围绕它开展各项工作,为实现企业总目标而共同努力。

企业要树立美好的形象,还必须具有良好的财政状况。如果企业是赢利的,企业的其他某些失误可能会被遗忘或被原谅。但是,一旦发生亏损,企业的美好形象也就随之遭到毁灭性打击。

企业领导人的形象也至关重要。通常,人们喜欢在强有力的领导人手下工作,这样的企业也容易招聘到优秀的雇员,而优秀的雇员又能带来良好的声誉和业绩,形成良性循环。如果企业有一位声誉卓著的领导人,或者董事会是由一班团结一致、朝气蓬勃的创业者所组成,这班人就会被舆论界看好,就有助于确立企业强有力的地位。强有力的领导还容易与金融机构建立联系,金融界人士总是喜欢支持有远见卓识、经营有方的企业家。

三、市场定位的方式

市场定位是一种竞争策略,它显示了一种产品或一家企业同类似的产品或企业之间的竞争关系。定位方式不同,竞争态势也不同,下面分析三种主要定位方式。

(一)避强定位

避强定位是一种避开强有力的竞争者的产品定位方式。这种方式的优点在于:能够迅速占领市场,并能在消费者或用户心目中迅速建立起产品和公司的形象。由于这种定位方式市场竞争风险较小,成功率较高,常常为多数企业所采用。但空白的细分市场往往同时也是难度最大的细分市场。

（二）迎头定位

迎头定位是与在市场上占据支配地位的、亦即最强的竞争对手"对着干"的定位方式。虽然迎头定位具有一定的风险,但不少企业认为它是一种更能激励自己奋发上进的可行的定位尝试,一旦成功就会取得巨大的市场优势。如可口可乐与百事可乐之间持续不断的竞争。实行迎头定位,必须做到知己知彼,尤其应清醒估计自己的实力,而且其目标不一定是试图压垮对方,只要能够平分秋色就已是巨大的成功。

（三）重新定位

重新定位是指对销路少、市场反应差的产品进行二次定位或多次定位。企业在营销过程中可能会遇到产品定位不当,或虽然过去企业的市场定位很成功,但随着营销环境、消费者需求的变化或新的强有力竞争对手的出现,使得原来的定位不再有效,这时,企业便需要考虑进行重新定位。一般来说,重新定位旨在使企业摆脱困境,重新获得增长与活力。这种困境可能是企业决策失误或其他多种原因引起的,不过,也有的重新定位并非因为已经陷入困境,相反,却是产品意外地扩大了销售范围引起的。例如,专为儿童生产的某种饮料受到了广大青少年消费者的喜爱,那么,该产品就需要重新定位。

市场定位的进行应与产品差异化有效地结合起来。事实上,市场定位中的定位是心理上的定位,它所产生的结果是潜在消费者或用户怎样认识企业产品,以及对企业产品抱什么态度;产品差异化是在类似产品之间造成区别的一种策略。因而,产品差异化是达到市场定位目标的一种手段。正是由于产品差异化,在同一目标市场上才会有竞争的产品,才会有替代的产品以及互为补充的产品,否则也就不存在市场定位。

如果要在细分市场上进行定位,则可以同时运用市场细分化和产品差异化两种策略。市场细分化的着眼点在于市场需求,是要针对不同顾客群的需求特点开发出不同的产品,因而是一种市场导向型策略;产品差异化的着眼点则在于已经存在的产品,使产品具有某种特征是为了与竞争者的同类产品相区别,因而是一种产品导向型策略。这便是两种策略的不同点所在。

当企业在市场细分的基础上选择目标市场时,这时便运用了市场细分化策略;而当企业在作为目标市场的细分市场上实行市场定位时,则应该采用产品差异化策略。可见,细分化、定位和差异化都是市场营销略的组成部分。只有把市场细分化和产品差异化有效地结合起来,才能使企业的营销活动得以顺利、有效地开展。

四、市场定位的基本步骤

企业要想在目标市场上取得优势和更大效益,就必须在了解购买者和竞争者两方面情况的基础上,确定本企业的市场位置,即为企业树立形象,为产品赋予特色,以独到之处取胜,这种特色可以是实物方面的,也可以是心理方面的,或者是二者兼而有之,如质优、价廉、豪华、名牌、服务周到、技术超群等。

企业市场定位的全过程可以通过以下三大步骤来完成:即确认本企业潜在的竞争优势、准确地选择相对竞争优势和明确展现其独特之处的竞争优势。

(一) 确认本企业的潜在竞争优势

在确认本企业的潜在竞争优势时,企业所要做的关键工作是明确以下三个问题:一是竞争对手的产品定位如何;二是目标市场上足够数量的顾客欲望得到满足程度如何以及还需要什么;三是针对竞争者的市场定位和潜在顾客真正的利益要求,企业应该和能够做什么。要明确上述问题,企业市场营销人员便要对企业市场调研人员通过一切调研手段所搜索到的与上述问题有关的资料以及上交的调研报告进行认真、详细的分析与研究。

(二) 准确选择相对竞争优势

相对竞争优势是指企业能够胜过竞争者的现有的或潜在的能力。准确地选择相对竞争优势就是将一个企业各方面实力与竞争者的实力相比较的过程。比较的指标应是一个完整的体系,只有这样,才能准确地选择相对竞争优势。通常的方法是分析、比较企业与竞争者在下列七大方面究竟哪些是强项,哪些是弱项:

(1) 在经营管理方面,主要考察领导能力、决策水平、计划能力、组织能力以及个人应变能力等指标。

(2) 在采购方面,主要分析采购方法、储存及运输系统、供应商合作程度以及采购人员能力等指标。

(3) 在生产方面,主要分析生产能力、技术装备、生产过程控制以及职工素质等指标。

(4) 在技术开发方面,主要分析技术资源(如专利、技术诀窍等)、技术手段、技术人员能力和资金来源是否充足等指标。

(5) 在市场营销方面,主要分析销售能力、分销网络、市场研究、服务与销售战略、广告资金来源等是否充足以及市场营销人员的能力等指标。

(6) 在财务方面,主要考察长期资金和短期资金的来源及资金成本、支付能力、现金流量以及财务制度与人员素质等指标。

(7) 在产品方面,主要考察可利用的特色、价格、质量、支付条件、包装、服务、市场占有率、信誉等指标。

企业通过对上述指标体系中每一个指标进行全面、认真的分析比较,便可以选出对于本企业来说最合适的优势项目。

(三) 展现独特的竞争优势

企业在这一步骤中的主要任务是要通过一系列的宣传促销活动,将其独特的竞争优势准确传播给潜在顾客,并在顾客心目中留下深刻印象。企业要顺利地完成这一任务,必须要做好三方面的工作:首先,应使目标顾客了解、知道、熟悉、认同、喜欢和偏爱本企业的市场定位,在顾客心目中建立与该定位相一致的形象。其次,企业应通过一切努力来强化在目标顾客心目中的形象,保持对目标顾客的了解,稳定目标顾客的态度和加深与目标顾客的感情,以巩固与市场相一致的形象。最后,企业应注意目标顾客对其市场定位理解出现的偏差或由于企业市场定位宣传上的失误而造成的目标顾客认识上的模糊、混乱和误会,及时矫正与市场定位不一致的形象。

五、市场定位的方法

企业只有突出自身产品的特色与优势,创造差异化,才能吸引更多的消费者。体现产品差异化的方法有许多,企业可选择的主要如下:

(一)质量优势定位

质量是消费者最关心的内容,也是产品在竞争之中能否立稳脚跟的首当其冲的因素。产品质量是指产品适合一定用途、满足消费者需要所具备的特性,即产品的使用功能,也叫使用价值。不同产品的具体质量特征是不同的,如电视机的图像清晰,手表的走时准确,皮鞋的美观耐用等等。但是不同产品的具体质量特性中往往具有一些共同的方面,这些共同的质量特性包括:

(1)性能——是指产品能满足消费需求所具备的技术特征,即产品是否适用。

(2)寿命——指产品在规定条件下,满足规定功能要求所能使用的期限。

(3)经济性——指产品的制造成本以及使用过程中的维修费用。

(4)安全性——指产品在消费过程中保证安全的程度。

(5)可靠性——指产品在规定条件下完成规定功能的能力大小和可能性。

(6)外观——指消费者对产品在形状结构、款式、色彩等方面的评价。

产品质量的核心是性能,而其他特性则是从这一核心引申和发展出来的要求。一般来说,质量定位较适合用于质量差别较大的产品,而对于那些质量差别不大的产品用质量进行定位往往不能收到良好效果。企业要以质量优势来定位产品,必须清楚了解目标顾客的需求以及他们是怎样评价产品质量的。而且,不同的顾客对性能的重视程度是不一样的。企业可以通过市场调查,系统地了解顾客的需求和意见,不断改进产品质量,从而吸引更多的消费者。

(二)情感定位

现代心理学研究表明,情感因素直接影响着人们接受信息的程度。现代商家已越来越清楚"你推销的不单是商品本身,而是一份情感",纷纷地开始尝试这种超越商品本身之上的情感定位,所收到的营销效果往往是令人意想不到的。

企业可以通过多个方面来实现情感定位,如可以通过商品的命名、设计及宣传、独特的销售方式等多种手段体现出来。在各种定位要素中融入某种让人心动的人情味,是情感定位的关键,使消费者在感情上产生共鸣,这种感情应是真情实感,而不是企业一厢情愿的矫情,一旦顾客知道企业在利用他们的感情做生意,产生的欺骗感往往会使他们对产品本身的好感一扫而光。因此,企业在采用情感定位法时,必须讲究一定的技巧,应从消费者最需要最关心的情感出发,以免产生相反的效果。

（三）服务优势定位

目前，消费者往往分辨不出核心产品与服务之间的差异，只能以预期受到的服务作为选购的标准。于是，服务因素在市场竞争中已取代了产品品质与价格，成为新竞争的焦点。人们已经充分认识到：要在21世纪消费者主导的市场竞争中生存，服务已成为赢得消费者、留住顾客的竞争重点。服务的重要性在产品的质量和价格的差别较小或难以体现时，会表现得更为明显，这时服务项目的多少或服务水平的高低便成为企业取得竞争优势的关键。

（四）功能优势定位

产品的功能从心理与行为的角度可以分为两大类：

一类是产品的基本功能，这类功能取决于产品本身的物理化学性质，如产品的结构、成分、稳定性指标等。归纳起来，产品基本功能包括：① 实用功能，即产品的使用价值突出，能满足人们消费产品时的实用性需求；② 方便功能，即产品的功能可以为消费者减少操作上的麻烦，带来许多方便；③ 舒适功能，即产品能为消费者的感觉和消费体验带来舒适；④ 耐用功能，即产品品质好，稳定性高，经久耐用；⑤ 安全功能，即产品能为消费者的使用带来安全感。

另一类则是产品的心理功能，即产品唤起消费者高层次需求或满足消费者高层次需求的功能。如产品能满足人们对于审美的需要，能提高消费者个人的身份感，起到一种象征社会地位和个人品格的意义，等等。产品的心理功能主要取决于消费者本人对产品的认知和理解，以及社会习俗对于这些心理功能的约定。概括来说，常用的功能定位主要有以下几种：

1. 组合功能定位

组合能给人们提供无限广阔的想象空间，因此，功能组合是无穷无尽的，两个看似毫无关联的商品，经组合后，可以产生难以想象的新功能。通常情况下，产品组合的方式有以下两种：

（1）把A与B产品功能加以组合

这种组合是将两种或两种以上的物品加以组合，从而产生一种功能多样化的新产品。方便面就是一种组合产品，是面条与菜料的组合，用开水一冲即食。"康师傅"方便面又把碗、叉组合进来，只要有开水，连碗筷都不用带，方便面就更方便了。

（2）把不同商品通过包装加以组合

将几种相互关联的商品放置在同一包装物内，称为系列包装。有些商品单独包装出售时买的人不多，但若把相关联的商品包装在一起，就会使消费者在不知不觉中接受了它。例如目前商场里经常见到的礼品篮，采用的也是这种包装法，还有超级市场经常采用的买一赠一促销活动，也常常采用组合包装法。

2. 单一功能定位

在现实生活中，有些消费者较倾向于购买多功能产品，因为其能满足消费者多方面的需求，可以节省购买多件产品的费用。多有多的好处，少也有少的好处。我们常常也可以看到这样一种现象：消费者也会欢迎某些简单功能的产品。如电脑操作越简单越好；傻瓜照相机比一般照相机更受欢迎;夏普公司开发的彩电和录像机合二为一的产品无论怎样努力也无法取代一般彩电,诸如此类,其原因就在于一些单功能产品具有多功能产品无法比拟的优势。

3. 重点功能定位

重点功能定位也称 USP 定位,即重点销售主张定位。在同类产品品牌众多、竞争激烈的情形下,通过重点功能定位,可以使品牌的特色与优势更为突出与明显,让消费者能够根据自身偏好和对某一功能的重视程度,将不同品牌在头脑中排序,置于不同位置,在有相关需求时,便可快捷地选择商品了。

对于许多企业来说,其产品功能可能会相当齐全。但这并不意味着必须将所有功能一一告诉消费者不可,而只需将最关键、最主要的功能以最精简的语言向消费者传达,这一重点必须是其他品牌无法提供或没有诉求过的,是独一无二的。

4. 功能延伸定位

前面的组合功能定位、单一功能定位是根据消费者的需求去生产设计产品功能的,这种按照消费需求去开发产品功能的定位是能够获得成功的。同时,除了这种被动地适应市场需求变化、企业生产经营条件变化和社会观念变化需要所进行的功能定位外,企业还可以通过主动创造新的消费需求来拓展自身的生存与发展空间。

(1) 大小的功能延伸

对于有些高度成熟的商品,企业可以通过改变人们脑海中对它的颜色、体积、形状、用途等所形成的固定观念,也许只是大小、形状或颜色的轻微变动,便可以创造新的需求。同样,如果企业有意识地改变产品的使用环境,便可以使人们在新的环境里感到新的需求和满足。其实,在同样的使用环境里,企业改变产品大小,也能吸引消费者的注意。

(2) 年龄与性别的功能延伸

对于消费者来说,许多产品在什么地方用或何人使用早已形成一种习惯思维定势。如果企业经营者打破消费者的传统观念,用另一种眼光去看待产品的用途,也能开创出一片新的市场。

张明和他的团队伙伴研究后认为:以 DY 公司当前实力而言,目前 M 公司在电磁炉市场的垄断地位无法撼动。而经过他们的分析,判断出目前市场中又确实存在"未满足需求的市场",因此张明等人建议公司可针对这部分市场,准确运用自身的相对竞争优势,采用避强定位,抢占填补当前的空白市场。在市场定位上建议 DY 公司针对单身用户开发适合单身汉使用的电磁炉产品;由于品牌附加值低,从而使得公司在价格定位上可以低于当前市场的主流产品,从而在价格定位上有竞争性;而在品质上则要求产品能够起到替代品的功效。其他营销活动的开展要围绕以上定位进行。

1. 市场定位的策略有哪几种?

2. 简述市场定位的实施步骤。

实训目标

引导学生选择某国内运动品牌进行"市场定位"业务胜任力训练的实践活动;切实体验市场细分、目标市场选择和市场定位,理解目标市场营销的完整流程,培养相应专业能力与职业核心能力;通过践行职业道德规范,促进健全职业人格的塑造。

实训内容

(1) 在学校所在地选择三家商场或品牌专营店,了解该运动品牌的品种、层次与定位,分析其定位特点。

(2) 相关职业能力和职业道德规范的认同践行。

实训时间

在讲授本训练时选择周末进行。

操作步骤

(1) 将班级按10位同学分成一组,每组确定由1~2人负责;

(2) 每组确定选择哪种国内运动品牌作为调研的范围;

(3) 学生以小组为单位进入商场或专营店进行调查,并将调查情况详细记录;

(4) 对调查的资料进行整理分析;

(5) 提交小组分析报告;

(6) 各组在班级实训课上交流、讨论。

成果形式

撰写市场定位分析报告。

"农夫山泉":以定位为支点,撬起整个市场

随着我国居民生活水平的提高,人们对水的品质要求越来越高,于是矿泉水、纯净水不再是旅游、外出专用饮料,而逐渐进入居民的日常生活。尤其夏季来临,水市需求更是大增。近年来,全球变暖的现象使得天气比以往更为炎热。这样一来,纯净水、矿泉水的需求急剧增长,水市大战也异常激烈起来。乐百氏、娃哈哈等知名品牌也在各自的市场定位和广告宣传中突出自己的独特点,如"27层净化"的乐百氏和"我的眼里只有你"的娃哈哈。

在这一背景之下,"农夫山泉"开始全面进入水市场。但是,怎么与市场已有的品牌相区别,同时又表现出自己的优势呢?"农夫山泉"从市场定位开始,然后利用这个卖点撬起整个市场。

"农夫山泉"将自己定位为天然水,并确定是水市场中的高档产品。为此,"农夫山泉"就必须向市场宣传自己的定位,并让市场接受。在精心策划之下,就有了那句让大家过目难忘的广告词:"农夫山泉,有点甜"。

在"农夫山泉,有点甜"为大家所熟知、已成为市场知名品牌的时候,"农夫山泉"公司并不满足,而是策划了更进一步的市场宣传活动,即通过一系列生物实验对比来说明天然水更加健康,打击整个纯净水行业,目标直指娃哈哈和乐百氏这两大中国水饮料巨头,并试图颠覆整个行业。

这三个实验是:

1. 植物实验

水仙花在纯净水和农夫山泉天然水中生长状况为:7天后,纯净水中的水仙花根须只长出2cm,天然水中长出4cm;40天后,纯净水中的水仙花根须重量不到59g,天然水中的根须超过129g。

2. 动物试验

摘除大白鼠身上分管水盐生理平衡的肾上腺,在喂以同等食物的基础上,分别喂以纯净水和含钾、钠、钙、镁微量元素的农夫山泉天然水,6天后那些喝纯净水的大白鼠只剩20%活着,而喝天然水的还有40%活着。

3. 细胞试验

取两个试管,一个装纯净水,一个装天然水,然后滴两滴血过去,在高速离心机里离心,结果纯净水中的血红细胞胀破了。

在向消费者公布了实验结果之后,2000年4月24日,公司正式宣布,由于纯净水对健康无益,"农夫山泉"从此不再生产纯净水,而只是生产天然水,而农夫山泉的纯净水正是公司的薄弱环节。

农夫山泉一开始既生产矿泉水又生产纯净水,但是纯净水方面的竞争注定是没有希望的,农夫山泉舍纯净水推天然水是必然趋势。首先,娃哈哈和乐氏这两个中国最大的水饮料企业在纯净水市场的占有率远远高于它们矿泉水市场的占有率,矿泉水市场的集中度没有纯净水市场那么高,且这两大巨头的纯净水在消费者心目中享有很高的知名度,任何明智企业都不应该想能轻易挑战并取代消费者心中这种美好的印象。其次,乐百氏27层净化的概念和娃哈哈的"我的眼中只有你"的经典广告经把纯净水的意境做到极致,这么多年来再没有一个创意能超过这两个经典之作。最后,农夫山泉最大的卖点是它采自千岛湖水下七十米最适宜饮用的部分,这正好是天然水的卖点而不是纯净水的卖点。所以,"天然"也就顺理成章地成为了"农夫山泉"的产品定位了。

在价格定位上,农夫山泉一开始就树立了一个高质高价的形象。农夫山泉只有一个生产厂,对于一个购买频率高、铺货率广、需要构筑长宽渠道的产品来说,绝对是一个硬伤。首先,把产品运到全国各地的成本会比较高。其次,要给销售商足够的利润,让他们有动力把产品铺到各个摊点上。所以,农夫山的价格总是要比同类产品要高。

在更具体的层面上,农夫山泉的市场定位更是考虑全面,从水的来源、包装到宣传都体现了自己的特色定位。

早在刚进入市场之初,"农夫山泉"便实施了差异化战略,强调其产品的类别、水源、设备、包装、价格、口感和品牌定位与同行其他企业的差别。"农夫山泉"是取自千岛湖水面下70米无污染活性水为原料,并经先进工艺进行净化而成。在这一水源差异上,以"千岛湖的源活水"来强调其水源的优良;同时,千岛湖作为华东著名的山水旅游区和国家一级水资源的保护区,拥有极高的公众认同度,这使农夫山泉成了一个独占的良好品牌形象,"好水喝出健康来"。同时,在"农夫山泉"上市不久所策划的"千岛湖寻源"的大型活动,更是让消费者能够到其生产基地亲自探根寻源。

在包装上,"农夫山泉"先是于1997年在国内首先推出了4升包装,1998年初又推出运动瓶盖。虽然"农夫山泉"并不是第一个采用运动瓶盖的企业,1998年3月份上海传统大型水企业梅林正广和就率先推出过运动瓶盖。但"农夫山泉"显然比梅林正广和棋高一招:梅林正广和在其宣传中生硬理解了运动盖的运动性、方便性,并在广告中选择了一些运动场景;而"农夫山泉"则把运动盖解释为一种独特的带有动作特点和声音特点的时尚情趣,选择中小学生这一消费群体作为切入点,如"课堂篇"广告中"哗啦"一声和那句"上课时不要发出这种声音",让人心领神会、忍俊不禁,使得"农夫山泉"在时尚方面远远超出了其他品牌。

在品牌定位上,"这水,有我小时候喝过的味道"以一个中年人对幼年回忆的情景交融来衬托产品的文化内涵,以历史的纵深感勾连起人们浓重的情感认同,也符合都市人返朴归真的心理需求;用"农夫山泉,有点甜"来说明水的甘甜清冽,采取口感定位就"一点甜",便占据了消费者巨大的心理空间,一下子就区别于乐百氏经典的"27层过滤"品质定位以及娃哈哈"我的眼里只有你"所营造的浪漫气息。

养生堂生产的"农夫山泉"瓶装水以一种清新、自然的特性进入瓶装水市场,打破了瓶装水娃哈哈和乐百氏二分天下的局面,在瓶装水市场上取得了一席之地。从1997年4月养生堂生产出第一瓶天然水到1998年,养生堂的天然水市场占有率已在全国升到第三位。据中华全国商业信息中心市场监评处对全国重点商场主导品牌的监测,1998年"农夫山泉"市场综合占有率居于第三,仅次于娃哈哈和乐百氏,一举冲入水市场的三甲行列。

而到了2000年,据中华全国商业信息中心对全国38个城市近2000家超市、商场的权威监测报表的统计表明:"农夫山泉"天然水在瓶装饮用水市场占有率排行榜上跃居第一位。

之所以取得如此佳绩,一方面是得益于深入人心的"有点甜"的天然水定位;另一方面也是在定位基础的支持下进一步的市场促销——降价促销。2000年3月20日,"农夫山泉"在北京、上海、广州、南京、杭州等全国几大城市的主要媒体同时打出了一则广告:"支持北京申奥,农夫山泉1元1瓶"。此前,农夫山泉天然水的零售价是每瓶1.5元。更早在1999年8月,"农夫山泉"就在北京的超市短暂地将零售价从每瓶1.5元以下调至1.1元,并取得了良好的效果。

价格调整在介于时尚与生活必需品之间的高档瓶装水市场,影响极大,即使是几分钱的变动也会影响整个市场。更何况一出手就是降价1/3的"农夫山泉",市场反响极为强烈,市场销量直线飞升。事实上,经销商比消费者更早感受到"农夫山泉"的新招数。2000年初,"有点甜"的农夫山泉打起价格牌,通知全国各地经销商,凡在今年2月10日前交款进货者,每箱21元。而"农夫山泉"去年的出厂价是30元,30%以上的跳水幅度,引得经销商货款蜂拥而来。《21世纪经济报道》的相关报道就分析认为,"农夫山泉"凭借降价就吸纳了经销商至少2亿元的资金。

"农夫山泉"降价并不是对以前定位的否定,而是借之前定位成功累积的资源全力出击,扩张市场。从1998年至2000年,"农夫山泉"连续三年产量翻番,并拥有亚洲最具规模的瓶装水生产基地,规模的扩张为"农夫山泉"预留了较大的降价空间,掌握了价格战的主动权。

同时，经过多年连续性的主题品牌推广，"农夫山泉"及养生堂积累的品牌资产已经足以让其具备充分的市场资源。再加上前一年"两水（纯净水与天然水）之争"在消费者心中引发了微妙的变化，使得很多消费者在潜意识里认为，不管纯净水好不好，反正喝天然水肯定不会错，因为还没人说天然水不好。

正是考虑到这些因素，"农夫山泉"才挥起价格之剑，挑起市场之争，并赢得了市场，如愿登上了市场第一的宝座。

【思考】
1. 农夫山泉是如何进行市场定位的？
2. 农夫山泉采用了哪些营销策略来明确定位？

模块七
产品策略

任务一 产品概述

学习目标

通过对产品整体概念以及产品种类的学习,能熟练判别各种产品的核心价值,能对不同产品进行归类、区分。

知识点

产品含义、产品整体概念及产品分类。

技能点

通过学习,具备熟悉和鉴别产品核心层概念以及区分产品类型的能力。

任务描述

DY电子有限责任公司经营多种类小型电子产品,其产品畅销国内外,深受中低档消费水平的消费者的喜爱。该公司生产的电磁炉、电风扇和电饭锅等产品,在中低档市场上占有一席之地,优质的产品、低廉的价格赢得很多消费者的青睐。同时,市场上其他生产同类产品的企业,由于其产品性价比不够高,销路往往比不上DY公司。张超刚刚进入该公司销售部,他很想搞清楚DY公司的产品畅销秘诀是什么,该公司产品比别的公司产品到底好在哪里?

任务分析

电磁炉、电风扇和电饭锅等产品在我国市场上存在很多种不同的品牌,虽然都是电磁炉、电风扇和电饭锅等产品,但是不同企业生产的产品实际上存在很大差别,要理解DY电子有限责任公司产品大受欢迎的原因,就必须明白营销所说的产品到底是什么,产品之间的

竞争主要靠哪些方面。

相关知识

一、产品的定义

产品,就是指提供在市场上用于满足人们某种欲望和需要的东西,包括以实物形态存在的有形产品,比如,住房、汽车、家电等等;以非实物形态存在的无形产品,比如,义务教育、各种性质的培训、服务等等。市场营销中产品的概念与我们通常所理解的"产品就是实际的东西"是有区别的。市场营销里的产品概念是一个整体。一般情况下,我们把产品整体分为三个层次来理解,这三个层次共同构成了产品整体概念。它们的关系如图7.1所示。

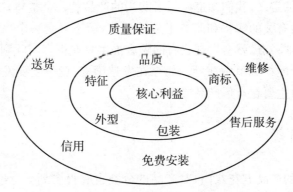

图 7.1 产品整体层次图

其中,最里层为核心产品层,它主要代表了产品的核心价值;中间层为有形产品层,它代表了产品外观形式,是产品识别和被挑选的依据;最外层为延伸产品层,它代表产品的附加服务和利益。

二、产品整体概念

1. 核心产品

产品整体概念的第一层是核心产品层,它是指产品真正能达到购买者购买某产品所追求的核心利益,同时也是符合购买者购买产品想要满足的欲望,是购买者真正需要的东西。消费者购买商品时,往往会把商品带来的满足程度看作选择商品的重要参考。如人们肚子饿了,要购买馒头,那么馒头的核心利益就是能填饱人们的肚子,至于馒头的形状,不是核心产品所考察的内容。市场营销活动所推销的是产品的基本效用或利益而非产品的表象特征。

2. 有形产品

产品整体概念的第二层是有形产品,它是指产品外观形式,是产品被识别和挑选的依据。这里的形式是产品的实体或劳务的外观,是产品出现在市场时可以被识别的外表特征。有形产品一般由五个基本要素构成,即品质、特征、外型、商标、包装。有形产品使得商品得以被区分,即使是纯粹劳务产品,也因具有相类似的形式上的特点,可以相互之间加以区别。因此有形产品就成为了顾客选购产品的最直观依据。比如上例中的馒头,我们可以根据外型区分为圆形馒头和条形馒头。有形产品是核心产品的载体,核心产品通过有形产品才能表现出来,才能满足顾客的需要。因而企业要抢占市场不仅仅要满足顾客的欲望,还要提供与众不同的有自己特色的产品外型。

3. 延伸产品

产品整体概念的第三层是延伸产品,它是指顾客购买有形产品和期望产品时所能得到的附加服务和利益。例如,购买防盗门时商家提供的安装调试等相关服务就是延伸产品。延伸产品主要包括质量保证、送货、免费安装、信用保证、维修及其他售后服务。在现代市场经济条件下,虽然企业间产品的同质性比较高,但有的企业信誉好、产品畅销,有的企业信誉差、产品滞销,其中起关键作用的就是延伸产品。在错综复杂的现代商业战争中,各种内容的延伸产品成了企业与企业之间竞争的利器。

由产品整体概念的定义,我们知道购买者购买的产品是一个整体,因此企业所出售的也必须是整体系统,即由有关的实物和服务组成的整体,而不只是一个物体而已,这样才能充分满足需要。认识到这一点,就会发现只有向顾客提供具有更多实际利益、能更完美地满足其需要的延伸产品,才能在竞争中获胜。如今在发达国家,竞争主要发生在延伸产品层次,而在发展中国家,竞争主要在有形产品层次。

三、产品的分类

市场上提供出售的产品五花八门,对产品的分类也有很多划分标准。常见的分类标准有两个:按使用情况划分和按用户划分。

1. 按使用情况划分

按产品的使用情况可以把产品划分为耐用品、非耐用品和服务。

(1) 耐用品

耐用品是耐用性强、有多种用途、可反复使用的产品。这类产品一般购买频率低、价格和利润较高,通常需要人员推销和服务,且销售者需要提供较多的保证。比如,电视机、冰箱、汽车等。

(2) 非耐用品

非耐用品是耐久性差、消费快、购买频率高、只能使用一次或数次的产品。该类产品应采用分散网点、方便购买、微利定价、大力促销、品种多样化等策略。比如,报纸、牙膏、洗发水、洗衣粉、香烟、酒等等。

(3) 服务

服务是指一般无固定形态,具有不可分、不耐久、时间性和易变性等特点的产品,该类产品需要有更多的质量保证、信用保证等。因此,对经营者来讲,质量管理、形象塑造等具有重要意义。比如,美发、教育、各种培训等等。

2. 按用户划分

按产品的用户可以划分为两大类,即消费品用户和工业品用户。它们又可以依据各自的标准进行具体的划分。

(1) 消费品按购买习惯划分

消费者购买商品的习惯是不一样的,不同的商品会采用不同的购买方式,依此可以将商品分成便利品、选购品、特殊品和非渴求品。

① 便利品。它是指消费者需要频繁购买,而且不会花太多精力和时间进行挑选的商品和服务。包括:日常用品,即满足日常生活需要的商品,如柴、米、油、盐、洗衣粉之类;冲动品,是未经过计划或寻找而因一时冲动随机购买的商品,如报纸、饮料、小食品等商品;临时用品,是满足临时需求而购买的商品,如临时添置的雨具等。便利品大多数是消费者日常生活必需品,消费者购买频繁,并且形成了一定的购买习惯。因此,经营便利品的零售店绝大部分分散在居民住宅区、街头巷尾、车站、码头、工作地点及公路两旁,以方便消费者随时随地购买。

② 选购品。它是指消费者在购买商品过程中,对商品质量、价格、款式、性能等方面作出慎重选择才决定购买的消费品。此类商品如运动鞋、皮鞋、手机等等,是需要认真挑选的一些较为贵重的物品。选购品需要面对消费者的挑剔,因而经营这类商品应当注意品种搭配,搞好信息与咨询服务,配备训练有素的销售人员。

③ 特殊品。它是指被消费者所偏爱,本身具有独特功能或特定品牌,拥有忠实的购买者,被特别认定而购买的产品。此类商品的明显特点是消费者认准品牌购买,如特殊品牌商品,名贵字画、珠宝等奢侈品,名牌服装及特殊服务等。企业经营此类商品需要注意的是营销活动应尽可能以买主为中心,让他们及时了解商品的购买地点、购买方式以及新产品等信息。

④ 非渴求品。它指消费者不了解的或者不知道的,以及即使知道也很少购买的商品。比如,新产品推向市场,消费者未必知道这种商品,即便知道也未必购买这种商品。再比如,典型的非渴求品如人寿保险,此类产品顾客虽知道,但并无兴趣购买。推销非渴求品时,经营者需要做非常艰难的促销努力,去购买消费者无兴趣购买的产品通常在更大程度上依靠有能力的推销员来说服可能购买的顾客。

(2) 工业品按作用划分

工业品是指企业购买的是为了进行再生产,并能从中获利的商品。工业品可以按进入生产过程的情况和相对成本来划分,具体可划分为三类:

① 原料和部件。它是指完全进入生产过程并全部转化为新产品的工业品,具体包括原材料以及半成品和部件。比如,可以作为原材料的农产品(如粮、棉、油、菜、茶)和天然产品(如木材、原油、铁矿等);组装汽车、摩托车等所需要的部件,生产衣服用的布匹等等。这类商品的销售较为固定,一般会大批量地批发销售。

② 资本品项目。它是指部分地进入成品中的商品,包括装备和附属两个部分。装备包括建筑物和固定设备(如计算机、电梯等)。用户一般直接从制造商那里购买,要求销售队伍较好,售后服务较好。附属设备包括轻型制造设备和工具(如起重卡车等)以及办公设备(如复印机、办公桌椅等)。这类用品在生产过程中起辅助作用,使用寿命介于装备和作业用品之间。生产厂家一般通过中间商分销给众多的分散用户。质量特色、价格和服务是用户选择中间商时要考虑的主要因素。

③ 附属用品和服务。它是指企业生产经营活动必须要使用,在生产经营结束后被消耗或遗弃的产品。附属用品比如燃料、润滑油、打字纸、油漆、部分建筑材料等,这些用品也可

说成是工业领域的便利品,购买者一般从中间商那里购买。服务则如各类咨询服务等。

任务实施

营销所定义的产品是一个整体概念,它主要包括核心产品、有形产品和延伸产品三个层次,同类产品之间的核心产品是一样的,它们的区别主要来自于有形产品和延伸产品。DY电子有限责任公司的电磁炉、电风扇和电饭锅等产品,外观设计新潮、质量可靠、性能优越,特别受到中低档收入年轻白领以及农村居民的喜爱。同时DY公司的售后服务非常到位,产品质量问题可以得到及时解决。所以,该公司的产品得以畅销。

思考题

1. 产品的三个层次中,哪些是企业竞争的核心部分?
2. 住房、汽车、洗衣粉、洗发水、驾校培训哪些是耐用品,哪些是非耐用品,哪些是服务?

任务二 产品组合及其策略

学习目标

通过对产品组合定义、策略类型的学习,能熟练运用"波士顿"矩阵图,对企业产品作分类,并合理选择企业应大力投入经营的产品领域。

知识点

产品组合概念、产品组合策略运用及其类型。

技能点

理解产品项目、产品线,具备熟练应用产品组合策略的能力。

任务描述

张超进入公司快一个月了,他发现DY电子有限责任公司经过数年的发展,在电磁炉、电风扇、电饭锅以及电子表等生产领域小有名气,尤其是其公司生产的种类繁多、款式多样、适合不同年龄层次段的电子表,越来越受到消费者的欢迎。虽然电子表生产利润并不丰厚,但是DY电子有限责任公司却一直默默探索,走出了一条适合自己的发展之路。张超很想知道,DY电子表是如何在市场中占有一席之地,实现从无到有、从小到大,如何进一步巩固自身的地位,应对激烈的市场竞争的呢?

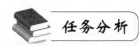

任务分析

DY电子有限责任公司从电子表的推出到不断发展壮大,离不开公司新颖独特的产品设计与多样化的产品组合,要深入了解DY电子有限责任公司电子表等产品的发展之路,就应该分析该公司的电子表等产品组合策略,找出该公司的电子表等产品组合的长度、宽度、深度以及关联度,总结出DY电子有限责任公司成功的秘诀以及面临未来挑战所应采取的策略。

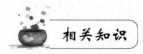

一、产品组合的概念

1. 产品组合的定义

产品组合是指企业根据市场需求状况、企业自有资源、生产技术来制定产品线和产品项目,从而确定企业生产经营产品的范围。现代企业很多都采取集团经营的方式,经营的产品多种多样,涉及单个产业或者跨越一个或几个产业。比如,海尔公司生产冰箱、彩电、洗衣机、电脑甚至手机等多种产品。

2. 其他相关概念

(1) 产品项目

产品项目指产品目录上列出的每一个产品。比如,蒙牛液态奶产品中的纯牛奶、调味奶、酸牛奶和调味酸牛奶等产品项目。

(2) 产品线

产品线指有密切相关性的一组产品。密切相关是指此组产品或能满足同种需要,或须在一起使用,或售给同一顾客群,或由同一渠道出售,或在一定的幅度内作价格变动。以伊利牛奶为例,其产品主要包括:液态奶、冷饮、奶粉、酸奶、奶酪五条主要产品生产线,其中液态奶产品线深度最深,可以做伊利公司产品线如图7.2所示。

(3) 产品组合的宽度、长度、深度和关联度

① 产品组合的宽度是指同一企业产品组合中所拥有的产品线数目。

② 产品组合的长度是指同一企业产品组合中产品项目总数。如以产品项目总数除以产品线数就可以得到产品线的平均长度。

③ 产品组合的深度是指产品线所包含的产品项目的个数。如以产品项目总数除以产品线数就可以得到产品组合的平均深度。

④ 产品组合的关联度是指各条产品线在最终用途、生产条件、分销渠道等方面相关联的程度。

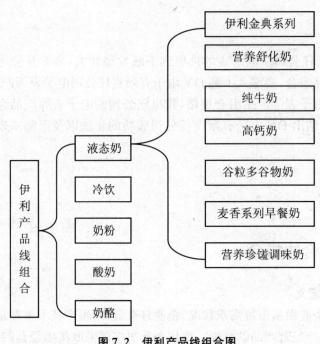

图 7.2　伊利产品线组合图

二、产品组合策略的应用

1. 产品组合宽度选择

企业在选择产品线的多少时,要根据具体情况而定,适时地增加或者减少产品线数目。

(1) 扩展产品组合的宽度

企业开发和经营市场潜力大的新的产品大类,扩大生产经营范围以至实行跨行业的多样化经营,有利于发挥企业的资源潜力,开拓新的市场,减少经营的风险性,增强竞争能力。

(2) 缩小产品组合的宽度

企业剔除那些获利能力小、发展前景黯淡的产品大类,缩小生产经营范围,进而集中资源经营那些收益高、发展前景好的产品大类,促进生产经营的专业化程度的提高,向市场的纵深发展,提高市场竞争能力。

2. 产品组合深度选择

增加产品组合的深度,也就是在现有产品大类的基础上增加新的产品项目。增加产品组合深度有三种具体形式:

(1) 向下延伸

企业将原来定位于高档市场的产品大类向下延伸,增加中低档市场的产品。比如五粮液集团,生产有五粮液、五粮春、五粮醇、金六福、浏阳河、铁哥们和京酒,满足不同档次的市场需求。

(2) 向上延伸

企业将原来定位于低档市场的产品大类向上延伸,增加高档的产品项目。如芜湖奇瑞集团,生产中低档私人小轿车,也生产中高档的商务用车。

(3) 双向延伸

企业将原来定位于中档市场的产品大类同时向上、向下延伸,即同时增加高档与低档的产品项目。

企业增加产品组合的深度,可以更好地适应与满足市场需要,提高企业的市场竞争力。企业增加产品组合深度时应注意的一个问题是,企业对产品大类的深度进行低档次扩展后,在向市场推介时应考虑为这些新的产品项目塑造一种适应特定需要的市场形象,避免形成一种低档次产品的市场形象,以便减少顾客购买时心理风险的压力,同时也可以避免对企业高档次产品的市场形象产生不利影响。

3．产品组合评价方法——波士顿咨询集团法(简称 BCG 法)

波士顿咨询集团法(又称波士顿矩阵、四象限分析法、产品系列结构管理法等)是由美国大型商业咨询公司——波士顿咨询集团(Boston Consulting Group)首创的一种规划企业产品组合的方法。

该方法认为,决定产品结构的基本因素有两个:市场吸引力与企业实力。市场吸引力包括企业销售量(额)增长率、目标市场容量、竞争对手强弱及利润高低等。其中最主要的是反映市场引力的综合指标——销售增长率,这是决定企业产品结构是否合理的外在因素。企业实力包括市场占有率、技术、设备、资金利用能力等,其中市场占有率是决定企业产品结构的内在要素,它直接显示出企业竞争实力。

通过以上两个因素相互作用,会出现四种不同性质的产品类型,形成不同的产品发展前景:① 销售增长率和市场占有率"双高"的产品群(明星类产品);② 销售增长率和市场占有率"双低"的产品群(瘦狗类产品);③ 销售增长率高、市场占有率低的产品群(问题类产品);④ 销售增长率低、市场占有率高的产品群(金牛类产品)。如图 7.3 所示。

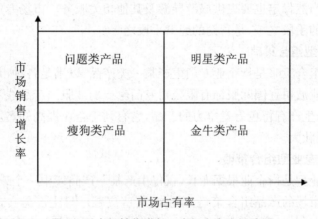

图 7.3　市场销售增长－市场占有率矩阵图

① 明星类

市场销售增长率和相对市场占有率都高的单位。这类业务单位由于市场增长迅速,企业必须投入巨资以支持其发展。当其市场增长率降低时,这类业务单位就由"现金使用者"变为"现金提供者",即"明星类"。

② 瘦狗类

市场销售增长率和相对市场占有率都低的业务单位。这类单位有可能自给自足,也有可能亏损,但不可能成为大量现金的源泉,不应追加投入。

③ 问题类

市场销售增长率高但相对市场占有率低的业务单位。这类单位属于前途命运未卜的，对这类单位是大量投入使之转为明星类，还是精简合并或断然淘汰，管理者应慎重考虑并及时作出决策。

④ 金牛类

市场销售增长率低、相对市场占有率高的业务单位。这类单位能为企业提供较多现金，可用来支持其他单位的生存与发展。这类单位的多少是企业实力强弱的标志。

三、产品组合策略类型

产品组合策略类型是指企业根据营销目标，对产品组合进行优化和调整的策略类型。产品组合策略大致有以下几种类型：

1. 全线全面型组合策略

全线全面型是指企业在一定范围内，向目标市场者提供其所需的一切产品，力求覆盖所有的细分市场。国内外大型财团、超大型企业集团等实力雄厚的集团公司多采用这种策略。我国的一些大型国有企业也采取这种策略，比如中石化生产的所有石油类制品。我国的一些大型国有或民营企业应尽量扩充产品线，扩大经营范围，增加经营品种、规格或式样，并提供优质全面的服务，尽可能满足市场消费者多方面的需求，这是一条企业发展的可取路子。

2. 市场专业型组合策略

市场专业型组合策略是指企业向某一市场（某类顾客）提供所需的各种产品的产品组合策略。例如，现代全国各大旅游公司提供旅游过程中的所有产品和服务，包括乘车服务、住宿服务、餐饮服务，当然肯定也要提供旅游导游及其他相关服务。市场专业性是现代企业发展壮大和相互竞争的手段之一，是营销的经营手段之一。

3. 产品线专业型组合策略

产品线专业型组合策略是指企业专门生产某一类产品，以满足各种市场消费者的需要。如国内知名服装企业波司登国际服饰有限公司专门生产羽绒服。产品线专业型组合策略有利于企业集中力量，生产有特色有竞争力的产品，它有利于企业提高知名度，让企业先做专，然后做强，最后发展壮大。

4. 有限产品线专业型组合策略

有限产品线专业型是指企业根据专长，仅仅生产某一产品线中一个或少数的产品项目，以满足特定的细分市场的产品组合策略。例如，有些皮鞋厂只生产男女式皮鞋以满足特定市场需要。又如汽车制造厂专门生产个人使用的小汽车，不生产大客车、货车以及其他用途的汽车。

5. 特殊专业型组合策略

特殊专业型组合策略是指企业以其特殊的生产条件，只生产满足特殊消费者需要的产品组合策略。如各种咨询机构、打字复印社等。这种策略由于产品的特殊性，其产品的市场容量是有限的，因而适合小企业生产经营。

DY电子有限责任公司从成立开始,就一直致力于产品线的拓展工作,该公司的产品线包括电磁炉、电风扇、电饭锅以及电子表等数条电子类产品线。其中,电子表产品线具有一定的深度,生产儿童类、学生类、白领类、老年类等电子表。同时,DY电子有限责任公司电子表生产主要采用模仿方式,紧跟电子表产品的国际潮流,生产出中国化的同类产品。公司不断更新电子表样式,吸引了不同层次的消费者,在中低档电子表市场小有名气。

1. 如何区分产品项目和产品线?
2. 波士顿咨询集团法的内容是什么?
3. 通用汽车公司和芜湖奇瑞汽车公司的产品组合策略有何异同?

任务三 产品市场生命周期

学习目标

通过对产品生命周期四阶段的学习,能熟练判断各种产品所处生命周期阶段,并能采取相应的市场营销策略。

知识点

产品市场生命周期概念、产品生命周期阶段及特征、不同生命周期阶段的营销策略。

技能点

能理解产品生命周期四个阶段,具备针对产品生命周期不同阶段采用不同营销策略的能力。

DY电子有限责任公司几年前曾经生产过收音机,刚开始收音机卖得还不错,经销商也很乐意销售这些产品,然而好景不长,很快收音机滞销,给公司带来了不小的损失,以至于公司的小型收音机一度停产。现在公司想再度生产小型收音机,并派营销部张超去做生产调研。张超经过调研发现,市场上流行很多款式新颖、功能多样化、轻巧灵敏的收音机,相对于DY电子有限责任公司的几种老款式、笨重的"老古董",连张超自己也觉得他不会买自己公司的产品。调研结束后,你认为张超应该如何汇报自己的调研结果?DY 公司收音机为什么会出现滞销的问题呢?

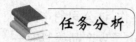

科技是不断发展的,人民的生活水平是不断提高的,人们对于产品的要求也越来越高,促使厂商要不断地创新产品,满足人们不断变化的需要,作为电子类产品之一的收音机也不例外。产品就像人一样,也是具有生命的,也会发生新老交替,老产品不断被新产品淘汰出局。要吸取 DY 电子有限责任公司的教训,就需要从产品生命周期入手,实时更新产品,避免被市场无情地淘汰。

商品从进入市场开始,销售量和企业利润都随时间推移而变化,会呈现一个由少到多再到少的过程,这个过程就像人生一样,所以形象地被命名为"产品市场生命周期"。研究产品市场生命周期对于营销来说很重要,针对产品不同的生命周期阶段,营销者可以采取不同的策略,提升产品市场竞争力和获利能力。

一、产品市场生命周期的概念与内容

(一)产品市场生命周期的概念

产品市场生命周期,是指产品从研发成功进入市场开始一直到被市场淘汰而退出市场的整个营销阶段。也可以说是产品在市场上的存活时间,或者是被消费者认可而购买的时间。一项产品经过研究开发和试销后投入市场,标志着它的生命周期的正式开始,而退出市场则意味着该项产品的生命周期的结束。

(二)产品生命周期的内容

一项产品在市场上的销售情况及获利能力通常随着时间的推移而发生变化。根据这种随时间变化的特点,可将产品的生命周期分为四个阶段:导入期、成长期、成熟期和衰退期,如图 7.4 所示。

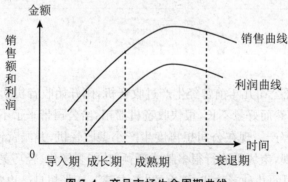

图 7.4　产品市场生命周期曲线

这样划分的意义在于它能够充分表明：企业所生产的产品是一个有限的生命；产品在生命周期各个阶段的利润高低不一；生命周期的不同阶段对营销人员提出的挑战不同；在产品生命周期不同的阶段，产品需要不同的营销战略。

二、产品生命周期各阶段特征

1. 导入期

在这个阶段，新产品刚刚进入市场，顾客对其了解不够，因而企业需要支付大量费用去开拓市场，吸引顾客前来购买。另外，受市场不确定性影响和生产技术条件限制，企业一般不可能进行大批量生产，因而利润率很低或是会亏损经营。这期间只有少数追求新奇的顾客可能购买，产品的销量处在一个比较低的水平。

2. 成长期

在这个阶段，市场已经得到开拓，产品被顾客迅速接受，利润随之大量增加。由于市场销售量的迅速增大，企业面临的市场环境比较确定，因而可以进入大批量生产阶段，生产成本也会随之大幅下降，顾客的购买力度持续增加，企业生产和市场销售互相促进，顾客的人数和产品的销量不断上升。

3. 成熟期

在这个阶段，产品已被大多数购买者所接受，市场需求趋向于饱和状态，销售量的增长速度逐渐放缓。企业为了应对竞争者、维持产品的优势地位，增加了营销费用开支。由于生产方面的技术进步有限，降低生产费用已经比较困难，加之规模经营已经接近极限，因而利润可能保持稳定或是有所下降。

4. 衰退期

在这个阶段，销售额和利润出现了下降趋势。这是由于顾客的需求出现了新的变化，或是转移到了竞争者的产品上，或是转移到了其他类型的需求上面。企业既面对竞争对手的挑战，又面对自身产品功能品质的弱化。随着市场需求量的持续萎缩，产品的售价开始下降，但促销费用可能没有降低，因而利润大幅减少，最终可能被迫退出市场。

三、产品生命周期各阶段的营销策略选择

1. 导入期的特征与营销策略

（1）导入期的特征

这一阶段的主要特征是：产品技术、性能不够完善；生产批量小，试制费用大，产品成本高；用户对产品不太了解，销售量小，需做大量广告，推销费用较大；企业利润较少或无利润，甚至亏损；市场竞争者较少等。根据这些特征，企业营销的重点是提高新产品的生命力，使产品尽快为用户所接受，促使其向成长期过渡。

（2）导入期营销策略

① 高定价高促销策略。以高价格和高促销费用推出新产品，便于先声夺人，迅速占领市场。定高价固然会影响产品销路的迅速打开，但由于支付了大量广告宣传及其他促销费用，就可在市场上塑造该产品的高质量和名牌形象，让消费者心理上产生对该产品的信任

感,认识到该产品是优质优价的,从而减缓价高令人却步的不利影响。采用这一策略的市场条件是:已经知道这种新产品的顾客求新心切,愿出高价;企业面临潜在竞争者的威胁,急需尽早树立品牌等。

② 高定价低促销策略。以高价格、低促销费用来推出新产品。通过两者组合,以求从市场上获取较大利润和较大程度上节省开支。实施这种策略的市场条件是:市场容量相对有限;产品确属名优特新,需求的价格弹性较小;需要者愿出高价;潜在竞争的威胁不大等。

③ 低定价高促销策略。以低价格和高促销费用来大力推出新产品。这种策略可使产品以最快的速度进入市场,并使企业获得最大的市场占有率。采用这一策略的市场条件是:市场容量相当大;需求价格弹性较大;消费者对这种产品还不甚熟悉,却对价格十分敏感;潜在竞争比较激烈等。

④ 低定价低促销策略。以低价格和低促销费用推出新产品。低价格的目的是使消费者快速接受新产品,低促销费用能使企业节省开支,相对获得更多利润并增强竞争力。实施这一策略的市场条件是:市场容量较大;消费者对产品比较熟悉且对价格也较敏感;有相当多的潜在竞争者等。

2. 成长期的特征与营销策略

(1) 成长期的特征

成长期的主要特征是:产品基本定型且大批量生产,成本大幅度下降;消费者对产品已相当熟悉,销售量急剧上升,利润也随之增长较快;大批竞争者纷纷介入,竞争显得激烈等。

(2) 成长期营销策略

① 提高产品质量。不断完善自身产品功能,从多方面提升产品质量,为消费者树立自身产品有优质品质的理念。

② 开拓新市场。随着市场销售竞争化程度加剧,原有市场的争夺太过惨烈,甚至出现两败俱伤的恶果。为了避免恶性竞争,需要不断开拓新市场,例如广大的农村市场以及经济不太发达的非洲市场。

③ 树立产品形象。形象是产品质量的代言词,成功的企业都有好的、消费者认同的企业以及产品形象。很多时候消费者购买何种商品,完全取决于是什么公司生产的,认可了公司就认同了该公司的产品。

④ 增强销售渠道功效。销售渠道不仅仅是销售产品,还有为厂商提供消费者信息、为企业反馈销售资料的功效。故此,应发挥销售渠道的桥梁作用,使之成为企业与消费者的沟通纽带。

⑤ 选择适当时机降低价格,既可吸引更多消费者,又可打击竞争者。2012年以来,运动品牌经营惨淡,国际知名的耐克、阿迪达斯以及国内的李宁、特步等均遭受重创,其中有报告说李宁2012年亏损20亿元,面对当前局势,国际巨头耐克、阿迪达斯宣布2013年在我国运动品牌产品全线降价。在国内企业不断关闭门店的市场上,耐克、阿迪大肆入侵我国市场,对我国本土运动品牌企业必然带来更大的威胁,甚至是灭顶之灾。

3. 成熟期的特征与营销策略

(1) 成熟期的特征

这一阶段的主要特征是:销售量虽有增长,但已接近和达到饱和状态,增长率呈下降趋势;利润达到最高点,并开始下降;许多同类产品和替代品进入市场,竞争十分激烈等。成熟期的经营情况较为复杂,经营者应从企业和产品的实际出发,调整营销策略。对于实力不很雄厚或产品优势不大的企业,可采用防守型策略,即通过实行优惠价格、优质服务等,尽可能长期地保持现有市场。对于无力竞争的产品,也要采用撤退型策略,即提前淘汰这种产品,以集中力量开发新产品,以求东山再起。如企业实力雄厚,产品仍有相当竞争力,则应积极采取进攻型策略。

(2) 成熟期营销策略

① 产品改革策略。它是指通过对产品的性能、品质、花色等方面的明显改良,以保持老用户,吸引新顾客,从而延长成熟期,甚至打破销售的停滞局面,使销售曲线重新扬起。

② 市场再开发策略。即寻求产品的新用户,或是寻求新的细分市场,使产品进入尚未使用过本产品的市场,如对婴儿奶粉市场和中老年奶粉市场的再开发。

③ 营销因素重组策略。它是指综合运用价格、分销、促销等多种营销因素,来刺激消费者购买。如降低价格、开辟多种销售渠道、增加销售网点、加强销售服务、采用新的广告宣传方式、开展有奖销售活动等等。

4. 衰退期的特征与营销策略

(1) 衰退期的特征

替代品大量进入市场,消费者对老产品的忠实度下降;产品销售量大幅度下降,价格下跌,利润剧减;竞争者纷纷退出市场等。

(2) 衰退期营销策略

① 集中策略。即缩短战线,把企业的资源集中使用在最有利的细分市场、最有效的销售渠道和最易销售的品种、款式上,以求从最有利的因素中获取尽可能多的利润。

② 维持策略。由于在衰落阶段许多竞争者相继退出市场,而市场上对此产品还有一定需求,因此生产成本降低的企业可继续保持原有的细分市场,沿用过去的营销组合策略,将销售量维持在一定水平上,待到时机合适,再退出市场。

③ 撤离策略。当产品已无利可图时,应当果断及时地停止生产,致力于新产品的开发。否则,不仅会影响企业的利润收入,占用企业有限的资源,更重要的是会影响企业的声誉,在消费者心中留下不良的企业形象,不利于企业今后的产品进入市场。

【案例一】

J牌小麦啤酒生命周期延长策略

国内某知名啤酒集团进行了小麦啤酒研究。2000 年利用其专利科技成果开发出具有国内领先水平的 J 牌小麦啤酒。这种产品泡沫更加洁白细腻、口味更加淡爽柔和,更加迎合啤酒消费者的口味需求,一经上市便在低迷的啤酒市场上掀起一场规模宏大的 J 牌小麦啤消费的概念消费热潮。

1. J 牌小麦啤的基本状况

J 牌集团把小麦啤定位于零售价 2 元/瓶的中档产品,包装分为销往城市市场的 500 ML 专利异型瓶装和销往农村、乡镇市场的 630 ML 普通瓶装两种。合理的价位、精美的包装、全新的口味、高密度的宣传使 J 牌小麦啤酒于 2000 年 5 月上市后,迅速风靡本省及周边市场,并且远销到江苏、吉林、河北等外省市场,当年销量超过 10 万吨,成为 J 牌集团一个新的经济增长点。由于上市初期准确的市场定位,J 牌小麦啤迅速从诞生期过渡到高速成长期。

高涨的市场需求和可观的利润回报使本省的一些中小啤酒企业不顾自身的生产能力,

纷纷马上生产小麦啤酒。一时间市场上出现了五六个品牌的小麦啤酒,而且基本上都是外包装抄袭J牌小麦啤,酒体仍然是普通啤酒,口感较差,但凭借1元左右的超低价格,在农村及乡镇市场迅速铺开,这很快造成小麦啤酒市场竞争秩序严重混乱,J牌小麦啤的形象遭到严重损害,市场份额也严重下滑,形势非常严峻。J牌小麦啤因此而从高速成长期、一部分市场迅速进入成熟期变得销量止步不前,而一部分市场由于杂牌小麦啤酒低劣质量的严重影响,消费者对小麦啤不再信任,J牌小麦啤销量急剧下滑,产品提前进入了衰退期。

2.J牌小麦啤的战略抉择

面对严峻的市场形势,是依据波士顿理论选择维持策略,尽量延长产品的成熟期和衰退期,最后被市场自然淘汰,还是选择放弃小麦啤酒市场策略,开发新产品投放其他目标市场?决策者经过冷静的思考和深入的市场调查后认为:小麦啤酒是一个技术壁垒非常强的高新产品,竞争对手在短期内很难掌握此项技术,也就无法缩小与J牌小麦啤之间的质量差异;小麦啤酒的口味迎合当今啤酒消费者的流行口味,整个市场有较强的成长性,市场前景是非常广阔的。所以选择维持与放弃策略都是一种退缩和逃避,失去自己投入大量心血打下的市场实在可惜,而且研发新产品、开发其他目标市场的研发和市场投入成本很高,市场风险性很大。如果积极采取有效措施,调整营销策略,提升J牌小麦啤的品牌形象和活力,使其获得新生,重新退回到成长期或直接过渡到新一轮的生命周期,J牌小麦啤将重新成为小麦啤酒的市场引领者。

事实上,通过该公司准确的市场判断和快速有效的资源整合,使得J牌小麦啤化险为夷,重新夺回了失去的市场,J牌小麦啤重新焕发出强大的生命活力,重新进入高速成长期,开始了新一轮的生命周期循环。

[分析]
1. 分析J牌小麦啤的优势与劣势。
2. 如果你是公司的决策人,你会采取哪些具体措施来延长J牌小麦啤的生命周期?

[评析]

优势:小麦啤酒是一个技术壁垒非常强的高新产品;产品泡沫更加洁白细腻、口味更加淡爽柔和,更加迎合啤酒消费者的口味需求;有一定的市场基础。

劣势:市场不规范,鱼目混珠,使人们对小麦啤的信任感下降。

采用方法:

(1)加强宣传力度,提升消费氛围

从J牌小麦啤的技术工艺、口味特点等方面进行宣传,使消费者认识到小麦啤酒代表了啤酒的一种流行趋势,而在鱼龙混杂的小麦啤酒市场中,只有J牌小麦啤才是唯一正宗的,进一步刺激了消费者对小麦啤酒的消费欲望,提升了消费者对J牌小麦啤的认可度和忠诚度。

(2)稳定价格,保证利润

加强价格控制,使其批价一直保持在1.5元以上的坚挺位置,使消费者产生"便宜没好货,好货不便宜"的感觉。由于各环节价格较稳而且局部地区价格趋涨,保证了经销商和终端的利润空间,增强了经销者的信心。

(3)持续改进产品,向系列化发展

竞争对手在中低档市场竞争,而高档市场还是一片尚未开发的处女地。应积极组织科技人员对技术进行升级,开发出新一代的 J 牌小麦王、J 牌小麦纯生啤等系列高档产品开拓市场。

(4) 依法规范秩序,净化市场

给各地区技术监督部门打报告,强烈要求对小麦啤酒市场进行整顿,打击假冒伪劣行为,维护消费者和企业合法利益。

(案例来源——《市场营销学》精品课程,广东商学院)

【案例二】

<h2 align="center">随 身 听</h2>

随身听(Walkman)的出现始于偶然。1978 年,索尼公司的工程师设计了一款便携式立体声录音机,样品的录音效果却不甚理想。索尼公司的名誉主席井深大(Masaru Ibuka)建议将当时另一个部门正在开发的耳机与录音机结合起来,虽然录音效果不好,复制声音的质量却会很好。井深大要求删去除播放以外的其他任何功能。这是一个不合常理的点子,因为当时不能录音的磁带播放机很难在市场上销售。

该款新产品推向市场时的广告预算仅为 10 万美元。尽管如此,这个点子和产品却深受大家喜爱,随身听成了历史上最为成功的营销范例。它使索尼一跃成为业界领袖,并且为索尼的其他产品项目带来了雄厚的资金。

倘若索尼将思维局限于 Hi-Fi(高保真),它所能想到的也许只是又一款家用录音机而已。倘若索尼沿用传统的市场细分与定位策略,那么 1978 年索尼所能开发的录音机无外乎:

◎针对音乐爱好者的功能复杂的 Hi-Fi;
◎针对时尚人士的现代设计的 Hi-Fi;
◎针对年轻人的高功率的 Hi-Fi;
◎针对中低收入人群的低价位的 Hi-Fi。

要有"随身听"的灵感,公司必须将可移动性概念与声音设备相结合,必须是方便携带的产品。索尼的随身听开创了一个"单放机"的类别,并为索尼带来巨额的利润。

[思考]

现在随身听还受欢迎吗?本案例能否充分说明把握产品生命周期的重要性?

产品生命周期阶段有导入期、成长期、成熟期和衰退期,DY 电子有限责任公司的收音机也经历了这四个生命周期阶段。该公司在自己生产的收音机进入成熟、甚至衰退期时,仍然不思改变,自然会引起产品的滞销。营销部张超发现了这一规律,建议公司吸取这一深刻教训,推出适合市场的新颖收音机,以收回之前的销售失地。

1. 产品生命周期包括哪几个阶段?

2. 不同生命周期阶段的特征和策略是什么?
3. 大众汽车在德国几乎停产,为何在我国很畅销?请用产品生命周期理论分析原因。

任务四　品牌与包装策略

学习目标

通过对产品品牌相关内容的学习,能熟练区分品牌名称、标志和含义,能根据产品特色自行设计产品品牌,能合理应用产品包装策略。

知识点

品牌和包装的概念、品牌的本质、包装策略。

技能点

通过对品牌以及包装策略的学习,具备理解品牌的重要性、分析特定企业的品牌含义、认识某些企业包装策略的能力。

 任务描述

我国众多中小型企业越来越清醒地认识到品牌的重要性,很多企业通过模仿、仿制行业内知名企业产品,并确定与知名企业相似的品牌来推广产品,然而这样的做法只会使得企业走上歪路,会被认定为低档商品甚至是假冒伪劣商品。营销部张超听老员工说,DY电子有限责任公司曾经吃过没有品牌的亏,而现在的DY拥有了自己的品牌,产品销售量也有了质的飞跃。营销部张超很想知道,到底什么是品牌?品牌的设计和命名又应该注意些什么?品牌真的有那么重要吗?

 任务分析

DY虽然还是小品牌、知名度也不高,然而品牌作为产品的名称和识别标志,在现今的市场经济中尤显重要,有了品牌产品就有了名字,才能被更多的消费者认识和传播。要充分认识、理解品牌,必须从品牌本身入手细致分析,并结合一些企业的知名品牌含义,真正领悟品牌的重要意义。

相关知识

一、品牌策略

品牌也就是产品的牌子,是产品生产者给自己的产品确定的商业名称。美国市场营销协会(AMA)对品牌的定义是:品牌是一种名称、术语、符号、象征或设计,或是它们的组合运用,用来辨别某个销售者或某群销售者的产品或服务,使之与竞争对手的产品和服务区别开来。营销学上所说的品牌与我们实际所理解的品牌有一定的区别,营销学所说的品牌是一个整体,主要包括品牌名称和品牌标志。

1. 品牌整体概念

(1) 品牌名称

指品牌中可以用语言称呼来表达的部分。例如,百事可乐、通用等都是美国著名的品牌名称。海尔、长虹、康佳、波导、联想等则是我国著名的品牌名称。

(2) 品牌标志

指品牌中可以被认知、不能用言语称呼,而以某种符号、象征、图案或其他特殊的设计的部分。例如,世界知名汽车品牌奔驰 BENZ,标志为三叉星加上一个圆圈,在圆的上方镶嵌了4个小星,代表幸福的意思。大众 VOLKSWAGEN,标志像是由三个用中指和食指作出的"V"组成,代表大众公司及其产品必胜的意思。宝马 BMW,标志中间的蓝白相间图案,代表蓝天、白云和旋转不停的螺旋桨,喻示宝马公司渊源悠久的历史。凯迪拉克 CADILLAC,选用"凯迪拉克"之名,是为了向安东尼·门斯·凯迪拉克表示敬意,商标图形主要由冠和盾组成,冠象征着凯迪拉克家族的纹章,冠上7颗珍珠喻示皇家的贵族血统,盾象征着凯迪拉克军队的英勇善战。

2. 品牌的实质

品牌实质上代表着卖者交付给买者的产品特征、利益和服务的一贯性的承诺。品牌的知名度很多时候代表着消费者对产品的认可度,代表产品具有一定的质量保证。品牌作为一个复杂的符号,它能传达关于产品的多重信息,这些消息包括属性、价值、利益、文化、个性和使用者情况。如宝马牌轿车意味着昂贵、做工精湛、高贵、马力强大、转卖价值高、速度快等属性;宝马轿车的做工精湛属性还能转化为功能利益——我可以好几年不买新车了,而昂贵的属性可以转化为情感利益——"这辆车让我感到自己很重要并受人尊重"等等;宝马牌还体现了高性能、安全、威信等价值;宝马还代表着德国文化——有组织、有效率和高品质;宝马还代表了一定的个性——追求完美追求高贵的个性;最后宝马牌还体现了一个人的情况——开着宝马的人应该是一位成功人士等等。

3. 品牌设计与命名原则

(1) 造型美观,构思新颖

品牌的文字和图案等的设计应该美观,构思应该新颖,这样就会给人一种美的享受,让人更乐意购买该品牌商品。

(2) 突出企业或产品特色

品牌的设计要突出企业或产品的特色,让人一看到就容易联想起该商品。例如,羽绒服命名为雪中飞、南极人等名称;儿童营养液命名为娃哈哈等。

(3) 简单醒目

品牌所使用的文字、图案、符号都不应该冗长、繁杂,应力求简洁,给人以简单醒目的印象。耐克充满动感的一勾图案;双星醒目的双星标识等等。

(4) 符合当地文化

品牌要符合当地的文化传统,避免触犯当地文化的禁忌。比如香皂safeguard翻译为"舒肤佳",饮料cola翻译为"可口可乐",就非常符合中国人的风俗和文化传统的要求,朗朗上口,很受欢迎。

4. 品牌使用策略

企业要在市场中占据一席之地,采取适当的品牌策略是必须的,通常可以采用的策略有:

(1) 个别品牌

企业对于不同产品分别使用不同的品牌。例如花王公司的香波产品就使用了至少五种不同的品牌(诗芬、魅力、爱诗、菲乐和泼洱),每一种的配方略有不同,分别推向特定用途的细分市场。采用个别品牌策略的优点是:一种品牌的成败不会过多地影响其他品牌的销售;此策略的缺点是占用大量的广告宣传促销费用,不利于企业创立名牌。

(2) 统一品牌

企业对其全部产品使用同一个品牌。如美国通用电气公司的产品都使用"GE"品牌。采用此策略的优点是:节省品牌的设计费用,有利于解除顾客对新产品的不信任感,并能壮大企业的声势。但是企业要从采用统一品牌策略中得到利益是有条件的:第一,这种品牌在市场上已获得一定的信誉。第二,采用统一品牌的各种产品具有相同的质量水平。如果各类产品的质量水平不同,使用统一品牌就会影响品牌的信誉,从而损害具有较高质量水平的产品的声誉。

(3) 多品牌

多品牌策略是指企业对自己的产品同时使用两种或两种以上品牌的策略。这种品牌策略的首创者是美国的宝洁公司(P&G),该公司在洗发水产品上采取了多品牌策略,制造出了"飘柔""海飞丝""沙宣""潘婷"等众多知名品牌。多重品牌策略的优点包括:生产企业可在零售商的货架上占据更多的陈列面积,同时也增加了零售商对生产企业产品的依赖性;提供几种品牌不同的同类产品,可以吸引喜欢试用新牌子的消费者。缺点就是不利于广告宣传,生产和宣传费用较大。

二、包装策略

(一) 包装的含义

产品包装是指盛装产品的生产容器或包扎物。现代常用的包装一般包括三个层次。第一层次的包装是内包装,它最接近产品的容器。例如,装有"口子窖"的瓶子是最接近产品的包装。第二层次的包装是起保护第一层次包装作用的包装。用来包装瓶装的"口子窖"的硬纸板盒就属于第二层次的包装。第三层次的包装是运输包装,它是指产品储存、辨认和运输时所必需的包装。如装有十二瓶"口子窖"的硬纸盒就是运输包装。

(二)包装设计的要求与作用

1. 产品包装的设计应符合的要求

(1)符合产品本身特点

产品设计外型要美观大方,图案要生动形象,不搞模仿、雷同,尽量采用新材料、新图案、新形状,使人产生耳目一新的感觉。生活必需品要符合本身的特点,包装要适度。而对于贵重产品、艺术品、化妆品的包装要高贵、典雅和充满艺术性。如名酒要配以造型美观的酒瓶以及外包装;名画要配以樟木雕刻的画卷盒包装;笔记本电脑配以高级电脑包等等。

(2)显示产品独特风格

产品的风格是不尽相同的,所以在产品包装时要体现出来。如对于需要考虑外形和色彩的产品如服装、装饰品、各种饰品等的包装,应考虑能让购买者直接观看到商品,以便于消费者选购商品。可以采用全透明包装、开天窗包装或在包装上附有彩色图片的方式。

(3)便于商品使用、保管和携带

包装应考虑销售和使用的方便性,包装应该具有便于使用、携带和贮存的功能。便于使用是指:容易开启的包装结构便于密闭式包装产品的使用,自动喷射包装便于对某些液体、粉末、胶质类产品的使用。此外,在便于使用的前提下还要考虑贮存、陈列、携带的方便,如既不便于堆叠又不能悬挂或平置的造型就会造成不便。

(4)色彩、图案要符合风俗习惯

因为色彩、图案在不同地区代表不同的含义,所以产品包装设计应该注意各地的不同禁忌。如中国人喜庆节日都喜欢红色;而日本人却喜欢互赠白色毛巾;埃及人喜欢绿色,忌用蓝色,蓝色象征恶;而法国人最讨厌墨绿色(法西斯军服的颜色),偏爱蓝色,蓝色是天空、大海的颜色,象征自由。不同的年龄也有不同的偏爱,如老年人多喜欢冷色(蓝、紫、绿),青年人喜欢暖色(红、橙、黄)。

2. 包装设计的作用

(1)保护产品作用

产品在从出厂到用户手中的整个流通过程中,都必须进行运输和储存,即使到了用户手中,从开始使用到使用完毕,也还有存放的问题。产品在运输中会遇到震动、挤压、碰撞、冲击以及风吹、日晒、雨淋等损害;在贮存时也会受到温度、湿度和虫蛀、鼠咬、尘埃损害和污染。合理的包装就能使产品在流通过程中不受自然环境和外力的影响,从而保护产品的使用价值,使产品实体不致损坏、散失、变质和变形。

(2)提高产品储运效率

包装对小件产品起着集中的作用。包装袋或包装纸上有相关产品的鲜明标记,便于装卸、搬运和堆码,利于简化产品的交接手续,从而使工作效率明显地提高。外包装的体积、长宽高尺寸、重量与运输工具的标重、容积相匹配,对于提高运输工具利用率以及节约动力和运费,都具有重要的意义。

(3)便于产品使用

适当的包装还可以起到便于使用和指导消费的作用。包装上的使用说明、注意事项等,对消费者或用户使用、保养、保存产品，具有重要的指导意义。

（4）增加产品销量

产品包装还具有识别和促销的作用。产品经过包装后，可与同类竞争产品相区别。精美的包装不易被仿制、假冒、伪造，有利于保持企业的信誉。在产品陈列时，包装是"无声的推销员"。良好的包装，往往能为广大消费者或用户所瞩目，从而激发其购买欲望，成为产品推销的一种主要工具和有力的竞争手段。包装还能收到广告宣传的效果。有时，同种产品的质量改进可以使其给人带来一种新的印象。由此可见，包装能够有效地帮助产品上市行销，维持或扩大市场占有率。实现产品包装化，有利于提高产品质量，丰富产品品种，还可方便销售，有助于推广自动售货和自我服务售货。

（5）提高企业收入

优良、精美的包装，不仅可以使好的产品与好的包装相得益彰，避免"一等产品，二等包装，三等价格"的现象，还能够抬高产品的身价，使消费者或用户愿意出较高的价格购买，从而使企业增加销售收入。此外，包装产品的存货控制也比较简单易行。实现产品包装化，还可使产品损耗率降低，提高运输、储存、销售各环节的劳动效率。这些都可使企业增加利润。

【案例】

苏州柱香扇，小巧玲珑，华美精致，香气馥郁，驰名中外。但原来的包装比较平淡，没有特色。现在改成锦盒包装，古色古香，具有一定的民族特色，有的加配红木或有机玻璃插座，成为较好的工艺品，受到国外客户和旅游者的欢迎，为国家增创了外汇。

苏州湖笔厂生产的湖笔改用纸盒包装，将超品玉兰芯等十个产品品种改成一支或两支装，并且装在造型新颖、美观精致的锦缎盒里，售价比原来提高了27%。扬州玩具厂生产的熊猫玩具，过去包装简陋粗糙，每12只装一箱，被称为"赤膊商品"，卖不到好价，打不开销路，后来改变装潢，在熊猫颈部套上金色电化锌项链，并挂上一块金属铝牌，用单只彩印开窗纸盒包装，盒面采用中国特色的竹子图案，通过天窗可见图案。结果销路大开，每年增创外汇几十万美元。

扬州桅灯厂生产的铁锚牌桅灯，过去由于采用牛皮纸包装，不便于国外市场展销、选购，每届交易会也只能成交几千打。现在采用国际市场流行的新包装，通过烘道用聚乙烯收缩薄膜将商品紧紧包住，外用气泡衬垫，既清洁、美观，又防震、防潮，适合国外市场销售。广州秋季交易会上成交53000打，提高售价2%～5%，收汇超过73万美元。

3. 产品包装策略选择

（1）类似包装策略

企业对其生产产品的包装，采用相同的图案、近似的色彩、相同的包装材料和相同的造型，使顾客很容易联想到是同一企业产品。对于企业的忠实顾客，很容易让他们产生购买行为，因而能起到一定的促销作用。此外，类似包装还可为企业节省包装设计和制作费用。类似包装策略的缺陷是，只能适宜于质量相同的产品，对于品种差异大、质量水平悬殊的产品则不宜采用。

（2）成套包装策略

企业将一系列相关产品包装在一起以便于消费者购买、使用和携带的包装策略。该包装策略由于将产品包装在一起，起到了搭配销售的作用，这样就可以扩大产品的销售量。如在洗发水包装袋中加上护发素。此外该策略还可用在推销新产品上。将新产品搭配在老产品中,使得消费者也使用新产品,并在不知不觉中习惯了新产品,从而有利于新产品的上市和普及。

(3) 再使用包装

包装内的产品使用完后,包装物可做其他的用途。如各种形状的玻璃饮料瓶可作水杯,精美的包装袋可被再做购物袋等。此策略能因包装的吸引,使得消费者产生购买欲望,大大增加产品销售量。

(4) 附赠包装策略

在商品包装物中附赠奖券或实物,或包装本身可以兑换礼品,挑起顾客的购买欲望,使得顾客重复购买。比如高炉家酒酒瓶盖内附赠人民币或者美元,芜湖生产的金芜湖酒盒内按照酒的定价不同附赠打火机、袜子等,都起到了很好的促进销售作用。

(5) 改变包装策略

当产品的销量减少时,为了改变现状,改变或放弃原有的产品包装,改用全新的包装。采用新的包装可以弥补原有包装的不足,改变企业原有的形象,使得消费者产生好感。但是企业包装改变后,可能会让消费者一时无法适应,故而要做一定的宣传工作。

【案例一】

早在1968年,台湾有一家专门生产肥皂的公司推出一种柠檬香皂,它不但以柠檬为原料制造,而且在造型上也和真实的柠檬一模一样,完全以柠檬的形状、颜色、香味取胜,一时引起消费者的好奇,刺激了购买欲。但顾客使用之后发现,它的优点也正是缺点:圆滚的皂身,沾水之后不容易握住,而且凹凸不平的表面擦在身上也不舒适。于是,许多顾客在用过一次之后就不再购买它了。

[思考]

款式、造型很新颖的柠檬香皂遭到了失败,试从产品整体概念的角度分析其原因。

【案例二】

70年代初,在美国慢跑热正逐渐兴起,数百万人开始穿运动鞋。当时美国运动鞋市场上占统治地位的是阿迪达斯、彪马和Tiger(虎牌)组成的铁三角,他们并没有意识到运动鞋市场的这一变化趋势,而耐克紧盯这一市场,并以此为目标市场,专门生产适应这一大众化运动趋势的运动鞋。耐克为打进"铁三角",迅速开发新式跑鞋,并为此花费巨资,开发出风格各异、价格不同和多用途的产品。到1979年,耐克通过策划新产品的上市和强劲的推销,使其市场占有率达到33%,终于打进了"铁三角"。

然而,到了后来,过去推动耐克成功的青少年消费者纷纷放弃了运动鞋,他们在寻找新颖的、少一点商业气息的产品。此时耐克似已陷入困境,销售额在下降,利润在下降。耐克大刀阔斧进行改革的时候已经到了。于是,耐克更新了"外观"技术,推出了一系列新款跑鞋、运动鞋和多种训练用鞋,其户外运动部门则把销售的重点对准了雅皮士一代和新一代未知的顾客。它遵循的信条是:思路新颖。在美国市场已经饱和,只有不断推陈出新,公司才能得到发展。耐克以其敏锐的眼光去观察选择市场,放手去干,永远保持领先地位。

[思考]

1. 耐克选择的目标市场是什么?
2. 耐克是怎样挤进"铁三角"的?

3. 耐克如何推出新产品,怎样获得成功的?

DY电子有限责任公司对其产品都有品牌设计,因为DY是中小型企业,企业知名度不高,很多时候为一些大型品牌企业做贴牌生产。在外贸订单不断减少的现在,公司更注重国内市场,对于其不同类产品采用几乎同样的品牌标示,也就是其名称的汉语拼音缩写"DYDZ",使得企业略带有洋品牌气息,能更好地提升产品知名度。

1. 商品的品牌对于一个企业营销有什么作用?
2. 我国有哪些知名品牌,他们都采取了怎样的品牌策略?
3. 如何使用产品包装,增加产品的销售量?

任务五　新产品开发策略

学习目标

通过对新产品概念、开发策略的学习,能熟练掌握新产品开发技巧,为企业产品开发寻找合适的时机。

知识点

新产品概念、新产品开发模式、开发步骤、开发策略。

技能点

通过对新产品的类别分类,具备明晰新产品开发方式、方法的能力。

DY电子有限责任公司是一家中小型企业,2010年以前未涉入手机制造行业,从2011年开始,DY电子有限责任公司计划进入手机制造行业,在公司缺乏相关的技术支持、资金支撑的不利影响下,进军手机制造业无疑是巨大挑战。公司又一次委派张超进行市场调研。经过市场调研分析之后,张超应该建议公司生产具备哪些功能的DYDZ手机? DYDZ手机是不是新产品?

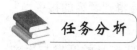

任务分析

我国手机行业鱼龙混杂,很多企业都参与手机制作,有些企业为了利益仿制一些知名企业手机品牌。DY 电子有限责任公司看到手机生产领域内的混乱,也对市场进行了分析,对于能否进入手机制造领域,答案是肯定的。只是由于 DY 是小品牌,很难与大企业抗衡,在开发自己品牌的手机时,更应该谨慎。应从新产品内涵入手,在充分理解新产品开发要领之后,采取符合自身实际的产品开发策略。

相关知识

现代市场营销学认为企业应该以满足顾客需要为宗旨,尤其在现代这样一个变化快速的社会,新的观念、新的技术、新的发明总是不断涌现,顾客的需要也会受它们的影响而不断变化,要求也不断提高,加上激烈的市场竞争,企业若要生存、发展和壮大,必须不断开发出新产品,或者不断革新自己的产品,以迎合消费者不停变化的需要。

一、新产品的概念

新产品是指在构成要素上进行整体或部分创新的产品,既包括新发明创造的产品,也包括部分革新的产品。衡量新产品的市场标准是看其是否给顾客带来了新的利益。依据产品创新程度的不同,可将新产品分为以下四种:

1. 全新产品

这是指市场上原来没有、现在通过技术革新或者发明创造而产生的新产品。这类新产品通常由于新的设计原理、新的制造材料和新的生产技术的运用,具有全新的功能,与现有的产品存在根本的差别。完全新产品的出现通常伴随着科技的全面进步,如第一次工业革命时期的蒸汽机的发明;近代计算机技术、生物技术等的提高而产生的诸多新产品。全新产品一般对于技术的要求较高,因而很多企业并不能也不适合进行新产品创造。

2. 换代新产品

这是指在原有产品的基础上进行一定的技术革新后生产出来的比原来性能更好、功能更多的产品。换代新产品与原有产品在基本原理和基本功能上没有本质区别,都能满足顾客的同一类型的需要,只是新产品采用的技术和所形成的功能与比原有产品有很大的提高。这类新产品如手机换代升级、数码类产品换代升级、电视机等的换代。换代产品由于在使用材料和制造原理上有一定的延续性,开发起来相对容易些,因而很多企业均生产此类新产品。

3. 改进新产品

这是指在产品的材料、结构、造型、颜色、包装等方面做出改进的新产品。改进新产品一般侧重于对产品的结构、材料和式样的非本质性功能的改变,而对于基本的功能并无本质上的创新。比如将窗口式空调改良为分体式空调。改良新产品的科技含量不是很高,企业可以依靠自身力量进行独立开发。在新产品类型中,绝大多数新产品属于改良新品。由于改良新产品只是在品质、特色、款式、外形等方面对原有产品进行了一定程度的改进,且改进之后的产品非常贴近顾客的消费习惯,因而该类产品比其他新产品更容易得到顾客的接受。

4. 模仿新产品

这是指本企业第一次生产的、在市场上已经存在的产品。由于这些产品的开发与生产是对已有产品的一种模仿,所以叫模仿新产品。一些产品虽然在国际市场流行多年,但由于受地理因素或是其他因素的影响,并没有出现在国内市场上,国内企业生产这样的产品就属于模仿新产品。模仿新产品能在一定的范围内满足消费者尚未得到满足的消费需求,它有利于提高企业的技术水平,增强企业的竞争实力,扩大企业的销售收入。由于模仿新产品只是就已有产品的某些特点加以改变,或通过引进或模仿他人的技术进行生产,无需新的科学技术,研制时间也比较短,成本相对较低,因而消费者比较容易接受这样的新产品。我国很多企业采用这种方法生产产品,特别是现在越来越严重的"山寨"产品,更将模仿新产品推向了高潮。

二、新产品开发模式

新产品开发关乎一个企业的生存和发展,关乎一个企业能否长足存在下去的大局,因而,不断开发和生产新产品是所有企业必须要做的事情。为了更好地进行产品创新,很多有条件的企业成立了产品开发部,重点为产品开发服务,它们采取的形式不尽相同,可以简单地分为传统开发模式和团队导向模式。

1. 传统开发模式

该模式的新产品开发理念是:新产品研究和开发部门评价所有构思方案,确定可用的构思方案,将方案交由工程技术小组进行设计,生产部门按设计进行生产,成品由销售人员负责推广和销售。该传统开发模式有以下几种主要形式:

(1) 产品经理负责制

产品经理负责新产品开发的任务,由产品经理领导团队,对现有产品或进行改良、或进行革新、或模仿别的企业开发出新产品。

(2) 新产品经理负责制

为了加强新产品的开发工作,专门设立新产品经理职务,全面负责新产品开发工作。很多大中型企业都采用这种模式。

(3) 新产品开发部负责制

一些大公司为了加强对于新产品开发工作的指导和监督,在公司组织机构中专门成立了新产品开发部,由专门的机构负责新产品开发工作的全面落实。

(4) 新产品开发项目组负责制

为了提高开发工作的效率,避免设置固定机构出现的问题,一些企业在开发新产品时,往往成立有机式的新产品开发项目组,将企业内外各方面的力量集中在一起,进行项目的联合攻关,开发某一具体的新产品。

(5) 新产品开发委员会负责制

一些大型企业为了突出新产品开发的重要地位,在其组织结构中设立新产品开发委员会,统一协调企业内部的新产品开发工作。这个机构对于企业的新产品开发进行统筹规划,从全局角度制订新产品开发战略,监督新产品开发部门的工作进程,审议新产品开发的工作报告和预算安排,为企业的新产品开发指明发展方向。

2. 团队导向模式

为了加速新产品开发的进度,许多公司采用了团队导向的方法。采用这种方法时,产品开发自始至终都需要企业内部各个部门之间的密切配合。为此,企业专门成立了一个职能交叉的小组,在开发的全过程中指导开发项目的进行。在新产品构思方案的形成过程中,这种导向模式能够从市场营销的角度加以研究,特别是在产品开发的早期阶段,甚至允许顾客参与以征求他们的意见。在现今的新产品开发中,许多企业已从传统创新模式转到了团队导向模式,新产品开发的组织方式更趋现代化和多样化。

三、新产品开发步骤

新产品的开发过程一般需要经过七个阶段:创意产生、筛选、试制新产品、制订营销战略、市场盈利能力分析、市场试销、正式上市。

1. 创意产生

独特且富有创造性的新产品构思是新产品开发成功的关键,其来源主要有以下几个方面:

(1) 顾客。企业的营销人员可以通过观察和倾听消费者的需求,分析消费者对现有产品提出的建议和批评,形成新产品构思。有资料表明,80%的美国公司认为新产品构思的最佳来源是顾客。美国成功的技术革新和创新产品60%~80%的创意来自顾客。

(2) 企业内部。企业内部的各个方面如子公司、管理人员、科研人员、普通员工以及营销人员等是产品创意的另一个重要来源。IBM公司每年有大量的发明诞生,主要原因是该公司拥有鼓励职工发明新产品的良好机制。

(3) 企业外部。企业外部如批发商、零售商、经销商、代理商等,贴近顾客和市场,对顾客的要求以及产品了解充分,很容易形成新产品创意。

此外,一些科研部门和大专院校的科研成果也是获得新产品构思的重要来源。

2. 筛选

新产品构思不是都能转化为现实的产品,这就需要对所有的构思进行必要的筛选,找出能够生产的并且有市场潜力的产品。筛选过程很重要,也很复杂,需要企业去很好地把握和研究。

3. 试制新产品

企业慎重选定最佳产品构思后,由研制部门或生产制造部门制成产品模型或样品,并根据实际情况,提高产品的性能和功能。

4. 制订营销战略

新产品制订营销战略包括描述目标市场的规模、结构和消费者行为,新产品在目标市场上的定位,市场占有率及前几年的销售额和利润目标等;对新产品的价格策略、分销策略和第一年的营销预算进行规划;描述预期的长期销售量和利润目标以及不同时期的营销组合。

5. 市场盈利能力分析

市场盈利能力分析主要是对新产品概念进行财务方面的分析,即估计销售量、成本和利润,判断它是否满足企业开发新产品的目标,以及对最重要的新产品可能的获利情况进行估算。

6. 市场试销

将新产品少量投入市场,选择特定的一个或几个城市,在适当的时间里,试销该新产品。

7. 正式上市

新产品试销成功,就应大批量生产并择机投放市场。新产品便进入了生命周期的投入阶段。一般来说,产品在新推出的两年时间内,由于需要支付大量的费用,所以企业一般都没有盈利或盈利甚微。产品在投入市场的时候,要注意以下四个方面的内容:

(1) 投放时间。新产品进入市场时间要适当。如果新产品上市会影响到老产品的销售,应当在老产品的存货处理以后再上市;如果新产品尚有待改进之处,应当改进完善后再上市;如果新产品季节性很强,就应当在销售季节来临前上市。

(2) 投放地区。在一般情况下,新产品应先在主要地区的市场推出,以便占领市场,取得立足之地后再向其他地区扩展。

(3) 目标市场。企业应选择最有潜力的消费者群作为自己新产品销售的目标市场,充分利用相关群体的影响作用,带动目标消费者群采取购买行为。

(4) 投放时的营销策略。由于新产品首次大规模投向市场需耗费大量的资金,因此,企业要拟定营销策略,分配营销组合策略中各因素的费用预算,有计划地进行各种营销活动。

四、新产品开发策略类型

1. 领先创造策略

它是指企业率先推出新产品,利用新产品的独特优势,占据市场上有利的竞争位置。采用此策略的企业具备强烈的占据市场"第一"的意识,把不断开发和推出新产品作为企业面对竞争、占据优势地位的重要手段。消费者对企业和产品形象的认知是先入为主的,他们更愿意购买第一次推出该产品的企业的产品,并忠诚于该企业的该产品。因此,采取先发制人策略,就能够在市场上捷足先登,利用先入为主的优势,最先达成消费者的品牌偏好,从而取得丰厚的利润。

2. 模仿超越策略

它是在其他企业推出新产品后,加以仿制和改进,生产出自己的产品,同时在时机成熟后,推出性能更优越的产品,超越被模仿的对象。这种策略是不把投资用在抢先研究新产品上,而是绕过新产品开发这个环节,专门模仿市场上刚刚推出并畅销的新产品,进行追随性竞争,以此分享市场收益。企业采取竞争性模仿策略,既可以避免市场风险,又可以节约研究开发费用,还可以借助竞争者领先开发新产品的声誉,顺利进入市场。更重要的是,它通过对市场领先者的创新产品做出许多建设性的改进,有可能后来居上。

3. 产品延伸策略

它是围绕产品向上下左右前后延伸,开发出一系列类似但又各不相同的产品,形成不同类型、不同规格、不同档次的产品系列。采用该策略开发新产品,企业可以尽量利用已有的资源,设计开发更多的相关产品,如海尔围绕客户需求开发的洗衣机系列产品,适合城市与农村、高收入与低收入、多人口家庭与少人口家庭等不同消费者群的需要。

DY电子有限责任公司的勇气是可嘉的,尤其是在当今智能机统一天下的时代。当然,DY电子有限责任公司进入手机制造领域,寻求新的产品领域,不断拓展自身业务范围是很明智的选择。DY电子有限责任公司虽然是中小型企业,然而哪个企业不是从中小型企业开始发展的呢?中国很多大企业是DY公司很好的榜样。为此DY电子有限责任公司进入手机制造领域采用的手机开发策略是先模仿、再自主研发、最后超越的策略。现在的DY电子有限责任公司虽然仍处在模仿时期,甚至给一些企业生产手机零部件、组装手机等,然而这种策略是正确的,只要一直走下去,终会使DYDZ手机在国内市场占据一席之地。

1. 什么样的商品可以成为新产品?
2. 如何进行新产品的开发?
3. 我国山寨商品如何变为正规军?

实训目标

引导学生选择某方便面品牌进行"产品线组合策略"分析训练的实践活动;切实体验产品的整体概念、产品组合策略,理解产品生命周期阶段,培养相应专业能力与职业核心能力;通过践行职业道德规范,促进健全职业人格的塑造。

实训内容

(1)针对某市几家大型连锁超市,调查不同品牌方便面的种类,并对其产品线进行总结划分。

(2)相关职业能力和职业道德规范的认同践行。

实训时间

本教学任务结束后,由学生在课余时间完成。

操作步骤

(1)将班级按10位同学分成一组,每组确定1~2人负责;
(2)每组确定选择哪种方便面品牌作为调研的范围;
(3)学生以小组为单位进入超市进行调查,并详细记录调查的情况;
(4)对调查的资料进行分析整理;
(5)提交小组分析报告;
(6)各组在班级实训课上交流、讨论。

成果形式

撰写产品策略分析报告。

伊利蒙牛之争

据最新市场统计数据显示,中国乳业前四强的市场份额已逾50%,而前10名的总体份额高达62.73%。有业内人士认为,这表明中国乳业已进入品牌化时代,出现了经济学意义上的品牌集中现象,将会形成强者愈强的马太效应。

但市场上的表现远非如此,即便是对第一位置的争夺也在毫厘之间。伊利市场总监靳彪向外界宣告:"根据AC尼尔森2003年9月份的数据,伊利已坐上中国乳业头把交椅,把原先的乳业老大光明挑于马下,提前两年实现了行业第一的目标。"而后蒙牛市场总监孙先红也宣称:同样根据AC尼尔森的数据,蒙牛从原先的乳业第四上升为第三。

从2003年的财务数据来看,伊利股份以年营业收入62.99亿元占据第一的位置,而光明乳业以59.81亿元紧随其后,蒙牛的营业额则为40.71亿元。似乎蒙牛尚与前两位存在一定的差距,但是不要忘记的是其迅猛的增长势头,尽管规模已很大,但速度并未有放缓之势。从2001年的7.24亿元到2003年的40.71亿元,短短两年之内,营业收入增加了462%。相比之下伊利股份于1998年便已到了10亿元这一台阶,但直到2002年才达到40亿元的规模,足足用了4年时间。

在蒙牛的招股说明书中,宣称其在液态奶市场占据第一的位置。但根据目前的财务数据来看,2003年蒙牛的液态奶收入为34.98亿元,而伊利股份仍以39.79亿元的微弱优势领先。不管谁占先,毫无疑问的是液态奶占据了最大的市场份额,谁可以在这一市场取得优势,便可在整个战局中取胜。在两家公司的产品结构中,液态奶所占份额都呈逐年增加之势。2003年,液态奶占蒙牛乳业整个收入的比重高达85.9%,而伊利股份这一数据为63.17%。

早在去年,新希望董事长刘永好曾表示:目前我国1600多家乳品企业在国内市场打拼,摩擦不断,这种现象不利于整个乳业的健康发展,建立规范的市场竞争秩序成为当务之急。他希望几年以后中国能产生国际乳业著名品牌,提高中国乳品行业的竞争力。

【思考】
1. "蒙牛"和"伊利"是如何在产品上进行竞争的?
2. 你认为乳业无序竞争是好事还是坏事,为什么?

芭比娃娃

20世纪50年代末,露丝·汉德勒(Ruth Handler)看到女儿玩纸娃娃,并把纸娃娃想象成各种大人的角色。由于当时的纸娃娃都是婴儿娃娃,露丝灵感突发,设计出一种可以激发小女孩编织梦想的娃娃。露丝发明了以"芭比"(以其女儿的名字)命名的少男少女时尚偶像娃娃。从此,一代巨星芭比诞生了。

在那之前,各种各样的玩具娃娃价格不等、大小不一、国籍不同、设计各异、服饰各异,连眼睛和头发颜色都不同,但没有人想到外形不是婴儿的娃娃。为什么?"娃娃就是婴儿"这种概念使得新娃娃的问世都来源于对婴儿的某项特征的改变。

这样看来,一个不是来自玩具娃娃行业的人想到"芭比"这个点子就不足为奇了。那些行业中人可能就看不到设计长着大人模样的玩具娃娃的可能性。

芭比,这个全球最畅销的娃娃,已经成为成千上万女孩生活中的一部分。她那永恒的魅力引发了无数忠诚的芭比迷们不变的收藏欲。从歌手雪儿的造型到服装设计大师主题系列,迷人的芭比收藏系列超过了600种。

【思考】

本案例让你收到什么启发?你认为产品创新难吗?举一例子说明你的观点。

模块八
定价策略

任务一　营销定价的目标及影响因素

学习目标

通过学习营销定价概念、目标、影响因素，能灵活掌握企业营销定价应考虑的诸多相关因素。

知识点

营销定价概念，营销定价目标和影响因素。

技能点

通过学习营销定价目标，具备理清企业营销定价应考虑的影响因素的能力。

DY 电子有限责任公司作为国内一家中小型生产企业，其产品以电子类和小家电为主，在国内市场的占有份额并不高，还面临很多相似企业的激烈竞争。比如 DY 电子有限责任公司生产的电磁炉和电风扇，在市场中同类产品有很多，而 DY 电子有限责任公司的产品能一直卖得很好，这要得益于其合理的产品定价。小王是公司的销售主管之一，公司电磁炉和电风扇定价时，小王也参与其中，那么小王为公司产品定价时都要考虑哪些因素呢？

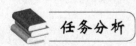

企业产品营销定价包含的学问非常多，要为一件产品制定合理的价格，必须首先明确营销定价的深层含义，进而确立本企业的营销定价目标，在充分考虑多种影响定价因素的前提

下,才能完成产品定价工作。

相关知识

在市场经济条件下,企业营销定价不仅要从营销角度来考虑,还需要遵循市场规律,这就要求企业进行定价时,需要考虑很多方面的因素,要从市场需求角度和企业营销目标角度同时考虑具体的价格。

一、营销定价的概念

企业或赢利性组织均需要为自己的产品或者服务确定价格,企业定价策略是将产品定价和产品策略、分销策略以及促销策略结合起来,确定最有利可图的产品价格,以实现企业的战略目标。

二、营销定价的目标

1. 生存目标

企业首要的目标是要在市场中生存下来。当市场需求状况发生变化,短期内产生产品积压滞销,企业资金又周转不灵的时候,就需要首先考虑把维持企业生存作为定价的首要目标。短期内为了企业能够得以运转,产品必须能够销售出去,这就要求企业必须降低产品价格。当企业为了生存不得不制定超低价格时,制定的价格必须至少能够补偿生产这种产品的可变成本,也就是原材料的成本、工人工资等非固定资产消耗,意味着企业还可以勉强继续维持营业。当企业渡过难关后就可以提高价格,以达到长期生存的目标。

2. 获取利润目标

(1) 最大化利润目标。最大化利润是很多企业的目标,它意味着企业制定的价格尽可能地高,以此来获取最丰厚的利润。利润最大化适用于产品的投入期或者企业的产品处于完全的垄断地位时。当一种商品首次进入市场或处于完全垄断地位的时候,由于没有任何竞争对手,企业可以定尽量高的价格,高价格可以为企业带来丰厚的利润回报。

(2) 合理利润目标。最大化利润目标虽然能带给企业高额的收益,但是存在很大的风险,为了避免风险,很多企业以稳定生产和经营为己任,给产品制定一个较为合理的价格,并获取合理的利润。这里的合理利润是以企业掌握的市场信息为基础,结合产品的平均成本因素,考虑企业未来的发展中所能得到的最大利润。合理的定价能够为企业带来稳定的收益,能够帮助企业稳定市场,同时也能给企业带来稳定的发展空间。

3. 占有市场目标

合理的定价还可以帮助企业达到占有市场的目的,因而有些企业就通过产品定价来控制市场,以达到提高市场占有率的目标。为了实现此目标,企业需要制定相当低的价格,甚至以低于成本的价格销售产品。因为越来越多的企业经营者意识到企业生产成本会随着产品产量的增加而大幅度地下降,意味着产品市场占有率越高产量越大,成本也就会越低,企业利润就会越多。国内的格兰仕微波炉就是利用制定超低价格的战略,一步一步走上了微波炉行业的霸主地位。

4. 应付竞争目标

企业面临同行业企业的竞争是无法避免的,在竞争的环境下被对手打击以及打击对手的情况是经常发生的,价格作为企业竞争的利器,常常被用于应付企业的竞争中。行业中实力雄厚的大企业面临其他企业挑战的时候,可以采取价格手段,用以遏制竞争对手,达到提高本企业市场地位的目的。行业中实力中等或一般的大企业,面临其他企业挑战的时候,可以采取跟随定价策略方式应付对手的打击,达到保持或扩大市场占有率的目标。行业中势单力薄的小企业要保全自己,应做到先生存,然后再求发展。总的来说,企业要对竞争对手时刻保持警惕,实时变动产品价格,以保证既得利益不会得而复失。

5. 投资回报目标

企业投资需要获得一定的回报,就这方面来考虑,企业可以把获取一定的投资回报率作为自己的目标。采用此种定价目标,企业在定价的时候,需要计算单位产品的平均成本,在成本基础上加上一定的预期利润,就可以作为产品的价格。这里的预期利润就是投资回报。

三、影响营销定价的因素

(一) 商品价值

马克思认为,商品价格是价值的反映,商品价值量的大小决定着商品价格的高低,因而价格会围绕价值上下波动,并最终趋向于等同于价值。这里的价值主要由三个部分组成,它们是:生产资料消耗价值,用 C 表示;活劳动补偿价值,用 V 表示;剩余产品价值,用 M 表示;商品价值 $= C + V + M$。在市场经济条件下,商品价格会围绕价值波动,当供给大于需求时,价格会下降;当供给小于需求时,价格会上升。

(二) 商品成本

从商品成本角度来考虑,我们就要把商品和与商品市场有关的所有费用都考虑在内,这些成本和费用主要有生产费用、流通费用、售后费用和税金。在具体算价格时,还要加上企业预期的利润。

1. 生产费用

生产费用主要指企业或赢利性组织在生产或服务过程中所用生产资料和劳动力的使用费用。如在空调生产过程中,企业需要支付厂房建筑或者租用费、机器设备以及其他固定资产折旧费、生产原料购买费、水电等能源消耗费、企业管理者管理企业费以及劳动者的工资等,这些费用加在一起就构成了企业生产费用。在市场经济环境下,通常以行业的平均成本作为产品定价的重要参照因素。

2. 流通费用

流通费用是指企业在产品生产以及产品运输过程中产生的与运输相关的费用。流通费用包括生产性流通费用和纯粹流通费用两部分:生产性流通费用是由商品的使用价值运动引起的,因生产过程在流通领域内继续进行而支付的费用,具体包含六项:运输费、包装费、保管费、利息、损耗和经营管理费;纯粹流通费用是由商品的价值形态变化而支付的非生产性费用,如广告、簿记、通讯等费用。

3. 售后费用

售后费用是因售后服务而产生的费用,它包括售后跟踪、服务、维修、宣传等费用。如空调出售后需要进行上门安装,在安装过程中发生的费用就要计入售后费用;如果空调在使用过程中发生了问题,还要去给客户维修,发生的维修费用也是售后费用。企业为了应对市场竞争,常常需要提供很完备的售后服务,因此,把售后服务的成本算作商品成本是理所当然的。

4. 税金

税金是指工商管理部门根据税收法律规定对于生产性企业所征收的税费。税金由于是强制性的和稳定性的,也是国家财政收入的重要来源,因此,税金是企业必须按期支付的必不可少的部分,这部分费用也应该计入商品成本。

5. 预期利润

预期利润是生产企业或者赢利性组织收入的组成部分。企业在提供产品或服务时,会预期一个利润收益,预期利润是企业在制定商品价格时应考虑的重要因素之一。在市场经济条件下,追求利润是企业的目标,是企业得以生存和发展的根本和基础。

(三) 商品市场因素

1. 消费需求状况

在市场经济环境下,产品的定价要受到消费者需求的影响。根据西方经济学理念,商品需求主要受到价格、收入、相关商品价格等因素的影响,在营销定价时结合经济学原理,就需要考虑商品需求与商品价格、消费者收入以及相关商品价格之间的关系。

2. 市场竞争

市场经济环境鼓励企业之间相互竞争,竞争越激烈,生产效率越高,对经济的发展越有利。然而,对于不同行业内的企业来说,竞争太激烈并非一定是好事,因为竞争越强,对企业的要求越高,企业定价受到的制约也就越大。按竞争程度的不同,可将市场划分为完全竞争、垄断竞争、寡头垄断、完全垄断四种形式,它们的竞争程度依次减弱。

(1) 完全竞争市场

完全竞争市场是指在产品价格由市场的供求关系来决定、而企业或消费者都无法影响价格的市场。完全竞争市场上,买卖双方都被动地接受市场确定的价格,企业或者消费者都不能够控制产品的价格,因而在这类型市场上,企业定价以市场的价格为标准,完全接受市场价格。这类市场实际上并不存在,但我们通常将农产品市场和股票市场看作类似完全竞争市场。

(2) 垄断竞争市场

垄断竞争市场是指垄断和竞争并存的市场。目前所存在的市场大部分都是垄断竞争市场,也就是说这个市场里每个企业都有自己的特色,具有一定的垄断优势;同时,这些企业在一起又形成了竞争,垄断与竞争并存,企业能够部分地控制产品价格。如国内的手机市场,国内手机品牌和数量众多,不同的手机品牌具有不同的优点,形成了独特的竞争优势,存在一定的垄断势力,然而这种垄断却又受其他品牌手机的影响,存在激烈的竞争,所以导致了不同品牌手机定价不同,但是相互之间的价差却也没有大得离谱。

(3) 寡头垄断市场

寡头垄断市场是指某种商品的生产由少数几家企业完成，它们共同垄断了整个行业、整个市场。在现实生活中，寡头垄断市场形式也比较普遍，在这种市场结构中，企业与企业之间通过明的或者暗的方式勾结起来，制定统一的价格来获取丰厚的利润，或者将亏损减小到最少。如国内的航空业市场，国内的航空业被几家大型公司所垄断，为了应对持续不断的亏损，它们常常一起集体涨价，以期望减少损失。

(4) 完全垄断市场

完全垄断市场是指一种商品市场完全被某个或某几个厂商所垄断和控制。处于完全垄断地位的企业，可以通过控制产品产量、推高产品的价格来获取更高的利润。如国内的成品油市场，国内的成品油市场完全由中石油和中石化共同垄断，石油巨头通过垄断势力频频给国家发改委涨价的压力，在油价下降时控制油量供给，以此来提高油价。当然，由于成品油关系重大，政府会对它进行一定的价格控制。

(四) 国家政策因素

企业产品价格的高低影响人民的生活水平，关系人民的生活状态，因而，不能一味由企业自身确定价格，为了实现维护国家与消费者利益、维护正常的市场秩序，每个国家都会以国家政策为手段，来干预市场干预企业的产品定价，做到定价合理合情，切实维护广大人民的生活权益。

1. 行政手段

行政手段是指国家以政府名义出面干涉产品的价格。可以用的行政措施有最高限价和最低限价、购买限制或凭票购买等。对于存在很强垄断实力的企业产品，政府通过行政手段制定最高价格，企业产品价格不得高于这个价格；对于垄断实力较弱或者竞争过于激烈的市场如农产品市场，则采取以最低收购价的方式确定价格；此外，在特殊时期还可能实行限买或凭票购买的方式，合理控制产品价格。

2. 法律手段

法律手段是指通过立法和运用已有法律，对价格进行管制。我国以及国外都制定了管制价格的法律，最有名的就是《反垄断法》。为了限制垄断、维护行业竞争，各国纷纷制定了该项法律，通过对垄断的控制达到管制产品价格的目的。如可口可乐收购汇源集团案就是通过反垄断法被予以否决的。

3. 经济手段

经济手段是指国家通过经济措施来达到控制产品价格的目的。经济手段中最主要的是财政政策和货币政策。财政政策的运用主要可以表现为税收和政府财政支出；货币政策则主要是控制货币发行量或控制银行利率。国内为了应对房价的问题，曾采取过很多经济手段，起到了一定的效果。

(五) 消费者的心理因素

消费者在购买动机、购买能力、所属阶层及个性等方面存在差异，结合消费者所考虑的产品"性价比"，产品定价时要充分考虑消费者心理因素。故此，同一种产品对于不同的消费者应该制定不同的价格。实际定价过程中，可以采取价格歧视的方式，针对不同的消费者制定不同的价格。

【案例一】

奥克斯空调的平价革命

奥克斯空调的生产厂家是宁波奥克斯空调公司,它是宁波三星集团的下属子公司。宁波三星集团是目前世界上最大的电能表生产企业,其主打产品——三星牌电能表的产销量已经连续7年位居国内第一,市场占有率达到30%。1993年,三星集团与美国奥克斯集团合资,进入空调市场,最初生产国内很少见的高档机。由于这一定位没有得到响应,奥克斯空调没有获得大的发展。从1996年起,奥克斯改变原有定位开始走优质平价的路子。事实证明这一决定是正确的,奥克斯空调销路大增。此后,奥克斯坚定了自己的发展方向:采取低成本战略,为消费者提供优质平价的空调。像大多数创业企业一样,奥克斯并没有急于宣传自己的战略,而是稳扎稳打:一方面加大内部整合力度,压低生产成本;另一方面,继续"只做不说"的市场开拓运动,稳步提高自己的市场份额。从2000年开始,奥克斯逐步在市场上发力,大力宣传自己的"优质平价"战略。

伴随奥克斯发动的一系列市场活动,奥克斯的业绩几乎一年上一个台阶。据奥克斯提供的数据,2000年奥克斯空调总销售量为58万套;2001年为90.23万套,位居业内第六;2002年为157万套,位居行业第四;2003年空调总出货量突破250万台,进入中国空调业的前三甲。与此同时,跨国性专业市场调查公司GFK的数据显示,2002年旺季零售检测到的活跃品牌为105个,而2003年减少到97个。市场分析机构也预测,今后几年空调行业的洗牌将进一步加剧,很多以前熟悉的品牌将在市场上消失。种种现象让很多人联想起20世纪90年代同样依靠价格战冲击市场,并在几年内几乎成为微波炉行业垄断品牌的格兰仕。

奥克斯作为中国空调市场传统强势品牌的挑战者,成为推动空调市场重新洗牌的主要力量,通过差异化的定位、进攻性的价格策略,再配以一系列的事件营销活动,保证了自己的持续成长。

差异化的市场定位

奥克斯从1996年开始改变原定路线,走了一条差异化道路。它始终明确将其空调定位于"优质平价"的"民牌"空调。相比于市场传统强势品牌的"高价优质"定位,更容易为大众喜欢,消费者也用得起,并且有物有所值甚至物超所值的感觉。

进攻性的价格策略

从2000年起,奥克斯拉起空调降价的大旗。此时奥克斯还是一个默默无名的区域品牌,但正是奥克斯的"价格杀手"称号让其声名鹊起,震动江湖。奥克斯从自2000年以来的主要降价活动包括:

2000年3月在成都打出"1.5匹空调跌破2500元生死价"的条幅,最大降幅达到25%,第一次喊出"要做优质平价的'民牌'空调"口号。

2001年4月,40余款主流机型全面降价,最大降幅达到30%以上。

2002年4月,16款主流机型全面降价,包括1匹和1.5匹变频空调,最大降幅达到26%。

2003年4月,所有机型一律降价。据称平均降幅达30%,单款机型最大降幅达2000元。

奥克斯空调的价格战每次基本选择在4月份,因为时间早了消费者没反应,竞争者容易跟进,晚了就起不到作用。奥克斯的降价每次都是大规模、高幅度,出其不意地袭击竞争对手,坚定消费者购买的决心。另外,奥克斯为配合价格战,广告攻势强,采取"大中央小地方"的模式,例如,2002年4月至6月在央视投入了3000多万元,进行大规模集中轰炸,有力地配合了降价促销活动。

系列化的事件营销活动

奥克斯成功的另一个关键策略是巧用事件营销的影响,不断吸引消费者的眼球。通过事件营销活动,奥克斯不断向空调业原有规则发起冲击,在消费者面前出尽风头,也让全国的消费者获得了新的体验。

1. 狂打"足球牌"

2001年年底,奥克斯聘请米卢为品牌代言人,随后开展了米卢"巡回路演"和售空调赠签名足球活动。从五、六月份开始,奥克斯投入6000万元在央视高频度播出"米卢篇"广告,并推出"200万巨奖任你赢"世界杯欢乐竞猜活动。

2003年2月12日,奥克斯投资2000万元赞助令中国球迷关注的"中巴之战"。同一天,世界顶级球星罗纳尔多的亚洲经纪人与奥克斯空调全国市场总监李晓龙达成一致意向,罗纳尔多将以150万美元的身价出任奥克斯空调新一任品牌形象代言人。

2. 《空调成本白皮书》

2002年4月20日,奥克斯空调向外界公布《空调成本白皮书》,首次以行业背叛者的身份揭示了"一台空调究竟该卖什么价"的行业秘密,矛头直指消费者关注的空调业实际利润的问题。在《空调成本白皮书》上,奥克斯列举了1.5匹冷暖型空调1880元零售价格的几大组成部分:生产成本1378元,销售费用370元,商家利润80元,厂家利润52元,奥克斯还具体剖析了成本的组成部分。

3. "一分钱空调"

2002年,奥克斯空调在11月22日至12月1日的10天时间内,在广东省内的700多家电器店同时推出"一分钱空调"的促销活动。顾客只要花4338元购买奥克斯60型小3匹柜机,再加一分钱,即可以获得另一台价值1600元的1匹壁挂式分体空调,同时承诺一分钱空调同样享受厂家提供的优质售后服务。在广东市场,类似60型小3匹的品牌机的价格为4800元至6500元,25型1匹空调的价格为1668元至2700元,奥克斯公布的空调套餐价格比市场均价低3500元。

4. "冷静"大行动

"关注美伊战争,呼吁世界冷静",是奥克斯推出的"冷静"大行动,目的是提升企业关心公益事业的形象。此次活动从2003年3月27日起至4月21日止,武汉地区奥克斯空调再掀降价风暴,降幅都在17%以上。本次活动奥克斯推出了代号为"冷静1号""冷静2号""冷静3号"的多款机型。奥克斯表示在此次活动中,消费者每购买一款奥克斯空调,奥克斯公司将以消费者的名义捐献一定数额的现金给红十字协会,用于伊拉克战后重建工作,以此表达奥克斯人对世界和平的支持。

5. 《空调技术白皮书》

2003年4月23日,奥克斯再次扮演了反叛者的角色,公布了《空调技术白皮书》,宣称"空调技术炒作'高科技'概念只是'皇帝的新装',是空调行业的最后一块'神秘面纱',奥克斯要将其一揭到底,让空调行业早日正本清源,回归到空调'冷、静、强、省'的核心价值上来"等等。奥克斯空调的总经理吴方亮宣称奥克斯想宣传的核心内容是"空调不是高科技产品"。吴还断言至少在5年内,空调行业不会出现革命性的技术突破。奥克斯最后总结称,目前空调市场上包括"富氧技术""红外线传感技术""温度传感技术"等在内的几大所谓"高科技"实质"只是一种牟取暴利的幌子,都是将附加功能进行包装放大,从而达到误导消费者而让自己获取暴利的目的"。

(资料来源:张韬.动物奥克斯.中国营销传播网;
邱小立.血拼价格:奥克斯要做下一个"格兰仕".新营销.)

[思考]
1. 奥克斯空调采用的是什么定价策略?它的这种定价在什么条件下才能取胜?
2. 你如何看待奥克斯的《空调成本白皮书》?
3. 面对奥克斯空调的价格策略,格力、美的、科龙等主要品牌该如何应对?

【案例二】

"平价药店"掀起价格冲击波

2002年8月31日,作为江西第一家平价药房的"开心人"大药房在南昌首次亮相。"开心人"承诺:16大类、5000多种药品售价比国家核定零售价平均低45%。"开心人"开张五天,每天客流量超过1万人,最高日销售额达10万元。"开心人"经媒体报道,在南昌城内一夜成名。9月24日,200多名供货商在医院、药店等联手施压下,突然从"开心人"集体撤货,有的还自己掏钱买走自己的药品。一位供货商说:"我如果不来撤货,其他药店就会威胁我,不销售我的药。"与此同时,恶意的投诉举报致使工商等执法部门对"开心人"频繁检查,据说有人质疑"开心人"有不规范经营行为。"开心人"的经营受到重挫。期间威胁电话更是不断:要么调价,要么关门。对于此类"平价药店"的出现,业界褒贬不一,各执一词。它的出现打破了原有的市场平衡,被同行视为是一种"抢钱"行为,因此受到了同行业者的质疑与排挤。除了供货商的围攻,在武汉、成都,甚至有药品平价超市遭打砸抢、遭火焚。

(资料来源:《成功营销》,2003(1).)

背景资料

一般医药产品进入零售药店的通路要经过以下几个环节:生产企业—总经销—大区或省级代理—地市级代理—医药批发公司—配送中心—药店—消费者。

目前市场上近90%的药价已经放开,实行市场自由调节价。国家计委(现为发改委)多次颁布限价令,根据药品的成本进行限价。政府也在医疗机构大力推行招标采购。

[思考]
1. 药店怎样能够做到"平价"?
2. 平价药店为什么会出现?

DY电子有限责任公司在对其生产的小家电,如电磁炉、电风扇等定价问题上,主要考虑的影响因素是其产品的销售群体,也就是以收入较低的白领、普通工人、农村居民等为主,

所以小王等经过深思熟虑,在保证产品优质的前提下,确立了较为合理的低价,产品很受普通消费者欢迎。

1. 营销定价的目标有哪些?
2. 哪些因素会影响营销定价?

任务二　定价方法与技巧

学习目标

通过对营销定价方法、定价技巧的学习,能理解大部分产品定价的策略,能为特定企业产品灵活定价。

知识点

营销定价程序,营销定价方法和技巧。

技能点

通过对定价的步骤、几种常见的定价手段的学习,具备灵活运用定价促进产品销售的能力。

DY电子有限责任公司每年在我国一些中小型城市地区,都会利用节假日时间开展促销活动,促销期间对于一些款式旧、性能不够新的小型电子产品进行减价销售。同时,公司还推出新款的同类产品,但是新款产品定价很高,而且不参加打折活动。利用该定价策略,公司取得很好的销售业绩,赚取了可观的利润。公司销售部主管之一的小王是公司每次促销活动的积极提倡者和组织者,他本人每年都负责几个城市的促销活动,那么小王为什么要对公司产品做促销呢?促销对DY公司又有什么好处呢?

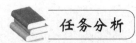

根据市场的实际情况以及产品的特性,在不同的时机对产品价格进行调整是该企业取得成功的关键。作为公司销售部主管之一的小王,准确地掌握了定价的技巧,充分利用了消费者的心理因素,不仅增加了产品销售,还促进了新产品的推销,使得销售新旧产品都获取了丰厚的利润。

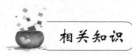

相关知识

不同的企业拥有不同的生产资源、生产规模以及管理模式,使得企业具有不同的经营方式,经营方式的不同使得企业营销定价的目标也不相同。企业在一定的定价目标的指导下,考虑产品的成本因素、需求状况和市场竞争情况,可以选择各不相同的定价方法,以最终确立产品的价格。

一、营销定价的程序

企业定价比较复杂,需要遵循一定的程序,定价决策需要有逻辑地、系统地、有步骤地实行。商品营销价格的制定程序一般包括六个步骤,它们分别是:分析市场信息、确定定价目标、确定定价战略、确定定价方法、确定商品价格、调整商品价格。为更清晰地理清营销定价的整个过程,我们可以作简单的步骤图,如图8.1所示。

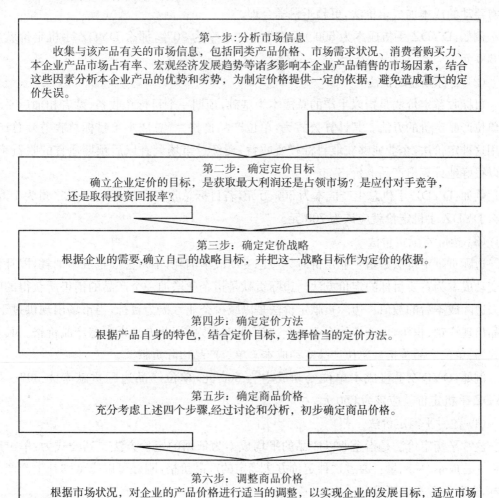

图8.1 营销定价步骤图

二、营销定价主要方法

1. 成本导向定价法

企业以产品的生产成本为依据,以生产的成本花费为基础,制定产品的价格,就是成本导向定价法。它具体主要包括成本加成定价法、目标收益率定价法、边际贡献定价法和盈亏平衡定价法四种方法。

(1) 成本加成定价法

成本加成定价法是指以单位产品成本为基础(用 C 表示),附加一定的加成率(用 R 表示),计算出单位产品价格(用 P 表示)的定价方法。其计算公式为:单位产品价格 = 单位产品成本 × (1 + 加成率);或者 $P = C(1 + R)$。成本加成定价法以企业为出发点,没有考虑市场需求和竞争状况,采用此方法定价,会导致产品的定价过高或过低。定价过高不利于产品打开市场销路,定价过低又不利于企业获取利润,故而要把握好定价尺度,结合市场实际,采取有浮动的成本加成定价法,更趋于科学合理。

例如:DYDZ 手机成本为 500 元,若成本加成率为 20%,那么 DYDZ 手机定价就应该为 600 元。

(2) 目标收益定价法

目标收益定价法是指以生产的总成本为基础,预期一个目标总收益,两者相加后平均给每单位产品定价的方法。其计算公式为:单位产品价格 = (总成本 + 目标总收益) / 总产量。采用这种定价法,企业能够获取目标投资收益,在经过市场调查以后预期适宜的收益率,就可以很好地计算出产品的价格。

例如:DYDZ 手机总生产成本为 500 万元,若目标总收益为 200 万元,总产量为 1 万部,那么 DYDZ 手机定价就应该为 700 元。

(3) 边际贡献定价法

边际贡献定价法是指企业定价时只考虑变动成本消耗,不考虑固定成本消耗,以补偿企业变动成本为首要目标的定价方法。边际贡献是指企业增加一个产品的销售所获得的收入减去边际成本后的数值。边际贡献定价法是以减少企业亏损为目标,当市场出现供过于求,产品出现滞销、积压,可能导致企业停产、减产的时候,可用此方法来制定产品价格。其基本公式为:单位产品价格 = 单位产品变动成本 + 单位产品边际贡献。

例如:DYDZ 手机成本单位变动成本为 500 元,单位产品边际贡献率为 30%,那么 DYDZ 手机定价就应该为 650 元。

(4) 盈亏平衡定价法

盈亏平衡定价法是指企业以产品的平均成本为依据的定价方法。其公式为:单位产品价格 = 总成本 / 总产量。通过这种定价方法确定的产品价格,刚好可以完全弥补生产产品的成本,企业不亏本也不盈利。

例如:DYDZ 手机总生产成本为 500 万元,若总产量为 1 万部,那么 DYDZ 手机定价就应该为 500 元。

2. 需求导向定价法

这种定价法是以产品的市场需求为依据,通过需求状况的分析和研究,制定出以生产为依托的产品的价格。需求导向定价法需要考虑影响需求的不同的因素,具体可以从地点、时间、产品和顾客的差异上,制定产品的价格。

(1) 地点差异。销售地点不同,产品的价格是不同的。比如在经济发达、消费水平高的广东、上海等地区,产品的价格要普遍高于经济相对落后的地区。即使在同一个地区,超市卖的产品价格与路边小卖部等地方的价格也是有出入的。

(2) 时间差异。产品的需求有时间上的差异性,在有的时间段销售旺盛,而在有的时间段销售清冷,故在需求旺盛时间内制定较高价格,而在需求冷淡时间内制定较低的价格,以此适应市场需求的变化。如KTV唱歌的时段定价法,周末的价格比平时要高。

(3) 产品差异。标有某种纪念符号的产品,往往会产生比其他具有同样使用价值的产品更为强烈的需求,价格也可相应调高。如在奥运会期间,标有会徽或吉祥物的产品的价格比其他未作标记的同类产品价格要高出许多。

(4) 顾客差异。顾客在职业、收入、阶层、生活习惯、品味、年龄等方面的差异,导致不同的顾客产生不同的需求。根据这些差异就可以确立不同的价格。

3. 竞争导向定价法

竞争导向定价法是指以竞争对手的定价为依据的定价方法。它通常有三种方法,即随行就市定价法、密封投标定价法和主动竞争定价法。

(1) 随行就市定价法

随行就市定价法,就是企业按照行业的标准、以市场价格为参考的定价方法。采用随行就市定价法,企业以竞争对手的价格作为定价基础,最终价格可以等于、低于、或高于主要竞争对手的价格。随行就市定价法的使用率非常高。当成本难以估算或竞争对手的反应难以确定时,企业可以采用随行就市定价法。

(2) 密封投标定价法

密封投标定价法主要是以投标形式确立产品价格。招标企业以投标企业的报价、而不是以企业自身为定价的依据,参标企业最低的报价就是招标企业的最终价格。对于参标企业来说,报价高,利润大,中标机会却小;报价低,中标机会大,利润却低。因此,报价时既要考虑实现企业目标利润,也要结合竞争状况考虑中标概率。

(3) 主动竞争定价法

主动竞争定价法是根据本企业产品的实际情况,结合与竞争对手的比较结果,制定出与对手形成竞争态势价格的定价方法。此方法多为大型企业或者处于存在产品特色优势的企业所采用。

三、营销定价的技巧

企业依据需求、成本、竞争等因素制定产品价格以后,还需要对价格进行适当的调整,巧妙的调整可以为企业带来丰厚的利润回报,因而掌握一定的营销定价技巧是必须的。

1. 新产品定价策略

新产品上市,对于企业定价的要求非常高,定价的合理与否直接决定产品推出的成功与否,因此新产品定价需要相当的技巧。纵观常有的新产品定价方法,可以分为高开低走的撇脂定价策略、低开高走的渗透定价策略以及相对适中的满意定价策略三种。

(1) 撇脂定价策略

新产品上市之际,将产品的价格定得较高,以在短期内获取丰厚利润,尽快回收成本的定价策略。当新产品具备产品质量较好、市场容量较大、短期内缺乏有力竞争者、企业生产能力有限等条件,就可以采用此定价策略。

此定价策略具有明显的优点:高价格有利于树立高品质的形象,有利于产品迅速开拓市场,有利于快速收回成本,获取高额的利润回报;当产品竞争者增多,市场压力较大时能够实时降价,掌握主动性;高价还有利于抑制市场需求,减轻企业的生产压力。同时也存在缺点:高价格获利时间较短、容易引进竞争者、容易损害消费者利益等。故此策略比较适用于实力和信誉颇佳的大企业和有"新、奇、特"概念的产品。

【案例】

苹果公司的 iPod 产品是最近 4 年来最成功的消费类数码产品,一推出就获得成功。第一款 iPod 零售价高达 399 元美元,即使对于美国人来说,也是属于高价位产品,但是有很多"苹果迷"既有钱又愿意花钱,所以还是纷纷购买。苹果的撇脂定价取得了成功。但是苹果认为还可以"撇到更多的脂",于是不到半年又推出了一款容量更大的 iPod,当然价格也更高,定价 499 元美元,仍然卖得很好。苹果的撇脂定价大获成功。

(2) 渗透定价策略

新产品上市之初,以一种极低的价格吸引广泛的消费者群,迅速打开市场,以提高市场占有率的定价策略。当企业形象树立起来、达到一定的市场占有率的时候,再逐渐推出新产品,并制定高价格,以获得更多的利润。

此定价策略的优势为:产品能够迅速打入市场,迅速被消费者所接受;在短期内能够快速地扩大销售量,提高产量,实现规模经济,降低产品生产成本;低利润能有效阻止竞争者的进入,使得本企业牢牢控制住市场。此定价策略的劣势是:投资的回报率过低,存在较大的风险,若产品销售不良,会导致损失惨重。此策略一般适用于市场潜力较大、产品市场生命周期长的产品。

(3) 满意价格策略

新产品投入市场的时候,企业以适中的价格获得初期利润并使消费者满意的定价策略。

此策略的优点是:避免了撇脂定价和渗透定价的不足,参照市场的平均价格,在降低成本的基础上,通过其他手段扩大销量,稳定地获得利润。不足之处在于企业不能及时适应市场环境的变化。

2. 折扣定价策略

折扣定价策略是企业重要的价格竞争手段,大多数企业都会酌情调低其产品的价格,以期望鼓励顾客增加购买,具体包括下列几种方法。

(1) 现金折扣

现金折扣是指商品销售者支付给消费者现金形式的价格折扣。例如,"1.5/ 10 净 30"表示应 30 天内付款,如果在成交后 10 天内付款,给予 1.5% 的现金折扣。这种折扣在许多行业被用来加速资金周转速度,减少收账费用和坏账。现金折扣能给企业带来好处,也给企业带来价格折扣损失。当企业采用现金折扣定价策略时,应当充分权衡折扣所能带来的收益与折扣损失之间的利益关系。

(2) 数量折扣

数量折扣是根据消费者购买商品数量的多少给予一定的价格减让的价格折扣。消费者购买的数量越大,折扣也就会越多。例如,买方购买某种商品 50 件以下时为每件 25 元,购买 50 件以上时为每件 23 元。接受消费者的大量购货,可以降低企业生产、销售和储运等环节的成本费用,可以通过折扣刺激消费者购买,获得规模经济收益。

(3) 交易折扣

交易折扣是生产企业按中间商在市场营销活动中所担负的功能不同,给予不同的价格优惠,又叫"功能折扣"。它是制造商给予中间商的一种额外折扣,使中间商可以获得低于目录价格的价格。生产制造商向不同的渠道成员提供不同的交易折扣,既使各环节的中间商有利可图,又促使其积极订购企业产品并与企业建立长期、稳定、良好的合作关系,同时加速产品流通和销售,及时满足消费者的需要。一般情况下,中间商在完成产品分销的过程中承担的功能、责任和风险越大,所获得的折扣也越高。

(4) 季节折扣

季节折扣是企业对购买过季商品或服务给予价格减让的折扣策略。如黄山旅游业淡季价格优惠、饮料厂商在冬季给予客户让利优惠等。实行季节折扣定价有利于企业一年四季都保持稳定的销售量,避免因季节需求变化所产生的市场风险。

(5) 价格折让

价格折让是企业给予中间商的产品让利行为,经销商可以在价格方面得到一定比例的补偿。价格折让有利于鼓励中间商推销商品,从而增加产品销售量。价格折让的表现形式有很多,常用的价格折让有以旧换新折让、促销折让、免费服务折让、特约优惠折让和对中间商的销售返利等。

(6) 优惠卡折扣

优惠卡折扣是指售货方提供给消费者的一种打折凭证,凭此优惠卡消费可以获得相应的优惠。优惠卡的折扣率一般从 5 %～60 % 不等。优惠卡提供的售货方有商场、超市、旅馆、酒店、网吧、KTV 等等。

3. 差别定价策略

差别定价策略是指企业根据不同的消费者、购货时间、购货地点以及购货数量等确定不同产品的价格的策略。常用的差别定价策略有三种形式:

(1) 不同顾客差别定价

针对消费者购买能力的差异,对购买力强的消费者收取高价,而对于购买力弱的消费者收取低价,如对于学生和成人就可以制定不同的价格。在众多的旅游景点,学生凭学生证可以获取打折优惠;学生寒暑假放假回家时,购火车票可以获取打折优惠;甚至在很多城市学生购买公交车卡也有优惠。

(2) 产品服务差别定价

针对消费者要求的不同的服务水平提供不同的价格标准。如购货根据送货上门与自己运输制定不同的价格,参加演唱会根据不同的观看效果制定不同的价格。

(3) 消费时间差别定价

针对消费者购买商品的时间不同,制定不同的价格标准。如很多娱乐场所晚上的消费价格远远高于其白天的价格。

4. 心理定价

心理定价是利用消费者不同的心理需要以及对不同价格的感受,有针对性地采取不同的价格。主要有以下五种基本方法:

(1) 尾数与整数定价

尾数定价就是定价时保留小数点后的尾数,而整数定价是制定整数作为产品价格。例如,价格在100元左右的商品,定为99元、98元或者97元,给人一种"廉价"的错觉,刺激消费者产生购买欲望;价格在1000元左右的商品,定为1000元,而不是999或者998,这样又给人"高档商品"的感觉,同样可以刺激消费者的购买欲望。

(2) 声望定价

声望定价是指利用商品在消费者心目中的形象,而故意制定一个较高的价格。例如,美国宝洁公司将它的"海飞丝"洗发液打入中国市场时,制定超高的价格,结果反而非常畅销;我国的景泰蓝瓷器,经过包装在法国定价为2000多法郎;宝丽来太阳镜定价更是高达244～980元。

(3) 参照定价

企业参照其他企业的价格标准,制定一个相仿的价格。这种定价需要利用顾客心目中的参照价格,以达到推销商品的目的。如在柜台陈列时有意识地将某件价格较高的产品放在附近,以表示这些产品都属于高档之列;时装店常把妇女服装按价格的不同放在不同柜台出售,明确显示其档次的不同,以适应不同层次的需要。

(4) 招徕定价

指企业将某几种商品定低价,而其他商品的定价不变,并以低价商品吸引消费者的定价策略。如房地产商为了吸引顾客,专门把一套或者少量的几套质量一般的房子制定一个超低价,而其他位置的房子制定较高的价格,并以低价房吸引消费者来购买。

(5) 习惯定价策略

有些商品在市场上已形成某种习惯价格,企业应当按照这种习惯价格定价,以迎合消费者的需求。如一些生活必需品的生产企业很多,长期以来已经形成了习惯性的价格。

【案例】

休布雷公司在美国伏特加酒的市场中,属于营销出色的公司,其公司生产的史密诺夫酒,在伏特加酒的市场占有率达到23%。60年代另一家公司推出一种新型伏特加酒,其质量不比史密诺夫酒差,每瓶价格却比它低一美元。

按照惯例,休布雷公司有三条对策可用:① 降价一美元,以保住市场占有率;② 维持原价,通过增加广告费用和推销支出来与竞争对手竞争;③ 维护原价,听任其市场占有率降低。

不论休布雷公司采取上述哪种策略,似乎都输定了。

但是该公司的市场营销人员经过深思熟虑后,却采取了对方意想不到的第四种策略。那就是:将史密诺夫酒的价格再提高一美元,同时推出一种与竞争对手新伏特加酒价格一样的瑞色加酒和另一种价格更低的波波酒。

这一产品线策略一方面提高了史密诺夫酒的地位,同时使竞争对手的新产品沦为一种普通的品牌。结果,休布雷不仅渡过了难关,而且利润大增。实际上,休布雷公司的上述三种产品的味道和成本几乎相同,只是该公司懂得以不同的价格来销售相同产品的策略而已。

5. 地理区域定价

商品的出厂地与商品的销售地往往不在一起,这需要将商品运送到各个销售地点,在运输过程中就产生了诸如运输费、仓储费、管理费等相关费用,这些费用导致产品需要根据实际情况进行不同的定价,具体包括:

(1) 产地定价

产地定价是指厂商制定一个出厂价格,或者叫做交货价格,厂商只负责将商品提出,交给购买方,其余与运输有关的费用和风险全部由购买方负责的定价方式。如果是对外贸易,这里的产地价格就是指离岸价格。购买者自行承担订货的相关费用,具有一定的公平性和合理性。但是,离产地较远的购买者须承担较多费用,致使产品的零售价会越高。地区间过高差价会促进"就近购买"现象的出现,不利于厂商开拓市场。

(2) 统一定价

统一定价是指厂商将运输费用平摊,在商品的基本价格上加上平摊的运输费用,然后以统一的价格卖给不同的购买者的定价方法。统一交货定价有利于厂商加强对最终产品售价的控制,有利于扩大企业的销售市场范围,有利于为购买者提供统一的运输等服务。因而,统一定价可以被理解成:厂商为各地的购买者提供统一送货服务,并对这一服务收取一定的费用,费用的大小由购货者共同承担。

(3) 分区定价

统一定价具有一定的盲目性,不同地区需要支付同样的费用,这是不够公平的。为了解决这个问题,厂商经常会采用分区定价的方式,即根据销售市场离产地的远近,将整个市场划分为若干个区域,不同的区域按距离制定不同的价格,同一区域内实行统一价格。分区定价需要做好管理工作,尤其是预防串货行为的发生。

(4) 基点定价

基点定价是指厂商选择一个或若干个城市作为销售基点城市,制定一个运送到基点城市的产品价格,然后以基点城市为中心,把货物发放给周边城市,并在基点价格上加上运费的定价方法。我国作为小商品的世界制造工厂,为了利于产品的销售,形成很多以批发为主的产品集散地,如国际有名的义乌小商品市场;此外,在各个省会城市以及交通便利的城市,也都形成了规模不一的批发市场,因而基点定价是在我国运用得比较普遍的定价方法之一。

(5) 运费免收定价

企业为了应付市场竞争,争取更多的客户,有时也会采用免收运费的定价方法。这种定价方法力求通过销售量的扩大,做到薄利多销,并且弥补由免收运费而带来的损失。

DY电子有限责任公司在节假日采用了不同的价格策略。对于旧款产品采用了折扣定价的方式,使得处于产品生命周期末端的产品依然可以大量销售,获取利润。对于新产品则采用撇脂定价的方式,不仅推销了新产品,还获得了高额的利润。

1. 营销定价的主要目标有哪些?
2. 如何合理运用产品价格,提高产品市场占有率?

实训目标

引导学生选择某手机品牌进行"定价策略"分析训练的实践活动;切实体验产品的定价目标和影响因素,理解产品定价的主要方法和技巧,培养相应专业能力与职业核心能力;通过践行职业道德规范,促进健全职业人格的塑造。

实训内容

(1) 针对某市大型手机卖场,调查不同品牌手机的价格,并对其价格进行比较分析。
(2) 相关职业能力和职业道德规范的认同践行。

实训时间

本教学任务结束后,由学生在课余时间完成。

操作步骤

(1) 将班级按10位同学分成一组,每组确定1~2人负责;
(2) 每组确定选择哪种手机品牌作为调研的范围;
(3) 学生以小组为单位进入手机卖场进行调查,并详细记录调查的情况;
(4) 对调查的资料进行分析整理;
(5) 提交小组分析报告;
(6) 各组在班级实训课上交流、讨论。

成果形式

撰写手机产品定价分析报告。

案例讨论

伊利雪糕定价

1997年夏天,北京街头几乎所有的冷饮网点都被"和路雪""雀巢""新大陆"所覆盖,而在如此激烈的市场中,"伊利"却独秀一枝,战绩极佳。1996年伊利正式打入北京冰淇淋市场,"伊利人"经过市场调查发现:(1)"伊利"目前主要的竞争对手有"和路雪""雀巢""新大陆";(2)上述品牌的产品价格区间从2元到8元,适应了不同档次消费者的需要;(3)2元以上的产品消费者问的多买的少,6至8元的产品更是很少有人问津。"伊利人"经过调研得出结论:对广大工薪族来讲,在选择冰淇淋时除了需要好口感外,价格是更主要的决定因素。于是,"伊利"迎合大多数人的需要,在同样的品质、口感的产品中占据价格优势,即"低廉的价格、较高的品质"这一定位策略,并分析了"伊利"的优势:第一,内蒙古的煤比北京价格低近一倍;第二,内蒙古人工比北京低得多;第三,内蒙古有最优质的牛奶,而且价格低,低成本是伊利产品低价格的前提。为迅速打开市场,1997年伊利产品广告进入中央电视台,同时推销人员进行宣传推广,在大到商业街、旅游景点,小到胡同、街道均设专卖点。为鼓励中间商和企事业单位购买,该公司规定,凡一次性购买30支以上者,给予10%的折扣。

【思考】

根据市场调查,伊利公司选择的是何种定价方法?为什么会选用这种定价法?

【案例二】

珠宝店调价歪打正着

位于亚利桑那州的Silverado珠宝店,专门经营由印第安人手工制成的珠宝首饰。Silverado的店主希拉正同珠宝店的副经理玛丽聊起一个有趣的定价现象。

几个月前,珠宝店进了一批由珍珠介质和银制成的手镯、耳环和项链的精选品。与典型的绿松石造型中的青绿色调不同的是,珍珠质宝石是粉红色略带大理石花纹的颜色。就大小和样式而言,这一系列珍宝包括了很多种类。有的珍宝小而圆,样式很简单,而别的珠宝则要大一些,样式别致、大胆。不仅如此,该系列还包括各种传统样式的有珠宝点缀的丝制领带。

希拉以合理的进价购入了这批珍珠质宝石制成的首饰。她十分满意这批独特的珠宝,认为对普通消费者来说,这类珠宝特别适合用来替换他们在其他珠宝店买到的绿松石首饰。为了让顾客能够觉得物超所值,她为这些珠宝定了合理的价格。当然,这其中已经加入了足以能收回成本的加价和平均的利润。

这些珠宝在店中摆了一个月后,希拉对它们的销售情况十分失望。于是,她决定试试她在内华达州大学里学到的几种销售策略。比如,令店中某种商品的位置有形化往往可使顾客产生更浓厚的兴趣。因此,她把这些珍珠宝石装入玻璃展示箱,并将其摆放在该店入口的右手侧。

可是,当她发现位置改变之后,这些珠宝的销售情况仍然没有什么起色时,她认为应该在一周一次的见面会上与职员好好地谈谈了。她建议职员们花更多的精力来推销这一独特的产品系列。她不仅给职员们详尽描述了珍珠宝石,还给他们发了一篇简短的介绍性文章以便他们能记住,并讲给顾客听。

不幸的是,这个方法也失败了。就在此时,希拉准备外出选购产品。因为对珍珠宝石首饰销售下降感到十分失望,她急于减少库存以便给最新的首饰腾出位置来存放。她决心采取一项重大行动:选择这一系列珠宝半价出售。在店的出口处,她给玛丽匆忙留下一张字条。字条是这么写的:"这种款式的所有珠宝 * 1/2"。

当她回来的时候,希拉惊喜地发现该系列所有珠宝已销售一空。"我不明白这是为什么?"她对玛丽说,"这种珠宝首饰不适合顾客的胃口,下一次我在新添宝石的时候一定要谨慎。"而玛丽对希拉说她虽然不懂希拉为什么要对滞销产品进行提价,但她诧异于高价之下商品出售的惊人速度。希拉不解地问:"什么高价?我留的字条上是说价格减半啊。""减半?"玛丽吃惊地问"我认为你的字条上写的是这一系列的所有商品的价格一律按双倍计。"结果玛丽将价格提高了一倍而不是减半。

【思考】
1. 这种情况下发生了什么?
2. 为什么珠宝以原价2倍出售会卖得这么快?
3. 心理定价法的观念对希拉有什么帮助?
4. 你在未来的定价决策方面会给希拉提出什么建议?

模块九
渠道策略

任务一 渠道模式

学习目标

通过学习分销渠道的含义、功能与分类以及渠道成员构成等内容,理解分销渠道的基本模式。

知识点

分销渠道的含义、功能与分类,分销渠道的基本模式,分销渠道的成员构成。

技能点

能够选择适合本企业要求的渠道模式。

 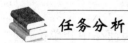

任务描述

DY公司生产的小家电该如何分销?小家电的渠道该如何构建?小家电的网络又该如何管理?这是每一个欲涉足小家电业务的企业必须面对的根本问题。作为一家正在小家电行业夺食的企业,DY公司将此问题交给营销部门来解决,张明等人又一次面临考验。

任务分析

张明等人经过分析后认为:作为小家电产品,DY公司的小家电销售要求渠道必须能实现以下功能:一是要贴近市场,二是要实现密集销售,三是渠道长度要短,四是要加强终端控制。

相关知识

一、分销渠道概述

（一）分销渠道的含义

分销渠道，也称营销渠道或配销通路，是指产品从制造商手中转至最终消费者所必须经历的一系列流通环节连接起来而形成的通道。它由位于起点的制造商和位于终点的消费者（包括产业市场的用户）以及位于二者之间的中间商组成。

（二）分销渠道的分类

从各种不同的角度可以对分销渠道进行不同的分类：

(1) 按渠道中间环节的多少，可以把分销渠道划分为短分销渠道和长分销渠道。短分销渠道是指制造商只通过一个中间环节（如零售商）、产品只是在较小的地区范围内销售的分销渠道。长分销渠道是指制造商通过两个以上的中间环节，产品在比较大的范围内销售且销售量很大的分销渠道。

(2) 按渠道中有无中间商参加，可以把分销渠道划分为直接分销渠道和间接分销渠道。直接分销渠道是指生产企业不经过中间商，把产品直接销售给最终消费者或用户。间接分销渠道是指生产企业通过各种不同的中间商把产品销售给最终消费者或用户。

(3) 按渠道中某一个特定环节的中间商数量，可把分销渠道划分为窄分销渠道和宽分销渠道。窄分销渠道是指在一个中间环节（如批发商或零售商）或某一个地区范围内只使用一家或少数几家经销商或代理商。典型的窄渠道就是在一个中间环节或一个地区只使用一家经销商或代理商，即独家经营。宽分销渠道是指在一个中间环节或某一个地区范围内同时使用很多家批发商或零售商。

(4) 按渠道中各种中间商的功能与作用，可以分为经销渠道（包括批发、零售）和代理渠道。

(5) 以交易各方的身份以及他们之间发生的经济关系性质为标志，可将现有分销渠道划分为下列几类：

① 自营分销渠道。是指购销双方一方是制造商，一方是用户或购买者，二者之间发生买卖关系或商品所有权的转让。

② 间接分销渠道。是指在购销双方中，一方是制造商，另一方是中间经销商，双方发生的是买卖关系或商品所有权的转移。

③ 委托分销渠道。是指交易双方中一方是生产企业，另一方是任何商品中介单位，双方是委托和受托关系，不发生买卖或所有权的转移。

（三）分销渠道的功能

在产品的整个销售过程中，即产品从制造商转移至最终消费者的各个环节，都离不开分

销渠道成员的参与。在这一过程中,分销渠道成员要执行许多重要的功能,这些功能包括:

1. 信息提供

市场现有与潜在的顾客、竞争对手以及其他因素充斥着分销渠道所处的营销环境。对市场的供求状况、动态变化情况进行仔细分析,对潜在的和现有的顾客进行分析和预测,以及对竞争对手的多寡和力量的分析都是成功完成分销渠道每一过程所必不可少的重要工作。分销渠道成员则为制造商完成上述工作提供了充分的信息资料。

2. 促销

促销也就是通过传播有关制造商及其产品的富有说服力的、能够吸引顾客的信息与材料,促进顾客了解、信赖并购买产品,以达到扩大销售目的的过程。制造商选择分销渠道的目的正是将这些信息通过一定的渠道方式传递给消费者,吸引顾客购买产品,而分销渠道在这一功能角色中的作用是毋庸置疑的。

3. 沟通

分销渠道成员输送产品的第一步便是寻找客户和潜在的购买者,并与他们沟通,这是分销渠道顺畅运行的关键。

4. 谈判

分销渠道成员与客户进行谈判,尽力达成有关产品的价格和其他条件的最终协议,以便最终实现产品所有权的转移。

5. 订货

分销渠道成员按照客户的意愿和要求,与制造商进行反向沟通,解决生产、装配和包装等方面的问题,以满足想要购买产品的客户的要求。

6. 实物占有

分销渠道成员通过一系列的储存、运输过程将产品传输到最终用户,才能使得消费者最终占有该物质产品。分销渠道在一定程度上减轻了生产企业的库存成本,使制造企业有更多的资金用在产品生产和基地建设方面。

7. 融资

为使产品通过渠道顺利地销售出去,企业在选择了分销渠道之后,就必须保证各个渠道成员正常运行所需的资金,并为渠道成员获得这些资金提供保障。

8. 风险承担

从事任何活动都具有一定的风险。分销渠道成员在执行渠道任务的过程中要承担各种各样的相关风险。

二、分销渠道结构的基本模式

任何分销渠道都包括各种不同的相互联系的机构,因其组织方式的不同,这些机构可以形成不同的分销渠道结构形式。同时,一个企业面对不同或相同的细分市场,也可能同时使用几种不同组织形式或不同结构的分销渠道。通常,分销渠道结构的基本模式有如下几种:

(一)水平分销渠道

水平分销渠道是指由同一渠道层次上的两个或两个以上的成员联合起来,共同开拓一个新的市场机会的一种分销渠道结构。采取水平式联合，可以使各方互相取长补短，取得综合竞争优势。建立水平分销渠道组织，可以通过资产合并的形式，也可以通过签订短期或长期协议的形式。

（二）多渠道分销

多渠道分销是指企业使用两种或两种以上的分销渠道将其产品销售给顾客的一种形式。企业在使用多渠道形式时，可以使用多渠道供应同一细分市场的顾客，也可以使用不同类型的分销渠道供应不同细分市场的顾客。

当企业使用多渠道进行产品分销时，如果不同渠道的服务对象为同一细分市场的顾客，可能会引起不同渠道间的冲突，影响到每种渠道的正常运行，也为企业分销渠道的管理带来困难。所以，现在在使用多渠道分销时，通常的做法是不同的分销渠道服务不同的目标顾客，以尽量减少渠道之间的冲突。

（三）传统分销渠道（单一渠道分销）

传统分销渠道是指"生产者—批发商—零售商—消费者"这样的渠道组织。在这样的渠道组织中，渠道各成员都是独立的机构，相互之间不受其他机构的控制。传统分销渠道可以利用批发商和零售商的仓储条件，减少企业在建立分销渠道时的投资。不利的方面表现在批发商和零售商作为独立的经济实体，决策往往是以自己的利益最大为原则，这样，企业难于对自己的营销活动进行有效控制，同时还可能因相互之间的利益冲突阻碍企业分销渠道的正常运行。

（四）垂直分销渠道结构

垂直分销渠道结构是指由生产者、批发商、零售商作为统一个体而组成的一种分销渠道结构。在这种结构中，整个渠道由其中的一个成员（可以是生产者，也可以是批发商或零售商）拥有、控制或管理，使得分销渠道中的每个成员为一个统一的目标而共同努力。相对于传统的分销渠道结构，垂直分销渠道结构由于是以一个渠道成员为主，所以便于渠道各成员在利益一致的基础上团结合作。

同时根据其组合方式不同，可分为：合同式垂直分销渠道组织、管理式垂直分销组织和综合式垂直分销组织三类。

1. 合同式垂直分销渠道结构

是指渠道各成员之间通过合同的方式协调其营销活动，以保证分销渠道有效运行的一种组织形式。在合同式垂直分销渠道结构中，渠道系统中各成员的责任、义务都是以合同形式明确规定的。这种分销渠道组织又可以细分为以下三种形式：

（1）特许权渠道关系

这种合同渠道关系是指由特许者（可以是渠道中的任何成员）以特许权转让合同的方式将某些产权，如技术、品牌、管理知识等授予渠道系统中的其他成员，使渠道系统中各成员共同获利、共同发展的一种渠道关系。

特许权常见的有两类：

① 服务性企业发起的特许权渠道关系。在这种渠道关系中，特许者是服务性的企业，

特许的权力是一种服务。

② 制造商发起的特许权渠道关系。在这种渠道关系中,特许者是制造商,由制造商将产品的销售权、甚至部分生产权转让给批发商或零售商。

(2) 批发商发起的自愿连锁店

这种合同渠道形式是由批发商发起,各个独立的零售商自愿参与,在合同条款规定条件下以标准化的方式开展销售活动。参与这种渠道的独立零售商通过利用这种渠道的整体优势,可以从生产者及其他营销中介机构获得有利的交易条件,以保证在零售业中获得一定的竞争地位。

(3) 零售商发起的合作连锁店

这种合同渠道形式是由零售商合作,建立一个具有批发或生产功能的渠道,实行统一进货、共同进行广告宣传或其他的营销活动,通过实现规模经济效益以求实现组织内各成员都取得最大的经济效益。对于所建立的新的组织的费用和收益,一般按规定的比例分担或分配。

2. 管理式垂直分销渠道结构

是指渠道内各成员以协调的方式而不是以所有权为纽带对分销渠道进行组织管理的分销渠道。通过相互协调,可以使渠道内各成员共同努力,以整个渠道的效益最大化来实现各个成员的效益最大化。在管理式垂直分销渠道组织中,能够承担起协调工作的往往是那些实力较强的,特别是能为其他渠道成员提供某些特定服务的、能受到其他渠道成员拥戴的渠道成员。在实践中,一些名牌产品的生产者或著名的中间商就可利用自己的力量,使其他的渠道成员主动为其承担一些营销职能,承担起渠道管理者的责任。

3. 综合式垂直分销渠道结构

是指分销渠道的所有部分都为一个渠道成员所有,且渠道管理工作由一个渠道成员负责的一种形式。这个渠道成员可以是生产者,也可以是批发商或零售商。通常把由生产者所建立的垂直分销渠道组织称为前向一体化垂直分销渠道组织,而把由零售商所建立的垂直分销渠道组织称为后向一体化垂直分销渠道组织。

综合式垂直分销渠道结构整个由一个主体所有,可以对渠道实现最大限度的控制,也便于企业营销策略的实施。但这种渠道结构的缺点是渠道的所有者必须具有强大的经济势力,并且要有对整个渠道各环节进行管理的能力。因此,这种渠道结构形式一般只有一些大的企业可以使用,小的企业较难有能力建立和管理这种渠道组织。

三、分销渠道的流程

分销渠道的流程是指渠道成员一次执行的一系列功能,一般由五个流程构成,即实体流程、所有权流程、付款流程、信息流和促销流程。其中实体流程、所有权流程和促销流程是正向流的,在渠道中依次从制造商向批发商、零售商和顾客流动。资金流程是向后流的,由渠道中的后一成员流向前一成员。而信息流程则是双向流程,互相发生在渠道两个交易成员之间。

(一)实体流程

实体流程是指实体原料及产品实体从制造商转移到最终顾客的过程。例如,原材料由供应商送抵运输机构,然后由运输机构送至制造商工厂、制造商生产出成品后将其运送至经销商处,再由经销商发货给顾客,这样便完成了从原材料、零配件直至消费的实体转移,如图9.1所示。

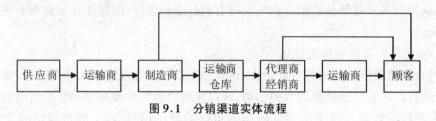

图9.1 分销渠道实体流程

(二)所有权流程

所有权流程是指商品所有权从一个营销机构到另一个营销机构的转移过程。例如,原材料或零配件的所有权由供应商流向制造商。成品的所有权从制造商流向经销商,再流至顾客,或直接由制造商流至顾客,如图9.2所示。

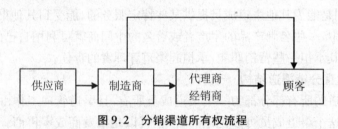

图9.2 分销渠道所有权流程

(三)付款流程

付款流程是指货币在各中介机构中完成款项支付的流动情况。例如,顾客付款给经销商,经销商扣除一定比例的佣金后,付款给制造商,或由顾客直接付款给制造商,再由制造商付款给各原材料、零配件供应商,如图9.3所示。

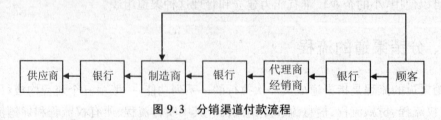

图9.3 分销渠道付款流程

(四)信息流程

信息流程是指在分销渠道中,各营销机构相互传送市场信息和交易信息的流程。通常,渠道中每一相邻机构间会进行双向的信息交流,而不相邻的机构间也会有某种信息流存在,如图 9.4 所示。

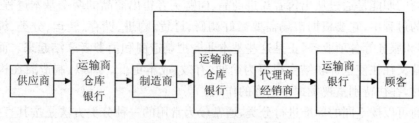

图 9.4 分销渠道信息流程

（五）促销流程

促销流程是指广告、人员推销、公共关系、营业推广等活动，由一个渠道机构向另一个渠道机构施加实现本机构营销目标的影响或刺激的功能。如制造商既可向销售商推销其"品牌"或"产品"，也可向终端顾客推销自己的名称及产品，通过最终购买者增加购买要求使销售商增加向制造商的进货数量。促销流既可以从制造商流向代理商（称之为贸易促销），也可以流向最终顾客（称之为最终使用者促销），如图 9.5 所示。

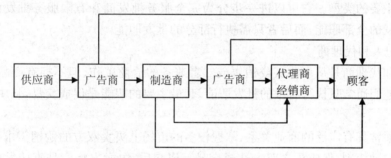

图 9.5 分销渠道促销流程

四、分销渠道的基本成员

分销渠道的基本成员包括制造商、中间商和消费者。

（一）制造商

分销渠道一般是由相互依存的组织，包括制造商、中间商、消费者（用户），以及相关辅助机构组成的。其中，制造商在渠道中占有举足轻重的地位。

（二）中间商

中间商是指在分销渠道系统中，介于制造商和消费者之间的经营者，作为分销渠道的重要成员，中间商的主要职能便是组织商品运行。

中间商可以参与分销渠道中的实体流程、所有权流程、付款流程、促销流程以及信息流五大流程中的某一种或几种，其主要取决于渠道的类型和管理方式。一般地说，分销渠道所具有的实现产品价值功能、提高交易效率和效益功能、简化制造商与消费者双方"双寻"过程和增强企业竞争优势等功能的完成,大多都需要中间商的积极参与。

中间商的职能是通过从出售者买进商品、向购买者售出商品的两个基本过程来完成的。买进卖出的过程中,它要根据市场需要做好调研、订货、购进、储存、转运、分类、编配、包装、订价、销售和服务等各项业务,正是这些基本业务把制造商和消费者联结起来。而中间商的专门化经营又往往使这种联结变得更为简便、有效、成本更低。所以,制造商在构建与管理分销渠道时,往往特别重视发挥中间商的作用。

中间商可以按不同的标准进行分类,通常较为常用的一种分类方法是按其直接销售(服务)对象的性质,将其划分为批发商和零售商。

1. 批发商

批发是指将产品或服务销售给为了转卖或者商业用途而进行购买的个人或组织。批发商则是指那些主要从事批发业务的商业机构和个人。

批发商主要有四种类型:商人批发商、经纪人和代理商、制造商及零售商的分部和营业所以及其他类型的批发商。

(1) 商人批发商

商人批发商是独立从事批发业务并对所经营的商品拥有所有权的批发商。商人批发商是批发商最主要的类型。它可以进一步分为完全服务批发商和有限服务批发商,前者所要执行的是批发的全部职能,而后者只需执行部分的批发职能。

(2) 经纪人和代理商

经纪人和代理商是从事购买或销售或二者兼备的洽商工作、但不拥有商品所有权的营销中间人。他们通常只执行有限的批发职能,其最主要的职能是促成交易,从中获取一定的佣金。

经纪人通常具有广泛的商业关系,掌握较多的市场上买卖双方的购销需求信息,通过他们的沟通和协助谈判,促成买卖双方达成交易。成交后,由卖方将商品直接发运给买方、经纪人向委托方收取佣金。他们不涉及存货、财务、风险等问题,经纪人多见于房地产业、证券交易和保险业务等领域。

代理商是指具有相对持久性委托关系、代表买方或卖方的营销中间人。较常见的代理商类型为:制造代理商、销售代理商、采购代理商和佣金商等。

(3) 制造商的销售机构和销售办事处

制造商的销售机构是指制造商所设立的专门从事批发业务、执行批发职能的机构,仍属于批发商的范围;制造商销售办事处也是从事产品的批发业务的机构,与制造商销售机构不同的是其不持有存货。

2. 零售商

零售商是指把产品或服务直接出售给终端消费者的商业机构或个人。当然,有些零售商也搞批发,但如果它出售给最终消费者的销售额占全部销售额的半数以上,就可以认定是一个零售商。零售是产品流通的最后一个环节,是产品分销渠道的出口。其基本任务是直接为个人消费者提供便利的购买服务。

零售商的经营业态是多种多样、千变万化的,而且新形式层出不穷。人们可以根据不同标准对零售业进行分类,以便研究其不同的营销方式和特点。通常情况下,人们根据其营业有无店面将其分为店铺零售和无店铺零售。

(1) 店铺零售

目前,大部分消费者是在店铺内进行购物的,商家不仅为消费者提供了丰富多彩的商品,还提供了良好的购物环境。店铺零售现有许多形式,但仍不断出现新的形式以满足不同消费者的购物需要。

店铺零售的具体形式主要有如下几种:

① 专业商店。专业商店所经营的产品线一般较窄,但花色品种齐全,特别适合购买频率不高的选购品。例如西服店、妇女儿童用品商店、鞋帽店、五金商店,等等。随着市场细分化和产品专门化的趋势日增,专业商店的发展速度很快,将在对不同细分市场的服务、顾客定制商品及专业化服务方面具有很强的竞争力。

② 便利商店。便利商店是设在居民区附近的小型商店,经营品种范围有限、周转率高的便利品。营业时间长,有的甚至全天 24 小时营业,方便顾客购买。"7-11"方便连锁店是这一业态的典型代表。

③ 百货商店。百货商店一般规模较大,经营范围较广,商品花色品种齐全,多设在城市交通中心和商业区中心。一般百货商店按商品大类划分成不同的部门,如服装部、家电部、鞋帽箱包部等等。因此,百货商店也称为多部门商店。百货商店除了提供既宽又相对较深的商品组合外,还提供比较完善的各项服务以及优良宽敞的购物环境,以塑造出时尚的形象。

④ 超级市场。超级市场是一种规模大、成本低、毛利低、销量大、开架自助服务的一种零售形式,主要经营食品、洗涤品和家庭日用品,等等。超市最近几年在我国的大中城市获得了极大的发展和普及,如北京的物美和小白羊、上海的华联和联华等。超市的特点在于除了向消费者提供开架自助自选的新型购物方式外,还具有大规模和连锁经营所带来的价格实惠以及就近购物的便利性。

⑤ 折扣商店。折扣商店是一种以较低价格销售标准商品的商店。一般以低于市场平均价的价格出售商品,毛利较低,薄利多销,以较多的销售量来实现一定的利润目标。与一般商店偶尔降价和特卖不同,折扣商店通常是一贯采取较低的价位,销售的产品多数是全国知名的品牌。折扣商店一般开在租金低的非商业区,设备比较简单,开架式售货,以其较低的售价吸引价格敏感型顾客。

⑥ 仓储式商店。仓储式商店一般坐落在市郊地区,规模很大,是一种集仓储、批发、零售为一体的自选商店。仓储式商店价格低廉,服务很少,一般商品起购数量较大,追求薄利多销。仓储式商店多采用会员制(仓储俱乐部),销售品牌范围有限的食品、杂货、服装、生活用品等,向交付会费的会员提供购物折扣。仓储式商店可以是一个大型超市,也可以是专业商店,如家具商场。大型的仓储式商店可以包含一个大超市,同时经营家电、电脑、家具及厨房用品等其他商品的销售。

(2) 无店铺零售

无店铺零售的形式包括:

① 上门推销。上门推销是一种传统的销售方式。它是生产者派出推销员到居民区向顾客介绍产品以说服顾客购买的一种产品销售活动。一些新产品或顾客未寻求的产品,一般都适用上门推销的方式。

② 直接邮购营销。直接邮购营销是企业向特定潜在顾客寄送信函、折叠广告及宣传

品,甚至是录像带、软盘等,列出提供进一步信息的免费电话号码。顾客据此决定购买的商品,由公司派人送货上门。邮寄名单可以从企业原有的顾客名单中选取,也可以向有关方面购买。

③ 邮购目录营销。邮购目录营销是一些企业定期地采用免费或收取少量费用的方式向顾客邮寄商品目录,顾客通过查阅目录确定需要购买的商品后拨打电话订货,在收到商品后再付款的一种商品销售活动。

④ 电话营销。电话营销包括电话推销和接受电话购货。前者通过电话直接向消费者进行推销活动,后者则向顾客提供免费的电话号码,使顾客在直接邮件、邮购目录和各种大众媒介的刺激下作出购买决策后,便可拨打电话向企业订购产品。

⑤ 大众媒介直复营销。是指企业通过电视、广播、报纸、杂志发布产品广告,听到或看到广告并准备购买产品的顾客可以拨打免费电话订购产品。其之所以称为直复营销是因为它是利用顾客接收到广告的刺激而直接产生并反馈回企业的反应来进行营销活动。

⑥ 自动售货。自动售货是通过自动售货机销售商品或服务。主要用于包括小食品、软饮料、糖果、香烟、报纸等一些具有高度方便价值的冲动购买品和其他产品、服务,自动售货机向顾客提供24小时服务,并且方便快捷。

⑦ 网络营销。网络营销是指工商企业在网上设立网址,开设网上商场,接受消费者订货。

⑧ 购物服务。购物服务是以会员制方式专门为特定顾客(如学校、医院、政府机构等组织的雇员)提供服务的一种无门市零售方式。这些会员可以持购物服务组织提供的证件到指定的一些零售商店按一定的折扣选购所需商品。购物服务组织将向这些零售商收取一定的手续费。

（三）消费者

消费者是整个分销渠道的终点,满足消费者需要、顺利实现商品销售是所有分销管理、渠道管理的终极目标。为了更好地满足消费者的需要,首先必须对消费者有充分的了解。

按购买动机和购买行为的不同,消费者可分为个人消费者和组织购买者两大类。

1. 个人消费者

是指那些为满足自身及家庭成员的生活需要而购买商品和服务的人们。在社会再生产的循环中,个人消费者的购买是通向最终消费的购买,是所有社会生产的终极目标所在。

2. 组织购买者

是指所有非个人消费者的团体组织,包括工业企业、商业企业、服务企业、政府机构、民间团体及各种非营利组织。它们通常是为了从事企业经营活动、加工制造产品、转售产品或向社会提供服务而购买商品或服务。从社会再生产的角度看,组织的购买属于中间消费或生产性消费。其构成社会再生产的一个新起点。

任务实施

张明等人提出:作为小家电行业,DY公司要建立"多、快、省、好"的分销模式,可在一些区域进行试点,待取得良好的业绩增长和经营效益后再进行推广。

多——多网点。一是增加网点,把产品卖到更多的、有销售点的地方去,达到基本覆盖有效市场;二是提升单点的有效性,让所有的渠道和网点货畅其流,物尽其用。

快——短渠道。如果说多网点是小家电品牌渠道建设和网点构建的主要指导思路,那么短渠道则是其主要衡量原则。对于短渠道来说,核心就在一个字——快!

省——近距离。所谓近距离,包括拉近厂家与商家的距离、厂家与消费者的距离、商家与消费者的距离、厂家与竞争对手的距离。

好——强化终端。多网点、短渠道、近距离是强化终端的基础和前提,而强化终端则是其最终体现。从强化终端的内容来看,最核心的就是终端的有效性,只有有效产出(收益超过成本)的终端才算是有效终端。

1. 试述水平分销渠道、多渠道分销、传统分销渠道、垂直分销渠道系统各自的优缺点。
2. 简述分销渠道的五个流程。

任务二　渠道的设计与选择

学习目标

通过学习渠道设计的步骤、渠道冲突的处理、渠道评估与改进等内容,具备渠道设计和管理的能力。

知识点

渠道设计的步骤,渠道管理的实施,渠道评估与改进。

技能点

渠道冲突的处理。

DY公司作为小家电行业的一家中小型企业,由于资源限制等现实原因,DY公司提出要建立"多、快、省、好"的分销模式,先在一些区域进行试点,待取得良好的业绩增长和经营效益后再进行推广。面对这一决定,张明等人开始着手进行渠道设计。该如何进行渠道设计?渠道设计中又要具体关注哪些问题?

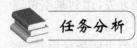 任务分析

在渠道设计当中要关注目标市场因素、商品因素以及企业自身的条件。企业要在确定目标市场后,在对分销渠道决策的因素进行分析的基础上,再进行具体的渠道模式设计。

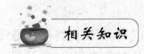 相关知识

一、渠道设计的基本要求

1. 以顾客为导向

在设计分销渠道时,首先要考虑的便是顾客的需求,并对其进行认真分析,建立以顾客为导向的经营思想。通过周密细致的市场调查研究,不仅要提供符合消费者需求的产品,还必须使分销渠道满足消费者在购买时间、购买地点以及售前、售中、售后服务上的需求,从而提高顾客满意度,促进企业产品的销售。

2. 发挥企业优势

企业在选择分销渠道时,应注意选择那些能够发挥自身优势的渠道模式,以维持自身在市场中的优势地位。如今市场的竞争不再是过去单纯的渠道、价格、促销或产品上的竞争,企业应依据自己的特长,选择合适的渠道网络模式,达到最佳的成本经济并取得良好的顾客反应。

企业还可以通过发挥自身优势来促进渠道成员间的合作,以保证企业的战略与政策的顺利贯彻与实施。

3. 实现利益最大化

渠道管理者在设计分销渠道时,应认识到不同的分销渠道结构针对同种产品的分销效率的差异。企业如果选择了较为合适的渠道模式,便能够提高产品的流通速度,不断降低流通过程中的费用,使分销网络的各个阶段、各个环节、各个流程的费用趋于合理化。总之,所设计出的分销渠道应该能够降低产品的分销成本,使企业能够在获得竞争优势的同时获取最大化的利益。

4. 注重协调与合作

各渠道成员之间的密切协调与合作对渠道的顺利畅通、高效运行起着至关重要的作用。然而,渠道成员间常常会产生一些利益或决策方面的分歧、冲突与摩擦,也不可避免地存在着竞争。企业在设计分销渠道时,应充分考虑到这些不良因素,在鼓励渠道成员间进行有益竞争的同时,创造一个良好的合作氛围,以加深各成员之间的理解与沟通,从而确保各分销渠道的高效运行。分销渠道的协调与合作更多地会反映在合理分配利益之上。无论是何种类型的渠道模式,都会存在各渠道成员间利益的分配或各个成员工作绩效的评估及资源在各个部门间的分配问题。因此企业应制定一套合理的利益分配制度,根据各渠道成员所担负的职能、投入的资源与精力以及取得的绩效,对渠道所取得的利益进行公平、合理的分配,从而避免因利益分配不均而引起渠道冲突。

二、渠道设计的步骤

(一)确定渠道目标

在分析顾客服务要求的前提下,决定要达到什么目标(即确定要达到的顾客服务水平,中间商应发挥的职能等),进入哪一个市场。渠道目标往往寄托着渠道设计者对分销渠道功能的预期,也体现了渠道设计者的战略意图,通常因产品的特性不同而有所不同。渠道设计的目标主要有以下几种,如表9.1所示。

表9.1 常见的渠道设计目标

具体目标	相关举措
顺畅	顺畅是分销渠道设计最基本的要求,为了达到这一目标,一般可采用直销或短分销渠道
增大流量	通过广泛布局、提高铺货率,可增大流量
便利	为了使顾客感到便利,企业应使市场分散化,节约顾客运输成本的同时,提供完善的售后服务,及时为顾客解决问题
开拓市场	一般情况下,在进行市场开拓时,大部分厂家更侧重于依赖拥有一定的市场份额和自己的顾客群后,再建立自己的分销网
提高市场占有率	在建立起合适的分销渠道后,应特别注重分销渠道的维护与保养,从而逐步扩大市场份额
扩大品牌知名度	在维护老客户对品牌的忠诚度的同时,进一步争取新顾客
经济性	在设计与选择分销渠道时,要考虑到渠道的建设成本、维护成本、改进成本及最终收益
提高市场覆盖面积和密度	厂家为了实现这一目标,大多采用多家分销和密集分销形式
控制渠道	制造商可以通过提高自身的管理能力、融资能力,掌握一定的销售经验,建立品牌优势来掌握渠道主动权
服务上的改进创新	如延长营业时间,提供送货上门服务,开展网上分销等

(二)设计渠道长度

在产品从制造商流向最终消费者的过程中,每个对产品拥有所有权或负有销售责任的机构都称为一个"层次"。层次越多,分销渠道就越长;反之,经过的层次越少,分销渠道就越短。层次多的分销渠道叫做长渠道,层次少的叫做短渠道。

企业管理人员在确定渠道长度时,需要考虑多种因素,这些因素及其对分销渠道长度的影响归纳起来如下:

1. 产品因素

（1）有特殊要求的商品。对于那些对保鲜、装运以及储存等有特殊要求的商品，以及一些笨重易损、装运困难、仓储费用高的商品，应尽量选择短渠道，以便加速流通过程，减少流通费用。

（2）时尚性商品。时令性强、款式花样变化快或季节性强的商品，大都应采用短渠道进行分销，以便减少时令、款式和季节变化所带来的风险。

（3）定制品、特种工艺品以及技术性强的工业用品。诸如此类的商品在交易洽谈、商品验收及售前售后服务方面都需要买卖双方直接接触，就不宜经过中间商，而应选择短渠道。

（4）农矿初级产品和大宗工业原料。商品一般都已由专门商家或批发商经营，市场上这些商品的销售价格往往参照大型商品交易所的交易价格，且大部分都通过这些商品交易所进行，所以其分销渠道不可能很短。

（5）需要维修的商品。工业用的机电仪器产品和很多耐用消费品，如汽车、电冰箱、电视机及其他电气产品都需要维修，出售点不能太少，因此不宜采用太短的分销渠道。

（6）标准化商品。如果产品具有一定的品质、规格、式样等的标准化，则分销渠道可长可短。若用户比较分散，如量具刃具、通用机械等商品宜采用间接渠道。对于非标准化的专用品或定制品，需要供需双方面议价格、品质、式样等，以便直接签订合同。

（7）新产品。为了尽快把新产品投入市场，打开并推广销路，制造商一般较重视组建自己的推销队伍，直接向消费者推介产品，并收集用户意见。当然，如果能取得中间商的良好合作，也可考虑利用间接分销渠道。

2. 企业自身因素

影响分销渠道设计与选择的企业自身的因素主要有：

（1）企业的规模和财力。规模较大、财力雄厚且具备经营管理的经验和能力的企业，在选择中间商方面具有较大的主动权，甚至可以建立起自己的销售系统，因此，其分销渠道通常较短；而规模小、财力薄弱的小企业，则往往需要依靠中间商来推销商品，只能利用较长的渠道。

（2）企业的产品组合。产品组合越广，公司直接向顾客出售的能力就越强；产品组合越深，采用独家经销或少量有选择的中间商就越受益；公司产品组合的关联性越强，其所采用的分销渠道也就越相似。

（3）企业的销售能力。企业的销售能力是指企业整个现有销售能力的大小，包括企业的销售机构、销售人员的配备，以及是否具有销售的组织和经验。企业的销售能力会影响到企业分销渠道的设计。销售能力强的企业可以依靠自己的销售力量，少用或不用中间商，所以较宜使用短分销渠道；而销售能力差的企业就需要依靠经验丰富的中间商的帮助来打开市场。

（4）企业的人员条件。如果制造企业自身拥有从事销售业务的专业人员，而且这些业务人员具备广泛的专业知识、娴熟的技能、丰富的谈判经验，那么企业便可采用直接销售的方式。如不具备这些条件，最好还是通过中间商来进行产品分销。

（5）企业控制渠道的需要。如果企业为了自己的战略目标，出于控制市场零售价格或保持商品新鲜的原因，需要控制分销渠道和市场，就要加强销售力量，进行直接销售或采用较短的分销渠道。

3. 市场状况

(1) 市场潜力。凡顾客数量多、购买频率高的市场,企业在选择渠道体制时要考虑到商品销售面需铺得广、方便顾客购买,因而需要使用较长的渠道,通过若干中间商转卖给最终用户。反之,凡顾客数量少、地理上较为集中、购买数量大的市场,可用较少的中间商,即采用较短的分销渠道。

(2) 顾客购买习惯。对各种日用消费品,顾客希望在最方便的零售店随时买到,因此需要采用较长的分销渠道,经过批发商和大量中小零售商转卖给消费者。而一些耐用品或特种制品,由于顾客购买较少且习惯于选择专门商店或规模较大、服务较好的商店购买,则可少设网点。

(3) 市场竞争性。对于同类产品,企业可采用与竞争者相同的分销渠道与竞争者抗衡,也可选择并开辟新渠道推销产品。主要应依据竞争需要,分析对手实力,灵活选择分销流通渠道,或针锋相对,或避其锋芒。

4. 环境因素

(1) 政治经济状况。在经济萧条时,制造企业的策略重点只能是控制和降低产品的最终价格,因此必须尽量减少流通环节,取消非必要的加价。此外,当企业的产品欲销往国际市场时,还需考虑到产品欲销往国家的政治状况。如果企业欲将其产品销往与本国有良好关系的国家时,可以与该国的进口商或消费者直接接洽,故渠道较短;反之,若销往与本国关系紧张或尚无邦交的国家时,就必须通过第三国的中间商,故渠道较长。

(2) 当地的法律或行政规定。不同的国家或地区对市场分销渠道通常有特殊的法律或行政规定,如限制某些渠道安排,或规定某些商品只允许国营企业经营等,企业在设计分销时,必须详细了解并遵守目标市场上的有关规定。

(3) 地理位置。一般来说,在向邻近地区销售时,由于交通和联系方便,更多地采用短分销渠道。

(三) 设计渠道宽度

渠道中每个层次上使用的中间商数目的多少决定了渠道宽度。企业在制定渠道宽度决策时面临三种选择:密集分销、选择性分销和独家分销。

1. 密集分销

密集分销是指在分销产品的过程中,制造商在同一渠道层次上使用尽可能多的批发商、零售商为其推销产品,使渠道尽可能加宽。这一策略的关键在于扩大市场覆盖或加快进入一个新市场的速度,使众多的消费者能够随时随地买到企业的产品。密集分销较适用于价格低、购买频率高、购买数量少的日用消费品、工业品中的标准件、通用小工具等产品。密集分销是最宽的一种渠道模式,其市场覆盖面较广,但中间商的经营积极性却较难调动,对价格、销货等也比较难以控制。

2. 选择性分销

选择性分销是指在产品分销过程中,制造商在某一地区仅使用几个经过精挑细选的中间商经销其产品。选择性分销模式适用于许多商品,特别是消费品中的选购品、特殊品和工业品中的零部件。这些商品的消费者往往比较注重品牌。这种分销模式有利于稳固企业的市场竞争地位,维护企业产品在该地区良好的信誉。但在选择分销商时,一定要制定合适的标准,以便选出分销能力强且信誉好的中间商。

3. 独家分销

独家分销是指企业在目标市场上或一定地区内只选择一家中间商经营其产品。它是最窄的一种渠道模式,通常双方经过协商、签订独家经销合同,规定双方的权利和义务,在货源、价格、独家经营等方面各有约束。生产和经营名牌、高档消费品和技术性强、价格较高的工业品的企业多采用这一分销模式。这种模式能提高中间商的积极性和推销效率,做好售后服务工作;易于控制产品的零售价格;促销工作易于获得独家经销商的合作。但这种方式市场覆盖面相对较窄,制造商如果不能合理地运用,将会面临较大的风险。

在设计渠道宽度时,应注意以下两点:第一,在企业刚进入某一市场且对该市场缺乏一定的了解时,万不可过早地采用独家分销模式。可以选用几家较有经验的当地分销商进行分销,待企业有了一定的经验或对该地市场有了一定的了解后,方可考虑独家分销模式。第二,在选择渠道模式时,企业要充分考虑不同顾客行为的差异性,因地制宜。

(四) 分配渠道任务

1. 明确渠道成员的职责

渠道任务主要包括:推销、渠道支持、物流、产品修正、售后服务以及风险承担。这些渠道任务必须合理地分配给各渠道成员。

2. 分配渠道任务

渠道管理者要将每一项渠道任务分配给渠道成员来完成。其中,有许多任务既可以由制造商来执行,也可以分配给经销商,或移交给消费者/最终用户,或分配给辅助商(如广告代理商、运输公司等),还可以由渠道成员共同承担。例如,制造商可直接为最终用户提供运输服务,可以要求批发商自己来提货,可以让消费者自己来挑选并运走产品,也可以负责将货物运到批发商那里再由批发商负责将其转送至零售商。

(1) 在渠道成员中分配任务的主要标准

从制造商的角度出发,在渠道成员中分配任务的主要标准是:

① 降低分销成本;

② 增加市场份额、销售额和利润;

③ 分销投资的风险最低化和收益最优化;

④ 满足消费者对产品技术信息、产品分布、产品调整以及售后服务的要求,从而在竞争中取得优势;

⑤ 保持对市场信息的了解。

(2) 分配渠道任务时的考虑因素

① 渠道成员是否愿意承担相关的渠道任务;

② 不同的渠道成员执行任务的质量;

③ 制造商与顾客的接触程度;

④ 特定顾客的重要性。

总之,明确渠道成员的职责,使各成员所应承担的任务清晰化,是渠道顺畅运行的基本前提。制造商、经销商在渠道中应该各自承担什么样的职责,由谁担当渠道领袖来管理渠道,这些工作都应在进行渠道设计时认真考虑。各渠道成员的权利与责任明确后,各方应恪守既定规则,并做好相互之间的监督工作,以避免多方任务交叉而导致渠道冲突。

渠道任务的分配,应在渠道成员相互协商与协调的基础上进行,力求做到扬长避短,发挥渠道的整体优势。

(五) 选择最佳方案

针对各种分销渠道的设计方案,可使用以下方法进行选择:

1. 财务法

财务法的基本观点是:财务变量是影响渠道结构选择的一个最重要因素。因此,选择一个合适的渠道结构类似于资本预算的一种投资决策。这种决策主要是根据不同渠道结构所要求的资本成本的不同,在对之加以比较的基础上评估出可获得利润最大的分销渠道结构。

而且,通过产品分销资本的投入的最终收益与这笔资金投资于产品制造的最终收益相比较,如果投入分销的资本所获收益大于将这笔资金投资于制造产品所获利润,且大于投入资本,那么可以采用直接分销渠道。

2. 交易成本分析法

这一方法在考虑分销渠道的选择时,将传统的经济分析与行为科学概念以及由组织行为产生的结果有效地结合了起来,主要考虑以下情况下的取舍:即制造商是通过垂直一体化系统来完成所有的分销任务,还是通过独立中间商来完成一些分销任务或者大部分的分销任务。

此方法的经济基础是:成本最低的渠道结构就是最适当的分销结构。它研究的焦点在于企业要完成分销任务、达到分销目的而必须耗费的交易成本,这里的交易成本主要是指分销过程中的活动成本。

3. 经验法

经验法是指依靠对管理上的判断和过去的经验来选择分销渠道结构的方法。经验法又具体包括以下几种方法:

(1) 权重因素记分法

这一方法的基本操作程序如下:

① 简单、明确地列出选择分销渠道的各个主要决策因素。
② 以能准确反映各个决策因素相关重要性的百分比来列举出其权重。
③ 每种渠道选择依每个决策因素按 1~10 进行评分。
④ 把每种渠道选择的权重(a)与因素分数(b)相乘得出该种选择的总权重因素分数(c)。
⑤ 按总分的高低对各备选的分销渠道结构进行排序,从而得出分数最高的渠道结构选择方案,即为最佳选择。

(2) 直接定性判定法

直接定性判定法是一种最简洁、也是最为常用的渠道选择方法。在这种方法的使用过程中,渠道管理者是通过对他们认为比较重要的渠道选择的决策因素,如短期与长期内的成本以及可获利润、渠道控制问题、长期利润的增长潜力等进行分析,从而对渠道结构选择的变量进行评估。

(3) 成本-收益比较法

成本-收益比较法是通过对不同的分销渠道结构的成本与收益进行估计,从而得出成本低收益大的渠道结构。

经验法的优点在于:可以将分销渠道的选择与一些非财务标准有效地结合起来。一些因素,如对渠道的控制程度、渠道的信誉等在直接量化决策方法中表现得比较含蓄,通常可能是非常重要的因素。在权重和因素分数中,控制程度及信誉可作为明确的决策因素并且通过高权重显示其相对重要性。即便是在分销成本方法中,也要通过经验法对控制程度和信誉等非财务因素进行评判。

三、渠道管理

渠道管理的一般步骤主要包括:选择渠道成员、激励渠道成员、评估渠道成员、渠道的协调与控制、处理渠道冲突。

(一) 选择渠道成员

渠道成员的选择标准主要有以下几种:

1. 财务状况

许多制造商更乐意选择那些资金雄厚、财务状况良好的分销商,这是无可厚非的。因为这类分销商不仅能够保证及时付款,还可以向制造商提供一些帮助,如分担一定的促销费用,扩大广告促销规模,提供部分预付款或者直接向顾客提供某些资金融通,如允许顾客分期付款等,从而吸引更多的消费者,使产品的分销更加顺利。反之,如果分销商的财务状况不佳,则会经常拖欠货款,影响企业的资金周转。

2. 销售能力

销售能力是大多数企业选择中间商的一个重要标准,特别对于一些批发商层面上的中间商来说,最常用的检测其销售能力的指标是销售人员的素质以及实际雇佣的销售人员的数量。而对于生产技术产品的制造商来说,则更注重中间商销售人员的技术能力。

3. 经营历史和联系能力

中间商的经营历史长,意味着丰富的经验、广泛的社会关系和商业联系,这些都有利于产品的分销;也有一些中间商有着极强的联系能力,拥有联系紧密的销售网络,能够有效地把产品销售给潜在顾客。

4. 声誉

声誉主要是指中间商信誉好坏、公共关系如何等。企业应避免选择将有经营劣迹、信誉不好的中间商作为渠道成员。一些企业在选择中间商时认为:中间商的品质是绝对重要的和不容忽视的,而其经验和财务能力等因素则可退而求其次。

5. 市场覆盖范围

市场覆盖范围是指中间商覆盖制造商预期的地理范围的程度。在考虑中间商覆盖的市场范围是否足够广时,还要考虑潜在的中间商销售覆盖面是否太大,是否可能会与目前的范围产生重叠。总之,制造商所要选择的是能够使其地理覆盖范围最大的中间商。

6. 未来销售增长潜力

制造商可以通过观察中间商目前的销售点经营状况和销售情况,分析其未来的发展潜力。对于那些有较大发展潜力的中间商,可以将其作为备选渠道成员。

7. 人员、装备和设施

对中间商所雇用的人员、装备和设施也应当予以考察。从事分销活动的人员的数量和质量如何、是否具有良好的公共关系,以及分销商的设施与装备安置的是否适当,都能够直接反映中间商的经营能力。

8. 提供信息的能力

中间商比企业更直接地接触终端市场,更了解市场需求的变化和发展趋势,能够为企业提供更多的市场供求信息与竞争者的经营状况。一般来讲,规模大、实力强、人员素质高的中间商在这方面的能力也更强一些。

9. 合作意愿和态度

中间商的合作意愿和态度直接关系到分销渠道的效率,进而影响到企业开拓市场的成效。如果中间商努力经营,友好合作,企业收效可能很大;反之,企业可能会蒙受巨大损失。

10. 规模

许多企业把规模作为选择分销商的一个重要标准。通常认为,中间商的组织越大和其销售的数量越大,就越有可能销售更多的本制造商的产品。总的来说,这样的假设是万无一失的,即大型的中间商更有可能取得成功,盈利的可能性更大,具有更好的经营基础,能代理更好的产品线。另外,相对于比较小型的中间商而言,大型的中间商通常有更多的销售人员、更好的办公条件和人员配备能力。所以,在一些时候选择中间商纯粹是根据其规模大小而定的。

(二) 激励渠道成员

中间商具有经营独立性,其营销行为又与企业有所不同。中间商有决定自己政策的权利和能力。中间商通常首先承担其客户的采购代理人的角色,其次才是供应商的销售代理人。中间商通常把其营销的所有商品组成一组相关的产品组合,并将该组合销售给各个客户。中间商注重的是产品组合订单。因此,企业应当给予渠道中间商适当的鼓励,可以促使双方更好地合作,加深理解,融洽感情,在互惠互利中实现各自的目标,具体的激励措施主要有:

1. 降低价格

企业在中间商购货时降低产品的价格,可以使其获得更大的利润空间。此法成效显著,但有时也给企业带来后患,因为一旦降低价格,再抬高就比较困难了。另外,如果渠道成员是代理商,降低价格可能有利于代理商的推销,但却可能减少代理商的收益,因为代理商的佣金一般按照销售价格的一定比例提取,价格降低,意味着代理商将少拿佣金。所以,通过降低价格对代理商进行激励,效果可能不是太好。

2. 授予中间商以独家经营权

企业授予某一中间商以独家经营权,能够调动中间商的经营积极性。被授予独家经营权的中间商愿意支付广告宣传的费用,因为它能够由此独享广告宣传与增加销售所得到的一切利益。而且,通过独家经销某一企业的产品,特别是大型企业的或具有较高知名度的名牌产品,将有助于中间商树立良好的形象和声誉。

3. 为中间商提供推销人员和服务人员培训

对于一些技术性较强的产品，推销和服务都需要一定专门技术，这时培训就显得更加重要。培训可以采用多种方式，直接派人到目标市场就地培训或请中间商派人到企业所在地接受培训。中间商的推销人员和服务人员经过培训，可以更有效地推销本企业的产品，同时也可以获取更多的佣金或报酬。

4. 提供广告支持

企业可以出资在目标市场上做广告，这将促进中间商的销售；也可以与中间商进行合作广告，即请中间商在当地做广告，由企业提供部分甚至全部资助。

5. 提供经营咨询

企业在市场调研和经营管理方面一般有比较丰富的经验，可以给中间商提供帮助。

6. 沟通

企业可以通过定期发送信函、企业简报、期刊等方式与中间商不断进行沟通，这对于中间商来说也是一种激励。一项企业调查表明：企业与中间商的联系越密切，中间商销售企业产品的业绩越好。这是因为，通过双方更多、更好的接触与了解，二者之间的分歧大大减少了，工作关系得到了很大改善。

7. 提供信贷援助

当中间商规模较小或出现暂时财务困难时，企业如能向其提供信贷支持，对这些中间商来说也是一个很有效的激励措施。

8. 组织中间商进行推销竞赛

企业可以定期或不定期地举行一些中间商推销竞赛，对推销绩效显著的优胜者应给予适当奖励，如免费旅游等。需要注意的是：企业在采用这些方法之前，必须进行调查研究，了解中间商的经营能力和经营现状，预测市场潜力，并对这一活动的成本和效益进行结算。

上述几种措施都有助于提高中间商分销产品的积极性，同时企业也要付出一定的代价。所以企业在进行激励时，要权衡各种激励方法的效果与付出的关系，以避免成本过大，得不偿失。对于不同的企业和不同地区的中间商，由于具体情况不同，中间商对各种激励方式的需求也不同，因此，企业应根据具体情况来选择效果最佳的激励法，从而提高中间商的积极性。

（三）评估渠道成员

1. 制定评估标准

可用来评估渠道成员绩效的标准有很多，企业所采用的标准往往因具体情况不同而有所不同。大多数制造商所采用的标准组合如下：渠道成员的销售绩效，渠道成员的维持库存，渠道成员的销售能力等。这三个标准是较为常用的，也是大部分制造商所需要的主要评估信息。通常情况下还需要一些其他较为重要的评估标准，如渠道成员的态度、渠道成员所面临的竞争、渠道成员的财务状况、渠道成员的声誉以及渠道成员为顾客所提供的服务的质量等，企业可以根据评估需要进行有效的选择。

2. 进行评估

在制定出评估标准后，渠道管理者便可以采用这些标准来对渠道成员的绩效进行评估了。评估方法主要包括：独立的绩效评估、非正式的多重标准组合评估、正式的多重标准组合评估。

(四) 渠道的协调与控制

1. 分销渠道的协调

(1) 产品实体方面的协调。这主要体现在正确处理制造商与中间商的关系上。制造商在向中间商供货之前,双方应该就产品的规格、式样、性能、花色、包装品牌和数量等方面达成一致意见,并签署相关合同或协议,以确保双方的顺利合作。

(2) 产品转手方面的协调。这主要是指对制造商和中间商双方在交货地点、交货期限以及支付方式等方面的协调。

(3) 产品价格协调。这既包括制造商与中间商价格方面的协调,还有中间商之间转手价格的协调以及彼此对终端消费者价格的协调。

(4) 产品促销方面的协调。这里应具体明确制造商和中间商在广告宣传、产品展示、售后服务和技术支持等方面应承担的责任与义务,以确保产品促销工作的开展。

渠道管理者进行渠道协调的方式有很多,既可以通过当事双方签订书面协议来明确彼此间的权利与责任,使双方在意见一致的基础上严格遵守协议规定,还可以通过召开经销商会议、建立信息网络等非书面的沟通方式,来实现彼此之间的沟通与合作。

2. 分销渠道的控制

把产品委托给中间商后,制造商还应当进行适当的跟踪与控制。中间商作为独立的商业机构,往往同时经营多家企业的产品,他们所关心的可能只是高利润、加快资金的周转,而可能完全不重视对企业产品的推广和销售,从而使企业丧失很好的市场机会。

分销渠道控制的目的在于更好地使渠道成员的行为与制造商所期望的行为相一致,双方相互协调与发展,从而实现彼此的最大效益。通常情况下,企业可以从分销成本、渠道覆盖率、持续性三个方面对分销渠道进行控制。

(五) 处理渠道冲突

无论产品分销渠道设计得如何合理,管理如何优秀,渠道成员之间总免不了会出现竞争和冲突。导致渠道冲突的原因多种多样,冲突的表现形式也有所不同。有些冲突是良性的,可以促进渠道的发展;而有些冲突则是恶性的,对企业产品的分销将会造成不良的影响。这便要求企业分清分销渠道的性质,对良性冲突加以利用,同时避免恶性冲突,化冲突中的压力为发展的动力,从而促进整个分销渠道的发展。

处理渠道冲突的一般方法包括:

1. 劝说

劝说实际上就是利用领导力来解决冲突。从本质上说,劝说是为存在冲突的分销渠道成员提供沟通机会,强调通过劝说而非信息共享来影响其行为,也是为了减少有关职能分工引起的冲突。既然大家已结成利益共同体,劝说可帮助成员解决有关各自的领域、功能和对顾客的不同问题。

2. 谈判

谈判的目的在于阻止渠道成员间的冲突。妥协也许能避免冲突爆发,但不能解决导致冲突的根本原因。只要压力继续存在,终究会导致冲突产生。其实,谈判是分销渠道成员讨价还价的一个方法。在谈判过程中,每个成员会放弃一些东西,从而避免冲突发生,但可以利用谈判的效果看对方的合作意向。事实上,用谈判方法解决冲突时,需要每一位成员形成一个独立的战略方法以确保能解决问题。

3. 仲裁

当渠道冲突通过劝说或谈判均未得以解决,而又不愿诉诸法院解决时,则可采用仲裁方法。仲裁的优势在于其程序简便、结案较快、费用开支较少,能独立、公正和迅速地解决冲突,给予当事人以充分的自治权。还具有灵活性、保密性、终局性和裁决易于执行等优点,从而为越来越多的当事人所选择并采用,尤其是在国际营销过程中,更是被广泛采用。

4. 法律手段

当分销渠道中的领导力不起作用,即通过谈判、劝说等途径已没有效果时,冲突便要通过司法部门来解决,诉诸法律也是借助外力来解决问题的方法。

5. 退出

退出某个分销渠道也是一种被普遍采用的解决冲突的方法。事实上,退出某一分销渠道是解决冲突的最终方法。当企业退出时,应考虑好下一步的计划。一个公司若想继续从事原行业,必须有其他可供选择的产品分销渠道。对于该公司而言,可供选择的分销渠道成本至少不应比现在大,或者它愿意花更大的成本避免现有矛盾。

当水平性或垂直性冲突处在不可调和的情况下时,退出是一种可取的办法。从现有分销渠道中退出可能意味着中断与某个或某些渠道成员的合同关系。

四、渠道改进

(一)分销渠道改进的信号

一般来说,当出现下列情况中的一种或几种时,企业就应该考虑是否需要改进分销渠道了。

1. 不满意的最终用户

近年来,由于同类产品及替代品的不断增多,消费者在购买商品时具有更大的挑选余地,这便导致他们对分销系统所提供的产品和服务的要求越来越高。分销渠道也由过去的重视厂家经销商阶段转而进入了重视消费者阶段,即企业围绕让顾客满意来组织各种经营活动,让最终用户满意是对企业营销的最低要求。

2. 新兴渠道的出现

新的分销渠道能为企业带来更多的机会与全新的顾客期望值,并且可以重新定义分销成本或服务标准。在今天,企业的产品生产日趋多样化。为了将产品迅速打入市场并占领市场、扩大并维护市场,仅靠单一的分销渠道策略很难达到理想的效果。

3. 不断增加的渠道成本费用

目前,许多企业仅仅通过压缩企业内部的成本费用来进行成本控制,而不是通过降低渠道费用来提高自身的经济效益。分销渠道成本在一个行业商品和服务的价格中通常占有很大比重,因此,企业通过改善分销渠道来提高企业竞争力和利润率是一个较为明智的选择。通过科学地设计、别出心裁地管理与改进分销渠道为企业所带来的回报通常要远远大于削减或压缩企业内部成本所带来的好处。

因此,对于大多数企业,尤其是大型企业,应加强对日益上升的渠道费用的控制。对分销渠道进行不断的调整与改进,使之顺利畅通地运行,从而使整个渠道的成本费用最小化。

4. 不思进取的分销商

如果制造商面对强有力的竞争对手,竭尽全力地扩大市场份额以提高企业竞争力,而分销商们却贪图安逸,不思进取,这时,企业便应积极采取相应措施来提高各分销商的素质。

5. 落后的管理方法

目前,迅猛发展的电子信息技术和网络技术使众多商家在购、销、调、存等方面实行科学与自动化管理成为可能。例如,在库存方面,电子信息交换系统和顾客反馈系统的应用不仅大大降低了企业的库存成本,而且大大提高了管理效率。

在物流方面,许多高新技术的结晶,如高效可靠的隔夜快递、即时跟踪分销商库存状况的信息系统等,不仅大大提高了物流效率,而且为分销渠道的再造提供了前提。然而,目前还有许多企业还继续采用原始的人员管理方法,大大降低了企业分销渠道的效率和竞争力。这些企业要想在日益激烈的市场竞争中获胜,便要利用先进的科学技术,改善渠道结构,提高渠道管理水平和分销效率。

(二)分销渠道改进策略

1. 提高顾客满意度

只有顾客满意,企业才能取得良好的业绩,这是每个企业都应明白的简单道理。将顾客的需求置于第一位,积极寻找驱动顾客满意的关键因素,来提高顾客的满意度和忠诚度,并尽量增加对那些能给顾客带来实在效益并且成本较低的渠道的投资。

2. 开发新的分销渠道

新兴的分销渠道不仅能够给企业带来全新的顾客期望值和更多的机会,而且可以重新定义分销成本或服务标准。企业应通过不断或定期地对现有和可替换的渠道加以评估,来开发新的分销渠道,服务新的细分市场。

一般来说,不同的分销渠道是服务于不同的细分市场的,这便意味着如果企业放弃了某一条分销渠道,便有可能错过整个细分市场,从而造成市场覆盖中的空白。例如,如果计算机设备公司忽略了系统集成商,便有可能失去其巨大的潜在市场。因此企业应在完善其原有的关键分销渠道的基础上,引进新的分销渠道,来填补某个细分市场上的空白。

3. 重新组合调整分销渠道

企业不仅要加强内部管理,还应采取积极有效的措施来维护与改进整个分销系统,从而提高整个系统的竞争力。由于渠道成本受规模成本影响,企业可通过鼓励分销商整合来加强其网络系统,从而获取成本优势。

同时,企业提高整个分销渠道经济性的目标还可以通过向业绩突出的分销商提供相应优惠政策的渠道优化重组法来实现。如通用公司电气用具部通过引进顾客化库存,不仅加快了库存周转,降低了运输成本,而且为外部分销商提供了强有力的支持,使各分销商在激烈的市场竞争中立于不败之地。

张明等人在设计公司的分销渠道时提出:作为小家电行业,DY 公司"多、快、省、好"的分销模式应重点关注以下问题。

1. 多——多网点

一是增加网点,二是提升单点的有效性。对于大部分小家电品牌来说,实现第一点即网络建设,相对容易一些。只要在网络建设上投入一定的资源就可实现。然而,更重要的是对网点的管理,即淘汰无效网点,提升有效网点,巩固战略网点,打击竞争网点。

2. 快——短渠道

对于短渠道来说,核心就在一个字——快。小家电品牌在设计短渠道时,应该主要体现以下几个原则:① 渠道短,提供点到点的服务;② 交通快,提供直达的物流服务;③ 信息快,提供当天往返的人员管理和信息反馈;④ 资金周转快,达到快速的资金循环和资金重复利用。

3. 省——近距离

所谓近距离,包括拉近厂家与商家的距离,厂家与消费者的距离、商家与消费者的距离、厂家与竞争对手的距离。短渠道是其外在表现形式,虚拟实地销售机构的建立则是其内在表现形式。虚拟实地销售机构对于小家电来说,就是在现行的分公司体制下,改原来业务员出差制为驻地虚拟办事处制,其出发点是在短渠道的基础上实现对商家、消费者的近距离管理和终端的强化工作。

4. 好——强化终端

针对小家电产品的特性,有效终端的界定应该具有以下一种或几种作用:① 盈利性终端:预计终端开发后的销售利润大于开发与维护的投入;② 展示性终端:对展示产品、宣传品牌和企业形象具有较大的意义;③ 促销性终端:适合开展终端促销活动;④ 竞争性终端:对竞品具有拦截作用的战略性终端。针对小家电的特性,强化终端包括以下几个方面:终端的生动性、终端的形象力、终端的竞争力(包括终端的分布、结构、疏密及强弱)和终端的盈利性。我们倡导终端的有效性,就是希望终端尽可能地具备这四种功能。在考核一个终端时,只要其具备其中某一个功能就是有效的;而在考核所有终端时,就必须考虑所有终端的整体盈利性。

1. 渠道设计的基本要求有哪些?渠道设计中有哪些影响因素?
2. 如何进行渠道设计?

实训目标

引导学生参加"渠道设计分析"业务胜任力训练的实践活动;切实体验渠道设计影响因素,培养相应专业能力与职业核心能力;通过践行职业道德规范,促进健全职业人格的塑造。

实训内容

（1）在学校所在地选择一种日常用品与一种价值较高的专业产品，了解两种产品分销渠道的类型、结构，分析其渠道结构上的差异。

（2）相关职业能力和职业道德规范的认同践行。

实训时间

在讲授本训练时选择周末进行。

操作步骤

（1）将班级按6~8位同学分成一组，每组确定1~2人负责；

（2）每组确定选择哪两种产品作为调研的范围；

（3）学生以小组为单位调查，并将调查情况详细记录；

（4）对调查的资料进行整理分析；

（5）依据影响渠道设计的主要因素，找出两种产品渠道设计的差异；

（6）提交小组分析报告；

（7）各组在班级实训课上交流、讨论。

成果形式

撰写两种产品渠道设计差异对比报告。

案例讨论

如何处理多家代理商所引起的渠道冲突

1. 背景资料

张胜是著名M品牌主板西南大区的总经理。这段时间，四川市场的停滞不前使张胜面临很大的压力，因为四川市场的量很大，但M品牌只维持2300片/月的销量。

其实张胜很清楚问题的关键所在：成都三家分销商谁都有能力更上一层楼，但由于恶性竞争，没有什么利润，大家都不愿意投入。A公司目前一个月出1000多片，B公司一个月出600多片，C公司一个月出500多片。按能力，三家公司销量都能翻一番，但由于互相之间不信任，也许还有想自己统一市场的想法，加上经销商在三家中挑拨（对A说B给予的价格要便宜10元，对B说C给予的价格要便宜5元），而且三家的业务员也明争暗斗，M产品的价格非常混乱，三家分销商基本上都没有利润。

A公司老板表示：做生意都想赚钱，投入大、风险大、赚大钱；投入少、风险小、赚小钱，我们加大投入也没有钱赚，我们干嘛做呢？

B公司老板表示：我们往往前半个月就能出500片左右，如果能挣钱，一个月做1000片没有问题，但做M产品不挣钱，我们公司还要生存，所以我只好做利润好的B主板。

C公司老板说：价格混乱不是我们造成的，我们也想挣钱，但我不低价出，经销商就从别的公司拿，而你们厂商每个月都给我们任务，完成不了，我们的返点等优惠措施都没有，我们也是身不由己。

所以三家公司都在观望，维持现有销量。张胜知道如果不采取措施，自己的份额不仅无法提高，而且还可能被竞争对手抢夺。

2. 分销商各怀心事

张胜积极与三家代理商进行紧急磋商。他了解到,其实三家分销商在心里早已有了四种对策。第一种选择,也就是他们真正的想法,是自己做M品牌主板在四川市场的独家代理,这样市场秩序好控制,而且利润也有保证;第二种选择是,厂商把市场秩序维护好,自己保持目前的投入或者稍微增加一些投入,使自己的销量有所上升,而利润合理;第三种选择是保持目前的状态,虽然不挣钱,但等待机会,比如厂商政策调整;最差的选择就是退出,三家也各自准备好了退路。

如果是第一种选择,张胜很清楚,公司的目标是4000片/月,三家中任何一家的资金可能都扛不住,谁的资源都不够;第二种选择维持现状显然不行;至于最后一种选择,如果让三家退出,公司在四川市场的投入将可能前功尽弃,公司要重新招商铺设四川市场,于当区的竞争环境显然太不现实。如今之计,按现行的市场网络重新理清渠道间的利益关系,乃是最为实际的选择。

3. 渠道冲突分析

张胜冷静地分析了一下目前的形式。目前渠道冲突表面上的原因大致有三种,一是代理商之间彼此不信任,都想着由自己来统一市场,利益独享;二是次级经销商在三者间挑拨;三是三家代理商的业务员在暗地里私自降价。不难发现,三种原因均不是出现在渠道冲突的根源,如果只是表面化地应急,其结果必定是"治标不治本""按下葫芦浮起了瓢"。细细思索会发现,M品牌主板渠道冲突的根源是价格体系设置不完善以及渠道维护失控。

张胜调来资料,仔细分析了A、B、C三家代理商的网络覆盖状况和分销能力。从三家销售保有量平均状况来看,A公司目前一个月出货1000多片,在总体销量上几乎等于B和C两者之和,在渠道中一股独大。由于代理商月销货根据各自实力,一般有着与自己资源能力相匹配的一个销货保有量,因此,在渠道推力和拉力均不足的情况下,代理商为得到约定的返利点,往往只是应付性地完成既定的销货保有量,这样,从三家代理商目前的月出货数量来估算,基本可以推测出A、B、C三家代理商所具有的资源实力。

张胜发觉,M品牌主板在四川市场重叠度的问题上,A、B、C三家的市场重叠部分的确设置过大,三家代理商业务员在开展业务的过程中极易发生冲突。为了完成既定的销货保有量,三家代理商的非重叠市场都不足以支撑目标销量,这样你争我夺,竞争一激烈,价格体系的崩盘就有可能发生。另外,市场重叠度过大也导致了网络的延展度不够,M品牌主板的市场占有率长期徘徊不前即有此因。因此,张胜现在首当其冲要做的就是重新分割市场,将重叠度缩小,同时要求总部在促销上给予支持,帮助A、B、C三家代理商对新的市场版图进行开拓。

(资料来源:钟超军,如何处理多家代理商所引起的渠道冲突?[J].河北企业,2004.)

【思考】

1. 面对如此乱局,张胜到底该如何是好?
2. 问题到底出在哪里?他又该如何着手?
3. 生产商应当如何对经销商进行管理?

模块十
促销策略

任务一 人员推销策略

学习目标

了解促销组合的内容,掌握人员推销的特点与程序,并能在实践中加以运用。

知识点

人员推销的目标和任务;推销人员应具备的素质。

技能点

掌握人员推销的工作程序,在推销的实际工作中精心准备每一个环节,提高推销的成功率。

 任务描述

小王是 DY 公司销售部门的一位推销员,通过几年的工作他拥有了相对固定的客户,推销的业绩一直名列前茅。在保持与老客户的关系上他很有成就感,但在新客户的开发上,他却觉得心有余而力不足,这影响了他的工作积极性。

 任务分析

作为一名业绩很好的老推销员,小王拥有非常丰富的经验,可能由于长期的工作,原有的热情慢慢减退。另外,在开发新客户的工作上缺少挑战自我的精神,没有自信。

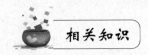 相关知识

一、促销及促销组合

促销是企业整体营销活动中的一个关键环节。企业在生产出质量优良的产品后,制定了合适的价格,选择了有效的分销渠道,这并不是说企业的产品就是"皇帝的女儿不愁嫁",面对竞争日益激烈的市场,企业还必须组织一系列的活动,引起消费者对产品的注意和兴趣,激发他们的购买欲望,促使消费者采取相应的购买行为,进而达到促进销售的目的。

(一)促销的概念及作用

1. 促销的含义

促销,是促进销售的简称,是指企业通过人员或非人员的推销方式向顾客传递商品和企业信息,实现双向沟通,促使消费者熟悉企业的某种商品或劳务,并对此产生好感和信任,最终使其购买的一种市场营销活动。

促销具有以下三个方面特征:

第一,促销的实质是一种沟通、刺激活动。从本质上看,它是一种消费者与生产者之间的信息沟通活动,企业要将企业的产品、劳务信息通过声音、图像、文字或实物传播的方式传递给顾客,使顾客增进对产品的了解,激发欲望。

第二,促销的目的是吸引消费者对产品或劳务的注意和兴趣,激发消费者的购买欲望,促进消费者的购买行为。出奇、出新、极富创造性的促销创意,可以使得企业在激烈的市场竞争中获得优势。这就要求企业的营销人员要有创新意识、创新能力,以好的促销创意赢得消费者,赢得市场。

第三,促销的方式有人员和非人员两种。人员促销又称人员推销,即企业指派专业推销人员与消费者进行面对面的口头洽谈,力求说服消费者购买;非人员促销则指通过一定的媒介(主要是大众传播媒介)将产品或劳务的信息传递给消费者的一系列活动,如营业推广、广告促销、公共关系等。

2. 促销的作用

(1)沟通信息。将与商品有关的信息及时提供给消费者,主动向他们介绍商品的性能、用途、价格及企业所提供的服务等,引起消费者的注意,激发他们的购买行为。

(2)诱导激发消费者的需求。消费者的购买行为具有可引导性,这种需求可大可小,促销活动的成功不仅仅在于诱导消费者的需求,更在于它可能使消费者产生新的需求。

(3)强调产品特点。通过促销活动,可以让消费者了解某一产品与其他产品相比的独特之处,从而引起消费者的有区别的注意。

(4)稳定市场,扩大销售。企业通过有效的促销活动引起消费者持续关注,增强消费者对企业的信任与好感,在给消费者带来实惠的同时,销售量得到提高,实现消费者与企业的互利。

(5) 提高企业的市场竞争能力。促销本身就是一种竞争形式,会对竞争对手造成一定的压力,处于领导地位的企业所使用的促销手段会成为追随者的仿效对象,独具创意的促销活动更容易获得消费者的认可与赞赏。

(二) 促销组合

1. 促销组合的概念

促销组合就是有目的、有计划地把人员推销、广告宣传、营业推广和公共关系四种形式进行有机组合,综合运用,进而形成一个整体的促销策略。促销组合是否有效,直接关系到企业营销活动的成败。

(1) 人员推销。推销人员与消费者面对面进行"一对一"式的双向信息交流与沟通,并可以与其保持长期的联系,因此这种方式有较强的针对性、灵活性,推销人员可以随时观察消费者对于信息的反应,根据消费者的个性特点及时调整策略。

(2) 广告宣传。借助大众传播媒介向消费者进行信息传递,传播速度快,传播范围大。持续的广告宣传可以对消费者进行反复的刺激;另外,传播的形式多样,文字、图像、声音、色彩的运用也可以使消费者在获得信息的同时获得美的享受。

(3) 营业推广。在短期内采取如抽奖、展览、展销等方式对消费者形成强烈的刺激,激发消费者即时的反应,从而进行购买,在较短时间内迅速扩大销售量。

(4) 公共关系。企业以宣传报道等方式在公众中提高其知名度和美誉度,塑造企业形象,让公众对企业留下良好的印象,进而对企业的产品或劳务"爱屋及乌",从而促进销售。

四种促销方式的优劣比较如表 10.1 所示。

表 10.1 促销方式的优劣势比较

促销方式	优 势	劣 势
人员推销	形式灵活、针对性强、信息反馈及时	费用高,对推销人员素质、能力要求高
广告宣传	速度快、范围大、形式多样、吸引消费者	成本高、信息反馈慢
营业推广	刺激大、激发购买欲望、促成即时购买	有效时间短、不宜经常使用、自贬身价
公共关系	影响面大、信任度高、提升知名度和美誉度	进程缓慢、时间长

2. 影响促销组合的因素

至于促销的组合方式及其是否能够获得预期的效果,有一些因素是企业在制定促销方式时必须考虑的,这些因素包括:

(1) 产品的性质特点与生命周期

① 产品的导入期。企业的主要目标是让消费者认识和了解产品,因此借助大众传播媒体进行广泛宣传,同时以人员推销、营业推广为辅助手段,会在较短时间内达到所要的效果。

② 产品的成长期。由于竞争者开始出现,促销的重点应放在宣传产品的特点和优势上,逐渐培养消费者对企业产品的好感与认同,提高企业的声誉。

③ 产品的成熟期。广告是进行促销的主要形式,广告内容侧重于宣传产品与其他产品的不同之处,强调产品的附加值和给消费者带来的好处。

④ 产品的衰退期，企业需要保持老顾客对产品的信任，促使他们继续购买企业的产品，这时应以营业推广为主，配以揭示性的广告宣传。

(2) 消费者的素质与购买阶段

企业在进行促销活动的过程中，也需要考虑潜在消费者的年龄、性别、价值观念、受教育程度、消费方式与消费习惯等因素。如果目标市场上的消费者文化素质较低，经济收入状况较差，那么选择促销方式时，人员推销与营业推广可以作为最佳的组合形式。

各种促销方式在顾客不同的购买阶段所起的作用是不同的。在认知阶段，广告起着极其重要的作用，它比人员上门推销或营业推广更加有效；在了解和购买阶段，人员推销及营业推广会发挥更大的效用；消费者的再次购买则受营业推广和人员推销的影响较大。

(3) 经济状况

一是企业的经济实力。企业要进行相对准确的促销费用预算，以资金能否支持某项促销活动顺利进行作为标准；同时，还要兼顾效益原则，即投入与回报应是对等的，每一次的促销活动应保证都能达到预期目标，以尽可能低的成本获得尽可能高的促销效益。

二是经济环境的变化。企业应随着经济环境的变化及时调整促销组合方式。比如在经济发展出现危机时，消费者的购买力下降，这时营业推广的效果最为显著。政府的经济政策调整，也会对企业的促销产生影响。如 2008 年金融危机之后，各地方政府都采取了一系列经济刺激政策，企业从价格、服务等方面也相应地进行了调整，为企业走出金融危机的阴影提供了机会。

二、人员推销策略

人员推销是企业促销的重要方式之一，是促销组合中最古老、最传统、最富有技巧性的促销方式，也是最不可缺少的方式，在现代市场营销中依然占据着相当重要的地位。因此，我们有必要对它进行全面的认识。

(一) 人员推销的内涵及特点

1. 内涵

所谓人员推销是指企业通过推销员或委托其他销售代理机构运用各种推销技巧和手段直接向消费者推销产品和服务，从而既能满足消费者的需要，又能扩大企业产品或服务销售的活动。

人员推销的关键及核心是说服消费者接受和购买其推销的产品或服务。现代销售是一种互惠互利的活动，必须能够解决双方的问题，实现企业和消费者的利益，而不是只考虑、保证一方的利益，如果这样的话，企业与消费者的交易就无法完成。

2. 特点

人员推销是一种十分有效的促销方式，是其他促销手段所不能替代的。它有着自己的优势和特点。

(1) 双向沟通，反馈及时。推销人员与消费者面对面地接触，时间相对充裕，氛围也比较轻松融洽，推销员能够对所推销的产品进行详细的介绍和演示，尤其是对于新产品、技术含量高的产品、企业提供的新服务等,这种方式具有其他方式不可取代的地位。

(2) 针对性强,无效劳动少。推销人员对商品比较熟悉,在推销前对客户、产品及市场都做了认真、充分的准备,是带有一定的目的性和选择性去寻找、发现并接近顾客的,目标明确,准备充分,每一次的推销都是有效的活动。

(3) 密切买卖双方的关系,实现"关系营销"。推销员在与消费者密切接触的过程中,通过交流沟通,增进了双方的了解,并由此产生相互的信任,建立了深厚的友情,而这种个人感情的建立与维系,对于推销人员的长期的业务开展是具有积极作用的。

(4) 及时为顾客提供服务。顾客在购买和使用产品的过程中,会经常遇到如产品的使用、保养和维修等方面的问题,推销人员通过提供这些服务会形成不可代替的优势地位,他们的服务速度和能力,使用户不仅能得到核心服务,而且能得到包括售后服务在内的整体服务,提升顾客的满意度,增强销售效果。

(二) 人员推销的目标与任务

1. 人员推销的目标

传统的观点认为,推销的目标是追求最大的产品销售额,因此要求推销员有较高的推销技巧,而衡量推销员工作业绩情况也是以推销商品的多少来定。但是现代市场营销观念则认为,人员推销的最高目标是为企业带来长期、稳定的利润和有利的市场地位。

2. 人员推销的任务

关于推销人员的任务,传统的观点是想方设法地将产品卖出去,只限于销售。但随着商品经济的发展,企业之间竞争的加剧,买卖双方的关系如何对于企业的发展有着重要的影响,因此对于推销人员的要求也越来越高,除了要完成销售的任务外,还需要完成其他方面的工作,其主要的任务有以下几个方面:

(1) 寻找顾客。顾客不是自动找上门的,顾客的需求是可以创造的,对于那些隐性的顾客,推销人员不但要认识到他们的存在,还要争取将他们从隐性的状态变成显性的,使之成为实际的顾客。推销人员要在市场中寻找机会,挖掘新顾客,开拓新市场。

(2) 与顾客沟通。推销人员不仅是企业产品的销售者,更是企业与顾客进行信息沟通的桥梁。推销人员要经常、有效地与顾客保持密切的联系,通过与顾客的直接接触,能够及时发现他们的需求,并将这种信息反馈给企业,促进企业与顾客之间的交流,从生产到销售各个环节进行调整,以适应顾客的要求。同时,推销人员也会将企业的一些信息如新产品、新服务等传递给顾客,激发顾客的新需求。

(3) 推销产品或服务。这要求推销人员掌握并能灵活运用推销技巧,将产品或服务推销给顾客。推销人员并不是硬性推销,必须要明确顾客是否有需求,产品或服务能否满足顾客的需求。因此,推销人员要准确掌握产品或服务的性能特点,详细地向顾客介绍商品,解决顾客提出的问题和异议,最终达成交易。

(4) 为顾客提供优质的服务。这里所说的服务,不仅指售后服务,还包括售前和售中,也就是说,在整个推销过程中,推销人员要随时为顾客提供全面的服务。包括提供必要咨询、技术支持与帮助、商品的交付和解决使用过程中碰到的问题等。

(5) 收集信息。推销人员不仅要负责推销商品,还要进行市场调查和分析,搜集与企业有关的相关信息,并定期向企业进行汇报,为企业决策提供参考依据。

(6) 合理地分配商品。当企业的商品出现短缺时,推销人员要进行前期的情况调查,向企业提出合理的分配方案,安抚顾客的情绪,获得顾客的理解,继续与企业保持买卖联系。

(三) 人员推销的程序

人员推销的进程有各种不同的划分方法,但从总体上说,一个有效的人员推销程序应包括三个程序,即寻找顾客、进行推销和售后跟踪,如图10.1所示。

图 10.1　人员推销的程序

具体可以分为以下六个步骤:

1. 推销准备

为了顺利地完成推销任务,推销人员必须进行充分的准备,主要包括知识方面和思想方面的准备。

(1) 知识准备工作。包括以下几个方面:

① 商品知识。推销人员必须非常熟悉了解自己所推销的商品,尤其是技术含量较高的商品,包括商品的性能、使用方法、保养与维护等,及时正确地解答顾客的疑问,要做到耐心、细心,向顾客展示商品的特点与性能,取得消费者的认同。

② 市场知识。包括对消费者的需求、购买模式、购买能力及其对企业的态度等的了解。在推销的过程中,推销人员的知识面越广,随机应变的能力就越强,推销就越具创造性。

③ 竞争知识。推销人员要尽可能地多了解竞争对手的情况,如产品特点、价格、服务、促销方式等,努力做到知己知彼,在推销中占据主动地位,争取主动权。还要灵活运用竞争技巧,让顾客在比较中进行选择。切忌不正当竞争,在顾客面前打压竞争对手,这样反而会引起顾客的反感。

④ 企业知识。推销人员必须熟悉本企业的发展历史、规模、人力、财务及销售政策方面的知识。对企业的现状和未来充满信心的推销员,也会给消费者带来信心,赢得他们对企业的充分信任。

(2) 思想准备工作。推销是一项非常艰苦的工作,也是一个富有创造性的工作,推销人员必须要认识到这两个方面,充分做好思想准备。

① 信心。自信心是推销人员首先必备的心理素质。包括对自己、对所推销的商品。一个自信的推销员能够让消费者对推销人员、推销商品产生信心,为下一步深入交谈奠定基础。

② 耐心。顾客不都是非常理解推销人员工作的,特别是曾经有过不愉快经历的消费者对于推销人员一般都会有着警惕的心态。对于这样的消费者,推销人员一定要有坚持到底的决心,不屈不挠,以自己的行动获得消费者的信任,对于消费者的提问甚至刁难都耐心地进行解答和应对。

③ 专心。推销人员在工作的时候,要排除一切干扰,全身心地投入到工作中,以为顾客

服务、满足顾客的需要为工作的主要重点,帮助顾客解决问题。

2. 寻找顾客

寻找顾客的方法和途径主要有以下几种:

(1) 逐户访问。这种方法可以在很短的时间内访问较多的顾客,也可以对推销人员的能力进行考验,但容易遭到被访问者的拒绝,成功的机率较小。

(2) 查阅资料。通过现有的资料如电话簿、工商企业名录、统计资料及有关的信息书报杂志等。

(3) 他人介绍。推销人员可以借助自身的社会交际、家庭成员及现有顾客的关系,推荐或介绍新的、潜在的顾客。

(4) 广告拓展。利用广告的效应直接寻找潜在的顾客,如邮寄广告、电视广告、报纸广告等,吸引顾客。

(5) 电话或网络访问。通过拨打消费者的电话或发送电子邮件的形式进行潜在顾客的发掘。如何获得这些地址和在短时间内获得消费者的信任是关键。

3. 接近顾客

接近顾客是指推销人员与顾客发生直接接触,为进入面谈做好准备。接近顾客的要点之一是选择好接近的时机,消除顾客的疑虑;二是注意选择适合的接近的策略,通过朋友或自我介绍接近,利用顾客的虚荣心和求得利益的心理特点接近,但应注意用诚信打动顾客,不可采用欺骗的方式。

推销人员在接近顾客时,要注意自身的外在礼仪形象,还要注重自己的言谈举止,给顾客留下良好的印象。与此同时,虽然是向顾客推销商品,但也要保持不卑不亢、自信的态度。

4. 推销洽谈

这是一个推销人员运用各种方式说服顾客购买商品的过程。面对面洽谈的关键是如何说服顾客。策略一般有两种:一是提示说服,即通过直接或间接的提示,将商品的特性与顾客的购买需求和购买欲望结合起来,促使顾客做出购买决策和采取购买行动;二是演示说服,即通过产品样品展示、文字图片资料等非语言手段向顾客介绍商品,引导顾客进行购买。

洽谈是推销人员与顾客直接交流的重要阶段,因此在洽谈的过程中,推销人员语言表达要流畅,表述清晰,着重介绍商品与顾客需求的联系,但不可"一言堂",要给顾客发言、询问的时间,耐心听取顾客的意见,从中分析判断顾客的真实意图。

在进行面谈时,顾客会提出各种各样的异议,对于顾客提出的异议,推销人员要认真分析异议的类型及其根源,有针对性地采取处理的方法。常用的处理方法有:①预防处理,即避开顾客提出的有关商品的异议,而用商品的其他优点来抵消顾客的异议,从而让顾客的异议失去实际的作用;②延期处理,即对于提出的异议,并不是立即予以回答,而是采用冷处理的方式,将异议搁置一段时间后再进行处理;③询问处理,即推销人员通过询问顾客,找出异议的根源并进行有效的处理。

5. 促成购买

推销人员通过面谈,在认为时机成熟时,可以促成顾客购买,达成交易的成功。

促成购买的常用策略主要有:①优惠成交,即利用顾客求实惠的心理特点,通过提供优惠条件,促成顾客立即购买;②保证成交,即通过提供成交保证,如包修、定期服务、售后服务等多种保证,消除顾客的疑虑,促使顾客放心购买;③优点汇集法,即将商品的优点或顾客从商品中获得的利益与满足在推销工作结束前进行集中,从而打动顾客,刺激顾客的购买欲望,促成购买。

6. 售后跟踪服务

商品售出后,并不意味着推销活动的结束,推销人员还应与顾客经常保持联系,及时了解他们对商品的使用意见,处理顾客提出的关于商品保养与维修的问题,提高顾客的满意度,增加商品再次销售的可能性。

售后跟踪的方式主要有:①定期拜访,是指定期进行上门访问,当面听取顾客的意见。如果是到顾客家中,一般要提前预约,选择周末休息的时间,但要避开就餐、午休的时间,每次拜访的时间不宜太长,控制在30分钟左右即可;②电话跟踪,即推销人员通过定期拨打顾客的电话进行联系,为顾客提供周到的服务,同时,推销人员也可以通过这种方式,拥有自己相对比较固定的顾客群体。

(四)推销人员的管理

推销人员是推销工作的核心和关键。拥有一支优秀的推销人员队伍,是企业成功实行人员推销极其重要的前提条件,企业对于推销人员的管理是企业整个管理中的一个重要环节,对于推销人员的管理需从以下几个方面着手:

1. 推销人员的选拔

招聘推销人员的首要工作是确定条件与标准。对于一名优秀的推销员到底要具备哪些能力与素质,一直都没有统一的观点,但综合各种说法,以下几个方面是必须要具备的:

(1)思想政治素质。推销人员要有强烈的事业心,不畏艰难,有耐心、恒心,有坚韧不拔的毅力,真心实意地为顾客服务,通过推销商品帮助顾客解决需求,有着良好的职业道德,时时刻刻以顾客为中心,为顾客谋利益。

(2)身体素质。推销是一项非常艰苦的工作,推销人员要在不同的顾客之间来回奔波,需要消耗大量的精力和体力,如果身体不够健康,是不能够胜任这样的工作的。

(3)个性素质。推销工作的特殊性对推销人员的性格特点有着特殊的要求。性格外向、热情开朗、善于交谈的推销员才比较适宜担任推销的工作,而性格内敛、沉默寡言的人则不太适合做推销的工作。

(4)知识素质。推销人员需要具备较广的知识面。知识面的宽与窄从一定程度上制约着推销人员的推销能力,因此,推销人员要有终身学习的意识,不断补充自身的知识含量,开拓知识面。一般来说,一名推销员至少应具备政治法律知识、社会学心理学知识、业务技术知识等。

2. 推销人员的培训

培训方式有两种,一是采用培训班的形式,聘请专家或企业的优秀推销人员对新推销人员进行面授,也可以让有经验的推销员"传、帮、带",进行实践培训,这种方式的培训成本相对较低,新员工也可以迅速熟悉企业环境;二是委托社会培训机构进行培训。专业的培训机构拥有较强的专业知识队伍,有一整套的培训系统,系统化、整体性较强,但培训成本较高。

3. 推销人员的激励与考核

企业推销人员对于企业的重要性是众所周知的,但成为一名合格的、优秀的推销员也是

非常不容易的,因此企业的领导者要经常激励推销人员,以调动他们的工作积极性。激励的方式主要有以下几个方面:

(1) 报酬。它是按推销人员劳动的数量和质量来发放的,要遵循按劳分配的原则,避免因报酬不当而打击推销员的积极性。

(2) 福利制度。企业的福利政策中对于推销人员的人性化关怀,是关系到推销员能否安心工作的重要因素。企业的领导要认识到员工是企业的重要力量,除了国家规定的节假日、保险等之外,企业自行制定的福利措施也应实施到位。

(3) 上下紧密联系。作为企业的领导者,要经常走入基层员工中间,与他们进行面对面的交流,了解他们的真实想法,倾听他们对于企业管理的意见和建议,让他感受到作为企业主人翁的地位和作用。

(4) 树立榜样。在整个推销队伍中,定期选出一名或多名工作突出的人员,予以奖励和表彰,号召员工向他们学习,从而提高其他员工的积极性。

在市场营销的实际工作中,推销人员由于工作的特殊性,经常单独与客户打交道,企业难于管理,因此要求企业应有一套有效的考核制度和监督机制。具体地说,企业首先要制定一套考核指标体系并进行公布,做到公开、公平,告知相关人员工作的要求及从哪些方面完成工作;其次,一套有效的监督机制也是对推销人员进行管理时必不可少的,由于推销工作的特殊性,推销员经常要单独与客户见面、接触,自主性较强,企业的管理难度相对较大,因此企业要实施有效的监督,一方面要督促推销员按计划完成推销任务,另一方面,严格执行监督制度,加强员工的推销思想工作;最后,要经常与客户联系,从侧面调查推销员的工作状况。

在分析并找出原因之后,小王一方面向其他年轻的推销员学习,为自己制定了完成目标,促使自己在规定的时间内完成任务,工作有了压力,积极性得到提高;另一方面,通过自己的老客户,接触了很多可能成为新客户的人员,也发展了一些新客户,推销业绩得到承认,自信心也得到了提升。

1. 什么是促销?它有哪些作用?
2. 什么是促销组合?影响促销组合的因素有哪些?
3. 人员推销具有什么特点?
4. 人员推销的目标是什么?它的过程可以分为几个步骤?

任务二 广告策略

学习目标

通过学习,了解广告的含义及特点,掌握广告媒体的优缺点,根据产品及市场的需求进行选择。

知识点

广告的特点与作用;广告媒体的选择。

技能点

调查不同生产者的同一类商品的广告,找出各自的侧重点。

 任务描述

DY公司近几年来在广告上的投入占企业收入的比率逐渐增长,广告费用成为企业的一笔巨大支出,如果再这样下去的话,企业可能将不堪重负。

 任务分析

广告不能不做,但如何做、怎么做是需要深入考虑的,既要衡量企业自身的经济实力,又要集中力量于某一媒体或几个媒体,要有重点,强调广告的设计与创意,以取得较好的广告效果。

 相关知识

现代社会中,广告无时不在、无处不在,广告的影响力随着商品经济的发展也越来越大,广告成为企业普遍重视和广泛运用的一种重要的促销方式,也是改革开放以来在我国发展速度最快的促销方式。

一、广告的内涵与特点

(一)广告的内涵

广告一词,顾名思义即广而告之的意思,是利用所有传播媒介向社会公众表达广告主意愿的活动,这是广义的广告含义。狭义的广告即商业广告,即广告主将商品、劳务或观念等采用付费的方式,借助大众传播媒体向公众传播信息的一种宣传方式,它以盈利为主要目的。

从商业广告的定义我们可以得出广告的主要构成要素为:广告主体、广告媒体和广告信息。

广告主体是指从事广告活动的当事人,包括广告主、广告经营者、广告发布者等。

广告媒体是广告发布的途径、载体、手段。多种媒体共同存在,各有所长,选择时要慎重。

广告信息即广告的内容,这是广告赖以生存的基础,没有信息,广告就失去了它的实际意义。

(二) 广告的特点

商业广告作为一种经济活动,它具有以下特点:

1. 盈利为目的

以最低的广告投入获得尽可能高的广告效益是商业广告最本质的特征。广告的价值在于通过广告策划完成对商品价值的再次创造,赋予商品新的市场价值,塑造商品的个性和品牌形象,开发商品的潜在功能,提升商品在市场竞争中的位置。

2. 传媒为手段

大众传播媒体是指少数人向多数人进行信息传播的物质或工具。商业广告是通过大众传播媒体进行传播的,如电视、广播、报纸、杂志被称为传统的四大传播媒体,随着科学技术的发展,网络也成为企业广告宣传的重要媒介。此外,凡是能够向公众传递信息的都可以称为传播媒介,如车身、路牌等。

3. 传播的可控制性

商业广告中的双方,即广告主与广告经营者之间一旦签订了广告传播的合同,则广告发布的时间、内容、版面、地点都可以根据广告主的要求来确定,在这个过程中,广告主是主动控制方,可以控制广告的内容、形式、推出的时间和方式,当然,这种控制权是通过支付一定的费用而获得的。

4. 对象的特定性

商业广告的性质决定了它只对一些特定的公众传达广告信息。在媒体的选择、广告主题的确定、广告创作形式等方面都要迎合其特定的受众对象的心理,而不是盲目、泛滥的。

5. 说服的艺术性

商业广告的目的是促进销售,获得利润,这就要求广告能够刺激受众的购买欲望并使之付诸行动。要达到这一目的,广告必须要有很好的广告创意和表现形式,既能准确地传达信息,又能获得消费者的喜爱。

二、广告的作用

(一) 对市场经济发展的作用

广告对经济的促进作用主要是通过信息传播的方式实现的。现代经济的发展对信息的高效传播是有很强依赖性的,主要体现在确立生产的明确的目标,避免盲目生产给企业带来不必要的损失。广告加速了商品的流转,缩短了商品更新换代的周期,使企业在提高经济效益的同时,通过刺激消费,推动经济增长。

(二) 在企业竞争与发展中的作用

在市场经济日益发展的今天,广告已经成为企业生存发展和参与市场竞争的重要手段,从市场营销的实践来看,广告的作用主要表现在以下几个方面:

1. 搭建信息沟通的桥梁

广告是企业了解市场信息的重要渠道,通过广告,企业可以了解生产同类产品的企业的价格情况、市场情况和竞争对手的信息,为企业制定生产与销售计划提供依据。另外,广告将企业的形象与产品信息传递给相应的公众,再通过广告效果的监测与反馈,掌握消费者对广告的态度,以做出相应的调整。

2. 强化人员推销的效果

广告是通过大众传播媒体向外传播信息,它可以借助媒体的威信来提高自身的威信,获得公众的信任。人员推销可以利用这一点,成功打消消费者的疑虑并以此作为说服消费者进行购买的理由与依据,对于实现成功推销具有极强的促进作用。

3. 塑造企业形象

广告是塑造、宣传企业形象的最有效、最直接的方法。广告形式与内容的可控性可以让企业按照自己的理念进行传播,在较短的时间内将企业的形象传播出去,提高企业的知名度,加深消费者对企业的了解,这也是扩大商品销售的重要条件。

4. 提升市场占有率

市场占有率是衡量企业经济效益的一个重要指标。现代的消费者基本上不愿意购买从未在广告上见过或听过的商品,他们认为在媒体上发布广告的企业是拥有一定经济实力而且也是比较可靠的,因此他们愿意花比较高的价格来购买广告中的商品。

(三) 对消费者的作用

1. 信息来源的重要渠道

在生活中消费者获得信息的渠道有很多,过去大多是听别人说的口头信息,而现在绝大部分的信息是来自于广告,广告可以用最快的速度把信息传递给消费者,以满足消费者对商品的认知、识别、选择性购买的要求,为消费提供了方便。

2. 改变消费观念、消费习惯和消费方式

在消费观念上,广告中出现了众多商品和品牌,消费者由于受到广告的刺激进行选择与购买,广告因素超过质量、价格甚至需求而成为主体因素,广告中所宣传的生活方式、价值观念也为广大公众所接受;在消费方式上,广告通过演示与示范,向公众传播了一种新的消费方式,在促成消费行为的同时,对于改变消费者的方式和行为也产生了重大影响。

3. 刺激消费,创造需求

广告的诱导会勾起消费者现实的欲望,尤其是新产品一旦进行了广告宣传,消费者就会纷纷购买。此外,广告反复宣传与刺激也会扩大产品的知名度,增加消费者购买的数量。

三、广告的目标与广告媒体的选择

（一）广告的目标

广告目标是广告主运用特定媒体，在特定时间和空间内，对特定广告对象所要完成的信息沟通事务及其所要达到的程度。不同的企业在不同的发展阶段，针对产品的不同特点，其广告的具体目标会有所不同。企业通常有以下三种目标：

1．信息告知

在商品的市场开拓阶段，为了给商品建立基本的市场需求，通过广告向公众传递着商品的信息，希望能引起消费者的注意与需求。如新产品、产品的新用途、价格的变化、改正错误等内容。

2．说服购买

即通过广告说服消费者购买商品。这类目标一般着重于宣传产品的特色，使消费者相信该产品优于其他同类产品，如电视购物广告等。这类目标一般多见于产品成长期或市场竞争激烈时期。

3．提醒记忆

它主要在商品成熟期使用。这一类广告的目的在于时时提醒消费者不要淡忘本企业的产品，维持产品较高的知名度和信誉度，树立企业的形象。

（二）广告媒体及选择

所谓广告媒体是能够实现广告主与广告对象之间信息沟通的工具。广告媒体是随着商品经济、科学技术的发展而不断发展的，越来越多的物质工具被开发和利用，成为现代的广告传播媒体。报纸、杂志、广播、电视、互联网络被并称为现代五大广告传播媒体。

1．五大媒体的特点

五大媒体的特点分析如表10.2所示。

表10.2 媒体的特点分析

名　称	优　点	缺　点
报纸	传播范围广、传播速度快、内容真实详尽、便于保存、成本低	时效短、印刷效果差、不够形象生动
杂志	针对性强、持续时间长、连续阅读、印刷效果好	制作时间长、灵活性较差、传播面相对狭窄、影响较小
广播	传播速度快、范围大、便于安装携带、灵活性强、费用低	无法进行产品展示、形象性差
电视	形象生动、辐射面广、信息传递迅速、不受时空限制	信息无法保存、信息量小、针对性较差、费用较高
互联网	形式多样、信息量大、传播范围广、消费者的主动性增强	硬件及对消费者的素质要求较高、画面活动性较差、获得信息的费用较高

除上述五种媒体以外,还有户外媒体,如霓虹灯、电子显示屏、灯箱、路牌等;交通媒体,如交通工具、交通设施、广告宣传车等;直邮广告媒体,如明信片、企业刊物、说明书、广告信函等;售点广告媒体(POP),如柜台、橱窗、墙面等;礼品广告媒体,如广告赠品、日历、商业礼品等,这些新兴的广告媒体在广告的传播中也起到了越来越重要的作用。

2. 广告媒体的选择

广告媒体的选择就是通过具体分析评价各类媒体的特点及局限性,找出适合广告目标要求的媒体,从而使广告信息顺利传达至目标公众。

在选择广告媒体时,应考虑媒体自身及和媒体相关的多种因素,并经过严格的实地调查与论证,最终确定使用何种媒体。选择媒体时应考虑以下几个方面因素:

(1) 媒体的性质与传播效果。媒体的传播范围的大小、发行数量的多少、公众关注度高低、媒体评价的好坏等都会影响媒体传播的效果。

(2) 企业的经济实力。不同的媒体广告传播的费用是有区别的,企业应根据自身的发展规模和经济实力来选择适合的媒体,而不应一味地追求高档媒体,给企业的发展增加了不应有的经济负担。

(3) 广告受众的习惯和文化程度。选择广告媒体要考虑广告受众的生活习惯、文化程度、收入水平等因素。如城市居民受教育程度较高,看书看报是生活中经常发生的事情,收入也相对稳定,消费观念也不会落后;而农村居民生活相对单调,业余生活相对较少,文化程度相对较低,对于报纸、杂志等这些媒体则不是很关注。

(4) 商品的性能和使用范围。选择广告媒体时,也要考虑商品自身特点、使用价值、所处生命周期、价格等因素。如化妆品要展示包装、外观和化妆之后的效果,而报纸、广播这样的媒体不能满足这样的需要,但杂志、电视等媒体则能形象地进行展现。

在详细分析了广告支出的分布情况后,公司发现在广告费用中,电视广告的支出占了将近一半,数额巨大,因此削减了部分电视广告的费用,将这一部分用于当地报纸广告、车身广告、路牌广告等相对费用较低、但广告效果也非常不错的媒体;同时也在某一门户网站上投放了广告,支出比原先的少,但效果却好了很多。

1. 广告的含义与特点各是什么?它有哪些作用?
2. 简述主要广告媒体的优势与不足。哪些因素会影响广告媒体的选择?

任务三 营业推广策略

学习目标

通过学习,了解营业推广的特点与作用,掌握每种营业推广方式的长处和不足,并能在实践中加以分析与运用。

知识点

营业推广的特点与作用;营业推广的方式。

技能点

分析每一种营业推广方式的优点和缺点,根据需要进行适当选择。

DY公司借公司成立二十周年的机会推出新研发的产品。公司并没有通过以低价去吸引消费者注意来进入市场,而是采取在展销会上演示新产品的方式,但结果并不很令人满意。公司领导让销售部的小王去调查清楚为什么会出现这种情况,调查的结果是消费者对于新产品的功能、质量存有疑虑,并认为展销会上的商品存在价格虚高的现象,他们一般不在这样的会上买东西。

营业推广的方式有很多,每一种都有它的优势和劣势,可能在这样的环境中,消费者并不喜欢这样的方式,所以效果并不理想。

营业推广策略是现代企业促销组合中的策略之一,对加快产品销售、扩大市场份额等具有十分重要的作用。

一、营业推广的含义、特点及作用

(一)营业推广的含义

营业推广又称销售促进、销售推广,是指企业运用各种短期诱因刺激消费者和经销商迅速或大量购买企业产品或服务的促销活动。它是直接围绕着营业额而进行的促销活动,利用刺激性的方式来吸引新的试用者和补偿忠诚的顾客,提高偶然性用户的重复购买率。

(二)营业推广的特点

1. 针对性

营业推广是在产品销售现场或与促销对象直接接触的场合进行的。与消费者面对面,通过强有力的宣传推广或提供极具吸引力的条件,给消费者非常直观的刺激,使消费者直接获得物质、感观和心理上的满足。由于是现场进行,对于不同的消费需求和消费者的特征,促销人员可以区别应对,采取相应的策略,相比其他促销策略更具明确的针对性。

2. 短期性

营业以各种"看得见,摸得着"的促销方式让消费者从中获得实惠和利益,如免费试用、赠送赠品等,激发消费者强烈的购买欲望从而使其迅速采取购买行动,使得企业的销售额在短时间内迅速增长。而且,营业推广的方式是短期内实行的,时间有限,因此给消费者的利益也是短暂的,这更让消费者产生了"过了这个村就没有这个店"的紧迫感,抓紧时间购买,对于企业的销售快速增长起到了积极作用。

3. 方式多样

企业根据产品或服务的特性、顾客的心理和市场状况灵活采用多种方式,形式变化多样,对消费者产生了较强的吸引力,有立竿见影的效果。

4. 娱乐性

营业推广不仅是产品或服务的展示,也是一种社会活动,让人们在活动中需求得到满足。活动中轻松的气氛、活泼的形式,会让参与者的心情得到放松,在购买商品时心情愉快。

5. 贬低商品

由于营业推广旨在尽快达成最大交易量,暴露出了企业急于出售商品的意图,这就会使消费者怀疑商品本身的质量或价格,认为是处理品,无形中降低了商品的身价,损害了企业的形象,因此营业推广不可经常使用,要注意频率的适度控制。

(三)营业推广的作用

营业推广作为企业的一种重要促销方式,对于企业的销售和发展有着积极的作用,主要表现在以下几个方面:

1. 刺激购买欲望,增加销售量

营业推广采用引导试用、刺激感观、展示商品价值等促销方式,将潜在的消费者转变为现实的购买者,把原来竞争对手的顾客争取为本企业商品的购买者;用打折、满额赠送等促销方式刺激消费者增加购买数量,从而得到更多实惠;通过价格优惠的方式,提高重复购买率。

2. 提高新商品进入市场的速度

当企业将新商品推向市场时,消费者或中间商对于商品的认知度较低,担心可能存在的风险,大多数人会采取观望的态度,缺少购买或经营的积极性,而不花钱或花很少的钱就让他们试用商品的方式从一定程度上提高了他们对新商品的认识程度,这种促销方式在新商品进入市场时起到非常重要的作用。

3. 积极有效地参与市场竞争

当市场中的竞争对手采取各种价格、非价格竞争手段对企业商品销售形成威胁时,营业推广可以让价格竞争、服务竞争等更加简便易行,在短期内取得突出的效果。在竞争的背景下它是一种应急措施,但也是现代企业主动参与市场竞争的一种重要而且有效的手段。

4. 提高销售人员的积极性

营业推广策略是企业管理的一个重要组成部分,对于企业的销售人员具有独特的激励作用。如销售奖励、奖金、销售竞赛等促销方式,既给他们一定的工作压力,同时又对他们因努力工作而取得的成绩予以肯定,对于销售人员来说这无疑是极具吸引力的。

二、营业推广对象

1. 消费者

消费者是产品或服务的最终购买者,人数众多,影响面大。其中大部分人对于利益是十分敏感的,因此,提供额外利益的营业推广策略对于他们的实施效果都非常明显。抓住他们的消费需求和心理需求特点,不断创新和变化营业推广的方式,是针对消费者进行促销时应重视的问题。

2. 中间商

大部分企业都是通过中间商将商品卖给消费者的,中间商包括批发商、代理商和零售商,他们购买力强,购买频率高,购买量大,其主要目的是赚取转售之间的差价,因此对于企业来说中间商是其非常重要的促销对象。

3. 推销员

企业内部人员的销售工作也是不能忽视的,企业可以通过营业推广的方式充分调动他们的销售积极性和创造性,提高销售效率,增强其工作的信心和技巧,为企业带来更多的经济效益。

三、营业推广的方式

营业推广的方式是多种多样的,随着时间的变化和企业的创新,它的方式也是不断变化着的。企业可以根据自己的活动目标、活动对象和社会环境的特点,选择适合的形式,以取得预期的活动效果。目前,市场中主要的营业推广方式有:

1. 赠送样品

向消费者或中间商赠送样品,让他们免费使用。尤其是企业新推出的商品,通过这种方式可以让他们更加直接地获得使用商品带来的感受,从而接受和认可该商品。赠送的形式有上门分送、邮寄、商场提供或与其他商品捆绑作为赠品等。如雅芳的小袋样品在进行新产品推荐时就起到了很大的作用。

2. 附送赠品

当购买某一指定商品时，可以以较低的价格购买或获得免费赠送的另一种商品，赠品可附在包装内，也可在包装外，赠品上印有企业的标志或图案，这也起到了广告宣传的作用。如雀巢奶粉赠送口杯、毛巾等。随着购买额的增加，所赠送的物品的价值也随之增加，当消费者在生活中使用这些赠送的物品时，就会联想到是购买哪一个商品而赠送的，好感就会油然而生。

3. 优惠券

优惠券是一种可以用来以较低的价格购买特定商品的凭证。优惠券一般通过街头随机发放、商场现场发放或刊登于发行量大的报纸上等，以较大的优惠幅度吸引消费者前来购买。如市场上鸡蛋价格上涨时，许多超市在宣传单的一个角落印制了购买鸡蛋的优惠凭证并在街头发放，在当天的优惠时间段超市里排起长龙，在带动这种商品销售的同时，也带动了其他商品的销售。

4. 有奖销售

这是近几年兴起的促销方式，是随着商品的销售发放奖券，并在一定时间后进行抽奖，奖励的形式有旅游、现金、物品等。如"幸运时间段，购物不花钱"就是在某一特定时间段内进行消费的顾客如果被抽中的话，可以得到全额返还的购物券，这种方式很有创意，也带动了其他额外的消费。

5. 差价赔偿

这种方式在超市中比较常见，主要利用了消费者"货比三家"的心理特点，如果消费者在其他商家那里发现了同类商品的价格较为低廉的情况，反映给经营者并得到证实后，消费者可以得到相应的差价补偿。当然比较的地理范围是有一定限制的，因此即便有价格差距，也是非常小的。而消费者的惰性使得他们绝大多数时候并不会很热衷于向商家要求补偿，所以，这种方式一方面体现了经营者对消费者负责的态度，又准确把握了消费者的心态，使商家有利可图。

6. 商品的现场演示

在商场内现场向消费者演示商品的使用效果，让他们相信一旦自己使用也会达到同样的效果，进而产生购买欲望和购买行动。如某品牌豆浆机通过推销员的现场操作让消费者品尝到新鲜的豆浆，某品牌拖把让消费者在现场亲身感受使用后的效果等都达到了很好的促销效果。

7. 销售竞赛

这种方式既可以在消费者中间开展，也可以在中间商之间展开。在面向消费者时，可以组织一些有趣味的比赛或游戏，吸引消费者积极参与并向获奖者颁发奖品。如某品牌咖啡组织了一次喝咖啡比赛，并向第一名发放了以这个品牌咖啡为主要组成部分的节日大礼包；在面向中间商时，即让推销人员和中间商展开商品的销售竞赛并按销售额进行物质和精神奖励，激励他们更加努力地销售企业的商品。

8. 商品展销会

商品展销会大都是由当地的政府机构或相关团体组织，规模大、吸引力强，参展的企业可以利用这个平台向消费者充分介绍和展示商品,结识新客户,开拓新市场。

9. 价格折扣

企业可以利用特殊的节假日或开业、庆典等时机,对商品价格进行幅度不等的折扣,这种方式可以面向消费者,也可以面向中间商。

上述的九种营业推广方式并不能涵盖所有,企业竞争发展的过程中不断会有新的、富有创意的促销方式出现,但无论是什么方式,都是以扩大销售量、增加销售额为主要的目标。企业在实际操作的实践中,对于方式的选择应依据一定的标准,不能一味地跟从而缺少创意。

根据小王反映的情况,DY公司及时调整了推广措施,让消费者免费试用并进行跟踪调查和服务,及时向生产部门反馈消费者在使用过程提出的意见,并进行技术和功能上的调整,获得了消费者的认可,赢得了很高的市场评价,产品销售量出现了增长。

1. 营业推广的特点和作用是什么?
2. 营业推广的主要形式有哪些?

任务四 公共关系策略

学习目标

通过学习,了解公共关系的特点及组织公共关系营销活动时应遵循的原则,掌握公共关系营销几种常用的方式,能够组织适合本企业的公共关系营销活动。

知识点

公共关系促销的特点和原则;公共关系促销的方式。

技能点

组织一项公共关系活动并分析活动的要点与注意事项。

 **任务描述**

DY公司所在城市要举办一次为灾区捐款的活动,公司内部就是否参与这次活动出现了两种不同的意见,销售部的经理认为应该积极参加,而市场部的经理则认为这样做没有多大意义,公关部的负责人对此进行了分析与说明。

 任务分析

企业不是独立的存在,不能仅限于赚取利润,还应该承担自己的社会责任,而且这是一次公益活动,能够树立企业的良好形象,获得公众的好评,对于本公司的产品销售能起到很大的促进作用。

 相关知识

公共关系内容是企业的形象和声誉,是一种无形资产,这种声誉和形象不是由企业自己主观认定的,而是由公众来认可和评价的,因此企业要与公众保持良好的沟通,赢得公众的理解与信任。公共关系可以帮助企业了解消费者的需求并予以满足,还可以对消费者的行为迅速作出反应,公共关系作为促销的手段之一,公关促销这一全新概念正在被企业用于指导营销实践工作。

一、公共关系促销的含义及特点

(一)公共关系促销的含义

公共关系促销是企业将公关与促销有机结合成一个整体,通过传播媒介沟通企业与社会公众和消费者之间的相互联系,增进相互的了解和信任,为企业商品创造一个良好的外部环境,从而实现商品的销售,获得良好的经济效益。

任何一个企业都不可避免地要与社会各界发生各种各样的交往关系,如政府机构、社会团体、金融部门、传播机构、经销商、代理商、消费者、企业员工等,企业要想在这样复杂的关系网中生存与发展,就要采取行动,处理好关系,赢得好感。创造最佳的社会关系环境,这是企业成功必不可少的条件,也是公共关系的根本任务之所在。

(二)公共关系促销的特点

与其他促销手段相比,公共关系促销具有以下几个方面的特点:

1. 双向沟通

公共关系工作的对象是企业的内部和外部公众两大方面。企业通过各种渠道和传播方式,保障与公众之间信息交流的畅通,为企业营造一个良好的内外部发展环境。

2. 信息传递全面

为塑造企业的良好形象,取得公众的信赖与支持,企业所传递的信息是大量而全面的,包括企业商品信息、企业管理信息、企业技术设备信息、企业履行社会责任信息、企业人才信息等,通过多方位、全方位的信息传递,在公众面前塑造起一个极具立体感的企业形象。

3. 促销效果的间接性

公共关系活动并不能够实现直接销售商品,企业可以通过积极参与各种社会活动,宣传企业宗旨,与公众联络感情,扩大企业的知名度和美誉度,加深社会公众对企业的认识,间接地起到促进商品销售的作用。

4. 目标的长期性

公共关系的目标是树立企业良好的社会形象,这一目标不是在很短时间内或通过几次活动就能够实现的,而是需要企业长期、坚持不懈地努力才能实现。因此企业在进行公共关系活动时,对于每一次的效果要进行及时检测,对于可能会影响到企业形象的一些事件要进行预防或及时处理,因为一次的失误可能会造成不可挽回的损失。

5. 手段多样性

公共关系可采用的手段很多,既可以通过新闻媒介、也可以通过人际交往来进行宣传,如参与社会公益活动,向公众展示企业的社会责任感;通过赞助政府机构的活动,获得政府公众的支持;以企业名义修路并用企业名称命名,如安徽合肥的美菱大道,既可以吸引新闻媒体的主动报道,又能获得社会公众的好感。

6. 节约成本

前面说过,企业的公共关系活动会吸引媒体主动报道,这在一定程度上为企业节省了广告的支出,而且企业的良好形象一旦在公众心中形成,在相当长的时期内,这样的形象是相对固定、稳定的,企业只需要花费很少的资金就可以维护这种积极的影响,成本减少,经济效益也就得到了提升。

二、公共关系的原则与职能

(一) 公共关系的原则

1. 真实性原则

企业开展公共关系工作,要以事实为基础,客观、公正、全面地传播信息,对于信息的来源和内容,企业要严格把关,未经证实的信息不可随意传播。

2. 互利互惠原则

企业与公众要平等相处,共同发展,利益兼顾。公共关系强调主体与客体之间平等的权利和义务,尊重各自的独立利益和双方的共同利益,切不可为保证自身的利益而损害公众的利益,如果这样的话,从短期看利益是得到了保护,但从长期来看,公众对企业是反感、排斥的,因小失大是得不偿失的。

3. 全员公关原则

树立企业形象不是哪一个部门的事,也不是哪一个员工的责任,企业形象是通过企业所有人员的集体行为表现出来的,他们的一言一行、一举一动都是企业的整体形象,每一个员工在和外界交往时,都是企业的形象代言人,因此都要注意自己的形象,从而维护企业的整体形象。

4. 整体一致原则

一个企业要保证自身的稳定发展,就不能忽视社会整体利益,企业的发展不能以牺牲社会利益为代价。如一家化工企业造成巨大的污染,公众对它怎么会有好印象?注重社会利益也是公共关系职业道德的基本要求。

(二)公共关系的职能

公共关系的目的和特点决定了它的主要职能就是正确处理企业内部和外部公众的关系。

1. 与企业内部公众的关系

企业内部公众包括企业员工和股东。企业可以通过组织文体活动、出版企业内部刊物等方式,加强企业内部的信息交流,增进与公众之间的互相了解与信任,协调各方面的矛盾和利益,营造健康向上的企业文化环境,增强企业凝聚力,使得企业内部普通员工之间、普通员工与高级管理人员之间、部门与部门之间都能团结一致,上下同心,共同推动企业的发展。

2. 与消费者的关系

在市场经济条件下,消费者的需求是企业营销的出发点,因此企业要树立以消费者为中心的公共关系工作指导思想,积极主动地争取消费者的支持。主要从两个方面进行:一是重视公关调查,即企业要有计划地收集消费者各方面的信息,切实把握消费者的需求动态;二是积极处理消费者的抱怨与投诉,即无论遇到消费者的何种投诉,企业都要认真对待,妥善处理。消费者提出的不满意见,有助于帮助企业改进工作,从而消除消费者的误会和不满,增进相互的了解,有利于建立长期的良好关系。

3. 与中间商的关系

商品和服务大多是通过中间商销售给消费者,他们的合作与配合对企业营销起着重要的作用。企业要认识到其与中间商是相互依存合作的关系,要为他们提供优质的商品和服务,供货及时、守信,为中间商提供尽可能多的便利和服务;保持与中间商之间的信息交流与沟通,在让他们了解企业的经营政策、商品特征、价格等信息外,还要了解他们对企业及商品各方面的意见和建议,以便企业做出及时调整。

4. 与新闻传播媒体的关系

新闻媒体可以创造、影响社会舆论,它是企业重要的公共关系渠道,企业应与新闻界保持经常、广泛的联系,企业有重大活动时,应热情邀请其参加;新闻媒体举办一些活动时,企业也可积极赞助,从而获得新闻舆论的支持,以拥有良好的社会舆论环境。

5. 与社区公众的关系

这种关系指的是企业与相邻的工厂、机关、学校等企事业和当地居民的关系。在处理这一关系时,企业要在生产的同时搞好环境保护工作,向社区提供必要的公益赞助,积极参与社区组织的文娱活动,造福社区居民,获得社区公众的好口碑。

6. 与政府的关系

政府是国家权力的执行机关,与政府建立良好的关系对于企业的发展有着积极的作用。企业要主动与相关部门沟通信息,服从政府机关的管理,按时缴纳各项税收,获得政府公众的信赖与支持,为企业创造有利的外部环境。

企业的公共关系是多样的,随着企业的发展,这些关系会发生变化。企业要做到与时俱进,根据环境的变化,认真详细地分析企业所面临的诸多公众关系,处理好每一种关系,让公共关系活动更好地为企业营销服务。

三、公共关系的活动方式

公共关系是一项综合性极强的促销策略,企业要想实现公关目标,就必须善于运用各种公共关系活动方式,常见的公关活动方式主要有:

1. 新闻报道

这是企业最重要的活动方式。通过新闻媒体向外界宣传企业及企业商品信息,既能节约广告成本,又能借助传播媒体的权威性,取得更好的宣传效果,赢得公众的认可和信任。其主要形式有撰写新闻稿件、召开新闻发布会或记者招待会、组织新闻界人士参观访问等。

2. 公益活动

参与社会公益事业,可以扩大企业的知名度,提高企业的美誉度,改善企业形象,如赞助希望工程、残疾人事业,捐助灾区,扶助困难群体等,这些活动体现了企业的社会责任意识,极易赢得公众的好感。如 DY 公司为农村留守儿童送去新文具、冬天给福利院的老人送取暖器等活动。

3. 企业形象识别系统

即 CIS,通过统一的视觉符号达到创造和强化企业形象的目的,这些符号包括企业的标准色彩、字体,企业标识、商品商标等,将它们印制在企业的办公用品、交通车辆、宣传材料等上面,既能够使本企业与其他企业区别开来,极富新意的设计更能给公众留下深刻的印象。如 DY 电器公司的员工统一着装、公司网站的及时更新、接送员工上下班的印有公司名称与标志的专用车等,都在宣传公司的形象。

4. 企业庆典活动

主要有成立庆典、周年庆典、新建筑落成或新生产线投产等活动,都可成为企业开展公关活动的舞台。在进行庆典活动时,可以邀请政府领导、新闻媒体、社会名流参加,以扩大社会影响,树立企业形象。如波司登集团与央视著名的"同一首歌"节目合作,举办企业庆典等。

5. 文娱活动

企业可以借助公众喜闻乐见的文体、娱乐活动,在公众中树立良好的社会形象。在选择赞助的对象时,企业要慎重考虑公众的喜好和活动的内容与形式,使得投入与回报对等。如洋河蓝色经典赞助 2013 年央视春晚、脑白金冠名中央电视台模特大赛等。

6. 危机事件

企业在发展过程中有时也会出现危机,但危机如果处理及时与得体,反而会成为一种有利的条件,企业可以从中发现问题,进而改进企业的管理,在解决危机的同时获得公众的理解与谅解,展现企业诚信、诚实可靠的形象。如近期出现的"酒鬼"酒塑化剂事件、"毒胶囊"事件等,对企业及其所在行业都产生了不利的影响。

由于促销方式的多样化,企业在促销的过程中,只采用单一的促销方式是不现实的,也是不科学的,要根据需要进行有机的组合,以求取得最佳的促销效果,获得更大的经济利益。

 **任务实施**

在公关部经理明确解释后,市场部的经理也不再坚持自己的观点,公司决定根据自身的能力,向灾区捐款二十万元,并因此获得政府颁发的荣誉证书。同时,媒体也报道了公司的这一行为,赢得了公众的良好评价,企业的形象得到提升,当地的广大消费者也给予了很高的评价。

 **思 考 题**

1. 公共关系促销的特点是什么?
2. 公共关系促销的方式有哪些?

 **实 训 题**

调查节假日期间某一商场的促销活动,并分析其优点与不足。

实训目标

通过实际调查,对商场的促销活动的形式进行准确判断与分析,提高理论学习与实践体验相结合的学习能力。

实训内容

利用假期的商场促销活动比较集中的特点,选择一家商场作为主要的调查对象,统计促销活动的数量与形式,分析每一项活动创意与不足之处。

 **案例讨论**

在"三八妇女节"来临之际,必胜客掀起了一股体验手工编织等传统工艺的热潮,一场主题为"编织下午茶"的女性活动在必胜客崇光餐厅开展得红红火火,京城数十位白领女性参与了这次活动。以欢乐、休闲为主题的必胜客餐厅希望通过这种方式,让更多的白领女性在快节奏的都市生活中放松心情,回归传统,品味精彩人生。

(资料来源:http://www.yewuyuan.com/bbs/thread-679105-1-1.html)

【思考】

1. 必胜客为什么选择"手工编织"这一活动形式?
2. 选择都市白领女性作为活动的对象是否准确?为什么?
3. 如果选择普通的家庭主妇或老太太为对象,你认为活动应该如何组织更为理想?

模块十一 网络营销

任务一 网络营销的概念与类型

学习目标

通过学习网络营销的含义、类型、特点及职能,能够详细了解网络营销的特征。

知识点

网络营销的概念、特点及职能;网站营销发展的理论基础。

技能点

现代企业如何把握信息时代的特征,充分发挥网络营销的优势?

 任务描述

　　DY电子有限责任公司是一家经营电子类产品,兼营小家电,从2001年开始通过互联网来宣传自己的公司。一开始只是通过一些免费的信息发布手段如搜索引擎的注册来宣传自己,虽然只是这样但仍然有一些效果。这使DY电子有限责任公司领导认识到国际互联网的广泛普及、网络时代的到来。作为电子制造企业的DY电子有限责任公司营销部门的李刚正在考虑该如何去适应时代的发展,有效地组织开展网络营销?

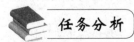 任务分析

　　在网络时代,由于国际互联网的广泛普及,商家可以利用这个世界性的网络将商务活动的范围扩大到全球。买卖双方在网络上形成简单易行的良好界面,使供需双方虽远隔千里,通过网络却能像面对面一样迅速完成交易,使各种网上交易以电子票据的形式进行支付、清算与决算。

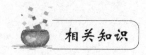相关知识

一、网络营销的概念与特点

（一）网络营销的概念

网络营销的理论基础主要是直复营销理论、网络关系营销论、软营销理论和网络整合营销理论。直复营销理论在20世纪80年代是引人注目的一个概念。美国直复营销协会对其所下的定义是："一种为了在任何地方产生可度量的反应和(或)达成交易所使用的一种或多种广告媒体的相互作用的市场营销体系"。关系营销是自1990年以来受到重视的营销理论，它主要包括两个基本点：首先，在宏观上认识到市场营销会对范围很广的一系列领域产生影响；在微观上，认识到企业与顾客的关系是不断变化的，市场营销的核心应从过去的简单的一次性的交易关系转变到注重保持长期的关系上来。软营销理论是针对工业经济时代的以大规模生产为主要特征的"强式营销"提出的新理论。网络整合营销理论主要包括以下几个关键点：简单地说，网络整合营销理论就是整合各种网络营销方法，将客户的客观需求进行有效比配，给客户提供最佳的一种或者多种网络营销方法。它要求把消费者整合到整个营销过程中来，从他们的需求出发开始整个营销过程。网络营销要求企业的分销体系以及各利益相关者要更紧密地整合在一起。

网络营销(On-line Marketing 或 E-Marketing)就是以国际互联网络为基础，利用数字化的信息和网络媒体的交互性来辅助营销目标实现的一种新型的市场营销方式。简单地说，网络营销就是以互联网为主要手段进行的、为达到一定营销目的的营销活动。

（二）网络营销的特点

随着互联网技术发展的成熟以及联网成本的低廉，互联网好比是一种"万能胶"，将企业、团体、组织以及个人跨时空联结在一起，使得他们之间信息的交换变得"唾手可得"。市场营销中最重要的是组织和个人之间进行信息传播和交换。如果没有信息交换，那么交易也就是无本之源。正因为如此，互联网具有营销所要求的某些特性，使得网络营销呈现出以下一些主要特点，如表11.1所示。

表11.1 网络营销主要特点分析

特　　点	特　点　描　述
时域性	营销的最终目的是占有市场份额。由于互联网能够超越时间约束和空间限制进行信息交换，使得营销脱离时空限制进行交易变成可能
交互式	互联网通过展示商品图像、商品信息资料库提供有关的查询，来实现供需互动与双向沟通；还可以进行产品测试与消费者满意调查等活动
个性化	互联网上的促销是一对一的、理性的、消费者主导的、非强迫性的、循序渐进式的，而且是一种低成本、人性化的促销，通过信息提供和交互式交谈与消费者建立长期良好的关系

特　点	特 点 描 述
整合性	互联网上的营销可由商品信息至收款、售后服务一气呵成,因此也是一种全程的营销渠道;另一方面,企业可以借助互联网对不同的传播营销活动进行统一设计规划和协调实施,以统一的传播资讯向消费者传达信息
高效性	计算机可储存大量的信息以供消费者查询;可传送的信息数量与精确度,远超过其他媒体,并能适应市场需求,及时更新产品或调整价格,因此能及时有效地了解并满足顾客的需求
技术性	网络营销是建立在以高科技作为支撑的互联网的基础上的,企业实施网络营销必须有一定的技术投入和技术支持,引进懂得营销与计算机技术的复合型人才,未来才能具备市场的竞争优势

二、网络营销的职能

《网络营销基础与实践》(冯英健著,清华大学出版社,2002年2月第1版)一书中第一次提出网络营销职能的概念,并且将网络营销的职能归纳为八个方面:网络品牌、网站推广、信息发布、销售促进、销售渠道、顾客服务、顾客关系、网上调研。

(1) 网络品牌。网络营销的重要任务之一就是在互联网上建立并推广企业的品牌,知名企业的网下品牌可以在网上得以延伸,一般企业则可以通过互联网快速树立品牌形象,并提升企业整体形象。网络品牌建设是以企业网站建设为基础,通过一系列的推广措施,得到顾客和公众对企业的认知和认可。在一定程度上说,网络品牌的价值甚至高于通过网络获得的直接收益。

(2) 网址推广。这是网络营销最基本的职能之一,在几年前,人们甚至认为网络营销就是网址推广。相对于其他功能来说,网址推广显得更为迫切和重要,网站所有功能的发挥都要以一定的访问量为基础,所以,网址推广是网络营销的核心工作。

(3) 信息发布。网站是一种信息载体,通过网站发布信息是网络营销的主要方法之一,同时,信息发布也是网络营销的基本职能,所以也可以这样理解:无论哪种网络营销方式,结果都是将一定的信息传递给目标人群,包括顾客或潜在顾客、媒体、合作伙伴、竞争者等等。

(4) 销售促进。营销的基本目的是为增加销售提供帮助,网络营销也不例外,大部分网络营销方法都与直接或间接地促进销售有关,但促进销售并不限于促进网上销售,事实上,网络营销在很多情况下对于促进网下销售也是十分有价值的。

(5) 销售渠道。一个具备网上交易功能的企业网站本身就是一个网上交易场所,网上销售是企业销售渠道在网上的延伸,网上销售渠道建设也不限于网站本身,还包括建立在综合电子商务平台上的网上商店及与其他电子商务网站不同形式的合作等。

(6) 顾客服务。互联网提供了更加方便的在线顾客服务手段,从形式最简单的FAQ(常见问题解答)到邮件列表,以及BBS、MSN、聊天室等各种即时信息服务,顾客服务质量对于网络营销效果具有重要影响。

(7) 顾客关系。良好的顾客关系是网络营销取得成效的必要条件,通过网站的交互性、顾客参与等方式在开展顾客服务的同时,也增进了顾客关系。

(8)网上调研。通过在线调查表或者电子邮件等方式,可以完成网上市场调研,相对于传统市场调研,网上调研具有高效率、低成本的特点,因此,网上调研成为网络营销的主要职能之一。开展网络营销的意义就在于充分发挥各种职能,让网上经营的整体效益最大化,因此,仅仅由于某些方面效果欠佳就否认网络营销的作用是不合适的。网络营销的职能是通过各种网络营销方法来实现的,网络营销的各个职能之间并非相互独立的,同一个职能可能需要多种网络营销方法的共同作用,而同一种网络营销方法也可能适用于多个网络营销职能。

三、网络营销的分类

(一)从网络营销的范围来划分

1. 广义的网络营销

笼统地说,网络营销就是以互联网为主要手段(包括 Intranet 企业内部网、EDI 行业系统专线网及 Internet 国际互联网)开展的营销活动。

2. 狭义的网络营销

狭义的网络营销是指组织或个人基于开放便捷的互联网络,对产品、服务所做的一系列经营活动,从而达到满足组织或个人需求的全过程。

3. 整合网络营销

2002年资深网络营销实践者敖春华提出整合网络营销概念:网络营销是企业整体营销战略的一个组成部分,是为实现企业总体经营目标所进行的,以互联网为基本手段营造网上经营环境的各种活动。这个定义的核心是经营网上环境,这个环境可以理解为整合营销所提出的一个创造品牌价值的过程,整合各种有效的网络营销手段为企业制造更好的营销环境。

(二)从网络营销建设的不同标准来划分

根据网络营销建设的不同标准可划分为:初级型网络营销、展示型网络营销、潜力型网络营销、收益型网络营销、完美型网络营销。

(三)从网络营销的新旧形式来划分

1. 传统型网络营销

当今一些中小企业利用网络优势开展营销活动,主要是以互联网为营销介质。这种形式的营销活动市场出现了产品及服务功能单一化、产品同质化、效果不稳定、服务不规范以及营销费用难以掌控等问题。

2. 与市场营销结合的网络营销

虽然现在网络技术比较发达,但是网络营销无法替代传统营销,网络营销和传统营销将长期共存。未来的营销将是网络技术结合市场营销理念,从而达到另一个深层次的战略意义。网络营销已成为企业实现盈利的必经之路,网络的可视化与互动性,使企业的品牌变得更加突出,品牌意义得到提升。

3. 与手机相结合的网络营销

所谓手机网络营销就是以手机工具为视听终端、网络平台的个性化信息传播为媒介,以分众为传播目标、定向为传播效果、互动为传播应用的大众传播媒介——手机为基础的营销模式。简单地说,就是利用手机的移动网络与固网的融合支持,来进一步发展网络营销,把网络营销的模式由传统的固网发展为固网与手机移动网络相结合的新模式。

网络为 DY 电子有限责任公司提供向用户介绍自己产品或服务的环境平台,DY 电子有限责任公司将自己的网络理解为公司的推销员,当用户对某种产品产生兴趣时,同时也向其介绍一些其他相关的产品、升级换代产品、配套产品等等。如介绍公司的产品时,公司在其相关位置放置新产品介绍,做到相互配合兼容,提高产品的曝光率。通过网络营销的实施,为 DY 电子有限责任公司树立了品牌形象,其产品销售量也大幅提升。

1. 简述网络营销的含义。
2. 网络营销有什么特点?
3. 能根据不同的标准对网络营销加以分类。

任务二 网络营销模式选择

学习目标

通过对任务的学习,能够了解企业网络营销战略分析;理解网络营销战略目标及其核心标准;掌握企业网络营销战略模式的选择。

知识点

企业网络营销战略模式的选择、网络营销战略目标;网络营销战略分析的内容。

技能点

网络营销战略模式分析。

任务描述

随着网络时代的到来,DY电子有限责任公司李经理正着手以巨大的人力资金投入,建设自己公司的网站。规划中的网站不仅要为客户提供企业、产品或服务信息,更重要的是要向客户提供购物时的决策信息或服务,帮助客户确定、挑选和采购适合其需要的最有效的购物方案。DY电子有限责任公司在引入网络营销后,公司营销部的孙丽正在策划如何根据公司的特点及目标顾客的需求特性,选择一种合理的网络营销模式。

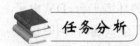
任务分析

网络营销在国内企业中的应用正逐步走向深入,但是相比国际优秀企业,国内的应用才刚刚起步。"中国网络营销网"是国内首家网络营销资讯门户,提供了丰富的信息资源。"中国网络营销网"提供的相关资料表明,随着网络经济对于传统经济的不断渗透,国内企业特别是广大中小企业如果不能根据网络营销战略目标合理有效地选择网络营销模式,将面临着极大的竞争劣势。

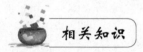
相关知识

一、网络营销战略目标

网络营销战略目标,就是确定开展网络营销战略后要达到的预期目的。需制订相应的步骤,并组织有关部门和人员参与。一般网络营销战略目标有以下几个类型:

(一)销售型网络营销战略目标

销售型网络营销目标是指企业为拓宽网络销售,借助网络的交互性、直接性、实时性和全球性为顾客提供方便快捷的网上销售点。目前许多传统的零售店都在网上设立销售点,如北京图书大厦的网上销售站点。

(二)服务型网络营销战略目标

服务型网络营销目标主要为顾客提供网上联机服务,顾客通过网上服务可以远距离进行咨询,公司可以进行售后服务。目前大部分信息技术型公司都建立了此类站点。

(三)品牌型网络营销战略目标

品牌型网络营销目标主要是在网上建立自己的品牌形象,加强与顾客的直接联系和沟通,建立顾客的品牌忠诚度,为企业的后续发展打下基础,并配合企业现行营销目标的实现。目前大部分站点属于此类型。

(四)提升型网络营销战略目标

提升型网络营销目标主要通过网络营销战略替代传统营销手段,全面降低营销费用,提高营销效率,改善营销管理和提高企业竞争力。目前的 Dell、Amazon、Haier 等站点属于此类型。

另外,混合型网络营销战略目标可能想同时达到上面几种目标,如 Amazon 公司通过设立网上书店作为其主要销售业务站点,同时创立世界著名的网站名牌,并利用新型的营销方式提升企业竞争力,既是销售型,又是品牌型,同时还属于提升型网络营销战略目标。

二、网络营销的核心标准

1. 以帮助企业实现经营目标为网站建设目标

营销型企业网站一定是为了满足企业某些方面的网络营销功能,比如以面向客户服务为主的企业网站营销功能、以销售为主的企业网站营销功能、以国际市场开发为主的企业网站营销功能,均是以实现企业的经营目标为核心,而通过网站这一工具来实现其网站营销的价值。

2. 良好的搜索引擎表现

企业网站的另一个重要功能是网站推广功能,而搜索引擎是目前网民获取信息最重要的渠道。如果企业网站无法通过搜索引擎进行有效推广,那么这个企业网站从一定程度上来讲,其营销性会大打折扣,所以营销型企业网站必然要解决企业网站的搜索引擎问题,也可以理解为搜索引擎优化的工作。在营销型企业网站解决方案中,搜索引擎优化工作为基础性和长期性的工作,从企业网站的策划阶段乃至从企业网络营销的战略规划阶段就已经开始,而其又贯穿于企业网站的整个运营过程。

3. 良好的客户体验

企业网站最终面对的是潜在客户或者说是与本公司业务有关联的任何组织和个人,因此如何提升企业网站的客户体验是营销型企业网站必须考虑的重要问题。

4. 重视细节

细节也是客户体验中一个重要的元素,由于其重要性,我们将其单独作为营销型企业网站的一个因素,在营销型网站的流程制定、内容维护、网站管理等方面都需要体现出细节问题。

5. 网站监控与管理

营销型网站的另一个特点是网站本身的监控功能与管理功能,最简单来说,网站至少需要加一段流量监测的代码,更多的管理特点在此就不多做介绍了。

三、网络营销战略分析

企业战略是指企业为了适应未来环境的变化而寻找长期生存和稳定发展的途径,并为实现这一途径优化配置企业资源,制定总体性和长远性的谋划与方略。营销战略是企业战略的重点,因为企业战略的实质是企业外部环境、企业内部实力与企业目标三者的动态平衡。

随着互联网的发展,从有形市场转向网络市场使企业的目标市场、顾客关系、企业组织、竞争形态及营销手段等发生了变化,企业既面临着新的挑战,也面临着无限的市场机会。企业必须制定相应的网络营销战略,提供比竞争者更有价值的产品、更有效率的服务,扩大市场营销规模,实现企业的战略目标。

四、网络营销战略分析的内容

传统的网络营销战略分析的内容可以归纳为三部分:一是顾客的需要,二是企业(公司)的目标与资源的情况,三是竞争对手的情况。下面针对网络营销的特点,重点谈几个方面:

(一)顾客关系的再造

在网络环境下,企业规模的大小、资金的雄厚实力从某种意义上已不再是企业成功的关键要素,各企业都站在同一条起跑线上,通过网页走向世界,展示自己的产品。消费者较之以往也有了更多的主动性,面对着数以万计的网址,有了更广泛的选择。为此,网络营销能否成功的关键是能否跨越地域、文化、空间的差距,再造顾客关系,发掘网络顾客、吸引顾客、留住顾客、了解顾客的愿望以及利用个人互动式服务与顾客维持关系,即企业如何建立自己的顾客网络、如何巩固自己的顾客网络。

1. 提供免费服务

提供免费信息服务是吸引顾客最直接与最有效的手段。

2. 组建网络俱乐部

网络俱乐部是以专业爱好和专门兴趣为主题的网络用户中心,对某一问题感兴趣的网络用户可以随时交流信息。目前,网络世界里的用户俱乐部形形色色、各种各样,如车迷俱乐部、生活百科园地、流行话题交流中心、流行精品世界、手表博物馆、美食大师等等。网络用户俱乐部的每个分类项目都设有讨论区,可以吸引大批兴趣爱好相同的网友"聚集一起""欢聚一堂"交流信息和意见,这既便于与企业一对一地交流和沟通,与此同时,也对各分类项目的信息进行快报,免费提供信息。为此,企业可以通过在网上开设或者赞助与其产品相关的网络俱乐部,把产品或企业形象渗透到对产品感兴趣的用户,并利用网络俱乐部把握市场动态、了解时尚变化趋势,及时调整产品及营销策略。

(二)定制化营销

网络环境下,巩固顾客、扩大网上销售的重要战略手段是通过定制化营销提升顾客满意度。所谓定制化营销是指利用网络优势,一对一地向顾客提供独特化、个人化的产品或服务。在美国,几家电子邮报已推出一种新型报纸——个人化报纸,如《华尔街日报》的个人版,读者每天早晨一打开电脑,即可读到一份专门为自己设计的报纸,其内容基本上是其需要并感兴趣的。这个服务在美国本土每月只需15美元左右,即可享受全天24小时的新闻剪报。

另一个典型的事例是美国加州耐丽服装公司成功的定制化营销。耐丽公司原是一个仅有一种服装产品系列的高度本地化的企业,其产品既不含高新技术,又不含高新信息的内容,只能吸引当地一些小型细分市场的顾客。然而,耐丽服装公司以其超前的网络战略意识为自己设计了一个符合其投资预算、顾客群和业务目标的网络服务器,形成一个适合企业具体情况的战略网络构架。耐丽服务器不仅介绍公司的产品和其地理位置,还向潜在顾客定期提供现货服装的最新信息,并且提供了一个定制的"个性化的购物"界面,利用电子手段按顾客的喜好和要求送货。

(三)建立网上营销伙伴

由于网络的自由开放性,网络时代的市场竞争是透明的,谁都能较容易地掌握同行业竞争对手的产品信息与营销行为。因此网络营销争取顾客的关键在于如何适时获取、分析、运用来自网上的信息,如何运用网络组成合作联盟,并以网络合作伙伴所形成的资源规模创造竞争优势。建立网络联盟或网上伙伴关系,就是将企业自己的网站与他人的网站联系起来,以吸引更多的网络顾客。具体而言,有以下两种方式:

1. 结成内容共享的伙伴关系

内容共享的伙伴关系能增加企业网页的可见度,向更多访问者展示企业的网页内容。比如说,一个在网上销售运动自行车的企业与网上销售运动服装的企业结成伙伴,在他们卖出运动服装(或自行车)的同时提供自行车或运动服装,达到相互配合的作用。

2. 交互链接和搜索引擎

交互链接和网络环是应用于链接相互网站来推动交易的重要形式。相关网站间的交互链接有助于吸引在网上浏览的顾客,便于他们一个接一个地按照链接浏览下去,以提高企业网站的可见性。网络环只是一种更为结构化的交互链形式,在环上一组相关的伙伴网站连在一起,并建立链接关系,访问者可以通过一条不间断的"链"看到一整套相关网站,从而获得更为充实的信息。

把企业的网站登录在一个大的搜索引擎上是网上营销寻求伙伴关系的重要选择,因为有经验的互联网用户在网上查找所需的信息时,总是首先利用搜索引擎。

(四)网络营销竞争战略分析

要了解这些竞争优势如何给企业带来战略优势以及企业如何选择竞争战略,就必须分析网络营销战略对组织业务提供的策略机会和威胁。企业面临的一系列外部威胁和机会有:新的进入者威胁、供应商要价能力、现有竞争者之间的对抗、消费者要价能力、替代产品或服务威胁。企业必须加强自身能力应对新的进入者、供应者、现有的竞争者、消费者、替代产品或服务带来的问题,改变企业与其他竞争者之间的竞争对比力量。企业可以采取以下几个竞争战略来提高竞争力:

(1)成本领先战略。提供低成本的产品或服务,降低与购买者和供应者之间的交易成本。

(2)差异战略。提供与竞争者不同的产品和服务,定位于差异市场以保持竞争力。

(3)创新战略。开发新产品和服务,拓展新市场,建立新的商业联盟、新的分销网络。

(4)目标聚集战略。采用上述的某一种战略优势占领某一细分市场。

网络营销战略作为一种竞争战略,可以在下述几个方面加强企业在对抗某一股力量时的竞争优势:

(1) 巩固公司现有竞争优势

利用网络营销战略的优势可以对现有顾客的要求和潜在需求有较深入的了解,对公司潜在顾客的需求也有一定了解,制定的营销策略和营销计划有一定的针对性和科学性,便于实施和控制,顺利完成营销目标。如美国计算机销售公司戴尔(Dell)公司,通过网上直销与顾客进行交互,在为顾客提供产品和服务的同时,还建立自己的顾客和竞争对手的顾客数据库。数据库中包含顾客的购买能力、购买要求和购买习性等信息。根据信息,戴尔公司将顾客分成四大类:摇摆型的大客户、转移型的大客户、交易型的中等客户和忠诚型的小客户。公司通过对数据库的分析,针对不同类型客户相应的制定销售策略,对于第一类型占公司收入50%的大客户,加强与他们的直接沟通,利用互联网提供特定服务,并有针对性地定期邮寄有关资料,争取失去的顾客并且赢得回头客;对第二类型占公司收入20%的大客户,可以争取,通过与他们加强沟通并增强销售部门的力量,使其建立起对公司和品牌的忠诚度;对第三类型占公司收入20%的客户,可以采取传统的邮寄和电话营销方式以增强其与公司的关系和联系;对最后一种类型占公司收入10%的客户,只须采取偶尔邮寄的方式来加强其忠诚度。

(2) 加强与顾客的沟通

网络营销战略以顾客为中心,其中网络数据库中存储了大量现在消费者和潜在消费者的相关数据资料,公司可以根据顾客需求提供特定的产品和服务,具有很强的针对性和时效性,可极大地满足顾客需求。同时,借助网络数据库可以对目前销售的产品满意度和购买情况做分析调查,及时发现问题、解决问题,确保顾客满意,建立起顾客的忠诚度。

(3) 为入侵者设置障碍

虽然信息技术使用成本日渐下降,但设计和建立一个完善且有效的网络营销战略系统仍是一个长期的系统性工程,需要投入大量的人力、物力和财力。因此,一旦某个公司已经实行了有效的网络营销,竞争者就很难进入公司的目标市场。因为竞争者要用相当高的成本建立一个类似的数据库,这几乎是不可能的。从某种意义上说,网络营销系统是公司难以模仿的核心竞争力和可以获取收益的无形资产。这也正是为什么技术力量非常雄厚的Compaq公司没有建立起类似Dell公司的网上直销系统的原因之一。建立完善的网络营销战略系统需要企业从组织管理和生产上进行整体配合。

(4) 提高新产品开发和服务能力

公司开展网络营销战略,可以从与顾客的交互过程中了解顾客需求,甚至由客户直接提出要求,因此很容易确定顾客要求的特征、功能、应用、特点和收益。在许多工业产品市场中,最成功的新产品往往是由那些与公司有联系的潜在顾客提出意见而被制造出来的。对于现有产品,通过网络营销容易获得顾客对产品的评价和意见,从而准确决定所需要的改进产品和换代产品的主要特征。

(5) 稳定与供应商的关系

供应商是向公司及其竞争者提供产品和服务的公司或个人。公司在选择供应商时须考虑三方面的因素:第一方面考虑生产的需要;第二方面考虑时间上的需要,即计划供应商要依据市场的需求,将满足要求的供应品在恰当的时机送到指定地点进行生产,以最大限度地节约成本和控制质量;第三,公司还可以了解竞争者的需求量,制定合理的采购计划,在供应紧缺时能预先订购,确保竞争优势,以免出现有的企业老总亲临原料基地、现款提货的尴尬场面。美国的大型零售商沃尔玛公司通过网络将采购计划送给供应商后,供应商必须适时送货到指定零售店。供应商既不能供货过早,因为公司实行零库存管理,没有仓库;也不能过晚,否则会影响零售店的正常销售。在零售业竞争日益白热化的情况下,公司凭借其与供应商稳定协调的关系,使其库存成本降到最低;供应商也因公司销售额的稳定增长而受益匪浅。

五、网络营销战略模式选择

企业要引入网络营销,首先要弄清楚网络营销要通过何种机制达到何种目的,然后企业可根据自己的特点及目标顾客的需求特性,选择一种合理的网络营销模式。现有几种有效的网络营销模式:

(一) 留住顾客、增加销售

留住顾客、增加销售的网络营销模式可以用图11.1来描述。

图 11.1　留住顾客、增加销售的模式

现代营销学认为,保留一个老顾客相当于争取五个新的顾客。而网络双向互动、信息量大且可选择地阅读、成本低、联系方便等特点决定了它是一种优于其他媒体的顾客服务工具。通过网络营销,可以达到更好地服务于顾客的目的,从而增强与顾客的关系,建立顾客忠诚度,永远留住顾客。忠诚的顾客总是乐意购买公司的产品,这样自然而然地就提高了公司的销售量。

德国的媒体集团"贝塔斯曼"在上海总部以"贝塔斯曼书友会"的形式开展网络营销和传统营销并行的销售活动。在开始阶段,"贝塔斯曼书友会"将工作重心放在发展新会员上,有一定的效果。但是后来发现不断增加的新会员并没有给公司增加相应的销售额,而老顾客的减少却使销售量有较大幅度的降低。针对这种情况,"贝塔斯曼书友会"在留住顾客、增加销售量上做文章,策划了许多相关的营销活动,果然取得了比较理想的效果。

"小天鹅"公司通过大量的市场调研,得出一组营销数据,即1:25:8:1。也就是1个顾客使用小天鹅产品并得到了满意的服务,他(她)会影响周围其他25位顾客,因为这比广告或宣传更具有客观、公正的特点。同时,其中8个人会产生购买欲望,1个新顾客会产生购买行为。这就是顾客的市场辐射效应。

(二) 提供有用的信息刺激消费

向顾客提供有用的信息以达到刺激消费的网络营销模式可以用图11.2描述。

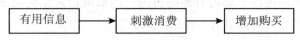

图 11.2　提供有用的信息刺激消费的模式

本模式尤其适用于通过零售渠道销售的企业,它可以通过网络向顾客连续地提供有用的信息，包括新产品信息、产品新用途等，还可以根据情况适时地变化，保持网上站点的新鲜感和吸引力。这些有用的新信息能刺激顾客的消费欲望，从而增加购买量。

（三）简化销售渠道、减少管理费用

简化销售渠道、减少管理费用的网络营销模式可以用图11.3来描述。

图11.3 简化销售渠道、减少管理费用的模式

使用网络进行销售对企业最直接的效益来源于它的直复营销功能，即通过简化销售渠道、降低销售成本，最终达到减少管理费用的目的。本模式适用于将网络当做直复营销工具的企业。

利用网络实施直复营销对于顾客而言，必须购买方便，使其减少购物时间、精力和体力上的支出与消耗；对于企业而言，应达到简化销售渠道、降低销售成本、减少管理费用的目的。书籍、鲜花和礼品等的网上商店是这种模式的最好应用。

（四）让顾客参与、提高客户的忠诚度

让顾客参与、提高客户的忠诚度的网络营销模式可以用图11.4来描述。

图11.4 让顾客参与、提高客户的忠诚度的模式

新闻业已有一些成功运用此模式的例子。报纸和杂志出版商通过它们的网页来促进顾客的参与。这些网页使顾客能根据自己的兴趣组成一些有共同话题的"网络社区"，同时也提供了比传统的"给编辑的信"参与程度高得多的读编交流机会。这样做的结果是有效地提高了订户的忠诚度。电影、电视片的制作商也采用此模式提高产品的流行程度。

（五）提高品牌知名度以获取更高的利润

通过提高品牌知名度以获取更高利润的网络营销模式可以用图11.5来描述。

图11.5 提高品牌知名度获取更高利润的模式

将品牌作为管理重点的企业可通过网页的设计来增强整个企业的品牌形象，CoCaCola、Nike、Levi Strauss 等著名的品牌都已采用网络作为增强品牌形象的工具。

企业可以通过网页的设计，突出品牌宣传，树立整体的企业品牌形象，建立顾客忠诚度，实现市场渗透，最终达到提高市场占有率的目的。例如可口可乐公司不是将网络作为直复营销的工具，而是将其作为增强品牌形象的工具。

（六）数据库营销

网络是建立强大、精确的营销数据库的理想工具，因为网络具有即时、互动的特性，所以可以对营销数据库实现动态的修改和添加。拥有一个即时追踪市场状况的营销数据库，是公司管理层做出动态的、理性的决策的基础。传统营销学中的一些仅停留在理论上的梦想通过网络建立的营销数据库可以实现，例如对目标市场的准确细分、对商品价格的及时调整等。数据库营销模式是传统营销模式的现代化发展形式，具有科学性和预测性的优势。

六、网络营销战略规划与实施

（一）企业在确立采取网络营销战略后，要组织战略性的规划和执行

网络营销不仅是一种简单的新营销方法，它通过采取新技术来改造和改进目前的营销渠道和方法，涉及企业的组织文化和管理各方面。如果不进行有效的规划和执行，该战略可能只是一种附加的营销方法，不能体现出战略的竞争优势，相反只会增加企业的营销成本和管理复杂性。网络营销战略规划可分为下面的几个阶段，如表11.2所示。

表11.2　网络营销战略规划表

阶　　段	各阶段任务情况
目标规划	在确定使用某一战略的同时，识别与之相联系的营销渠道和组织，提出改进目标和方法
技术规划	网络营销战略很重要的一点是要有强大的技术投入和支持，因此资金投入和系统购买安装以及人员培训都应该统筹安排
组织规划	实行数据库营销后，企业的组织需进行调整以配合该策略的实施，如增加技术支持部门、数据采集处理部门，同时调整原有的推销部门等
管理规划	组织变化后必须要求管理的变化。公司的管理必须适应网络营销的需要，如销售人员在销售产品的同时，还应记录顾客的购买情况；个人推销应严格控制以减少费用等

（二）网络营销战略的实施

网络营销战略的实施是个系统工程，首先应加强对规划执行情况的评估，判定是否充分发挥此战略的竞争优势，有无改进余地；其次是对执行规划时产生的问题应及时识别和加以改进；再次是对技术的评估和采用。采用新技术可能改变原有的组织和管理规划，因此对技术进行控制也是网络营销的一个显著特点。

网络营销战略的实施不是简单的某一个技术方面的问题或某一个网站建设的问题，它还需要对整个营销战略方面、营销部门管理和规划方面以及营销策略制定和实施方面进行调整。

 **任务实施**

伴随着互联网的风生水起,网络营销以其快捷、低成本、高覆盖面的特点与优势迎合了时代进步和科技发展之潮流和需求,正是像DY电子有限责任公司的一些中小企业实现自身营运的变革、开创发展良机的触点和导线。

就像任何成长中的事物一样,目前互联网营销在快速发展的同时,由于观念的局限、认识的误区与实际操作的失误,网络营销给企业带来的成效却是几家欢乐几家愁:一些企业的投入收到了盆满钵溢的回报,而很多企业花了大钱撒在网络营销上,却只开花没结果,让满怀信心与希望的中小企业受到打击,或多或少地影响了国内网络营销的发展。DY电子有限责任公司在发展中遇到的问题与困惑值得我们思考。

 **思考题**

1. 简述网络营销的战略目标。
2. 如何对企业进行网络营销战略分析?
3. 阐述网络营销战略模式的选择。

 **实训题**

实训目的

引导学生参加"市场机会分析、确定"业务胜任力的实践训练;在切实体验营销物流等有效率的活动中,培养相应的专业能力与职业核心能力;通过践行职业道德规范,促进健全职业人格的塑造。

实训内容

(1) 专业技能与能力:在网络上选择某同一类产品的几家不同供应商,了解各类产品定位及其近一年来的销售业绩。

(2) 相关职业核心能力:中级训练。

(3) 相关职业道德规范:认同及践行。

实训时间

在讲授本训练时选择课余时间。

操作步骤

(1) 将班级每10位同学分成一组,每组确定1~2人负责。

(2) 对学生进行供应商选择培训,确定选择哪类产品作为调研的范围。

(3) 学生按组上网调查,并将调查情况详细记录。

(4) 对调查的资料进行整理分析。

(5) 依据网路营销的相关理论,分析各公司营销手段的特点与差异。

(6) 写出分析报告。

(7) 各组在班级进行交流、讨论。

成果形式

撰写机会分析报告。

 案例讨论

2010年岁末，国美、苏宁等家电销售连锁巨头以窜货为由，要求其供应商各大家电厂家减少向网络销售商京东商城供货，企图"封杀围剿"京东商城，从而使得传统渠道和网络渠道的对抗公开化了。有着60∶100的销售规模份额（注：在北京、上海等区域，京东商城的销售规模份额已经超过60亿，而同一区域国美电器的销售规模份额也不过100多亿）的京东商城也毫不示弱，指责苏宁和国美等渠道运作效率不高，企图价格垄断，要求供应商出面协调，给个说法。一边是新兴渠道的快速增长、年轻消费族群的巨大潜力，一边是传统渠道巨大的现实销量和广阔的覆盖面，各供应商只能在火药味越来越浓的两者冲突中不断救火，小心平衡。

【思考】

1. 何为网络营销？
2. 结合案例分析为什么京东商城会对传统营销渠道构成巨大威胁？

模块十二 营销物流

任务一 营销物流的概念

学习目标

通过学习物流的含义、类型、特点及职能,能够熟练掌握营销物流的概念、特征情况。

知识点

营销物流的概念、物流的概念及分类。

技能点

电子商务环境下,现代企业如何进行营销物流?

 任务描述

在家电行业竞争激烈、微利时代到来的今天,"日子不好过""利润降低",是在这种环境下中小家电企业发出最多的感慨。从2008年开始,家电中小企业的日子开始越来越难过,尤其是出口型企业,"几乎没有利润可言",许多出口型企业开始转做内销市场,这更加剧了国内市场的竞争。在竞争如此激烈的环境下,企业要想发展就得有优势产品吸引顾客。优势产品宣传出去后,顾客希望购买DY公司的优势产品,但商店里却没有货,他们因此只能选择其他牌子的电器。就是说如果只是公司广告效果好,却因物流管理跟不上,也会丧失很多销售机会。"现代企业应该如何去做好营销物流呢?"DY公司营销部的王强一直在思考着这个问题。

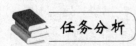 任务分析

营销物流是创造市场需求,改善营销绩效的极富潜力的工具。企业可以通过改善物流

管理,提高服务质量,降低价格,吸引新的顾客,提高企业竞争力和市场营销效果。相反,如果企业不能及时将产品送达顾客手中,就必然失去顾客,丧失市场份额。

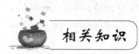

一、物流的概念

Logistics 的原意为"后勤",它是为维持战争需要的一种后勤保障系统。后来把 Logistics 一词转用于物资的流通中,这时,物流就不单纯是考虑从生产者到消费者的货物配送问题,还要考虑从供应商到生产者对原材料的采购以及生产者本身在产品制造过程中的运输、保管和信息等各个方面,以全面地、综合性地提高经济效益和效率。

我国于2001年发布的《物流术语》中对物流的定义是:物品从供应地到接收地的实体流动过程。根据实际需要,对运输、储存、装卸、搬运、包装、流通加工、配送、信息处理等基本功能实施有机结合。

二、电子商务环境下现代物流的特点

在当今的电子商务时代,全球物流产业有了新的发展趋势。现代物流服务的核心目标是在物流全过程中以最小的综合成本来满足顾客的需求。

现代物流具有以下几个特点:电子商务与物流的紧密结合;现代物流是物流、信息流、资金流和人才流的统一;电子商务物流是信息化、自动化、网络化、智能化、柔性化的结合;物流设施、商品包装的标准化,物流的社会化、共同化也都是电子商务下物流模式的新特点。

电子商务的不断发展使物流行业重新崛起,目前美国的物流业所提供的服务内容已远远超过了仓储、分拨和运送等服务。物流公司提供的仓储、分拨设施、维修服务、电子跟踪和其他具有附加值的服务日益增加。物流服务商正在变为客户服务中心、加工和维修中心、信息处理中心和金融中心,根据顾客需要而增加新的服务是一个不断发展的观念。

相对于发达国家的物流产业而言,中国的物流产业尚处于起步发展阶段,其发展的主要特点:一是企业物流仍然是全社会物流活动的重点,专业化物流服务需求已初露端倪,这说明我国物流活动的发展水平还比较低,加强企业内部物流管理仍然是全社会物流活动的重点;二是专业化物流企业开始涌现,多样化物流服务有一定程度的发展。走出以企业自我服务为主的物流活动模式,发展第三方物流,已是中国物流业发展的当务之急。

三、电子商务物流的含义

(一)电子商务物流的含义

电子商务物流又称网络物流,是基于互联网技术,旨在创造性地推动物流行业发展的新商业模式。通过互联网,物流公司能够被更大范围内的货主客户主动找到,能够在全国乃至世界范围内拓展业务;贸易公司和工厂能够更加快捷地找到性价比最适合的物流公司;网上物流致力于把世界范围内最大数量的有物流需求的货主企业和提供物流服务的物流公司都吸引到一起,提供中立、诚信、自由的网上物流交易市场,帮助物流供需双方高效达成交易。目前已经有越来越多的客户通过网上物流交易市场找到了客户,找到了合作伙伴,找到了海外代理。网上物流的最大价值就是提供更多的机会。

(二)电子商务物流的特点

电子商务时代的来临给全球物流带来了新的发展,使物流具备了一系列新特点,如表12.1所示。

表 12.1　电子商务物流的特点

特　点	特点描述	特点应用情况
信息化	电子商务时代,物流信息化是电子商务的必然要求。物流信息化表现为物流信息的商品化、物流信息处理的电子化和计算机化、物流信息存储的数字化等	条码技术、数据库技术、电子订货系统、电子数据交换、快速反应及有效的客户反映等技术
自动化	自动化的基础是信息化,外在表现是无人化,效果是省力化,另外还可以扩大物流作业能力、提高劳动生产率、减少物流作业的差错等	条码/语音/射频自动识别系统、自动分拣系统、自动存取系统、自动导向车、货物自动跟踪系统等
网络化	当今世界 Internet 等全球网络资源的可用性及网络技术的普及为物流的网络化提供了良好的外部环境,物流网络化不可阻挡	物流配送中心向供应商提出订单,借助增殖网上的电子订货系统(EOS)和电子数据交换技术(EDI)自动完成;台湾的电脑业在90年代创造出了"全球运筹式产销模式"
智能化	这是物流自动化、信息化的一种高层次应用,物流作业过程中需要大量的运筹和决策。为提高物流现代化的水平,物流的智能化已成为电子商务下物流发展的一个新趋势	库存水平的确定、运输(搬运)路径的选择、自动导向车的运行轨迹和作业控制、自动分拣机的运行、物流配送中心经营管理的决策支持等
柔性化	柔性化本来是为实现"以顾客为中心"理念而在生产领域提出的。柔性化要求物流配送中心要根据消费需求"多品种、小批量、多批次、短周期"的特色,灵活组织和实施物流作业	弹性制造系统、计算机集成制造系统(CIMS)、制造资源系统(MRP)、企业资源计划(ERP)等技术

另外,物流设施、商品包装的标准化,物流的社会化、共同化也都是电子商务下物流模式的新特点。

四、物流的分类

按照物流的对象不同、目的不同,物流范围、范畴不同,形成了不同类型的物流,常见的物流分类如图 12.1 所示。

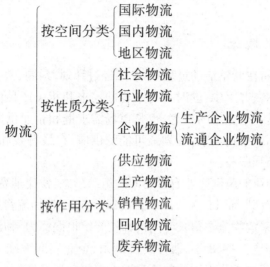

图 12.1 物流分类图

五、物流在经济生活中的意义

经济中的流通、经济中的物流、经济中的运输,物流在社会经济中的位置是无法替代的。"经济"一词来自"经世济民",经济的目的是治国安邦,让人们过上富裕的生活。所谓经济,是用"价值"观念看待人类社会而言的,是指人们为了生活而从事必要的买卖、消费、生产等活动。但经济绝不是只由买卖、消费、生活构成的。

企业要销售产品、获取收入,没有流通是不行的。我们消费是为了生活下去,需要购买必要的物品,物品到消费者手中的过程即流通是必不可少的。所以,物流也是经济要素之一,这是毋庸置疑的。

经济由三大领域构成,即"生产""流通"和"消费"。构成经济的是"生产和消费"或"供给与需求"。流通是包含在"供给(生产)"中的。

但是,流通与制造、栽培是有本质区别的。现代流通的规模日趋庞大,这是经济的规模、范围扩大的缘故。在日本,工业原材料、新鲜食品从全世界选购,同时,日本生产的商品销往世界各地。因此,有必要把"制造物品"与"运送物品"分开来考虑。

而我们所谓的商流,是对"财(商品)"的所有权的转移而言的,即所有权从厂家、农家、渔家转移到商家手里,最终再转移到消费者手中。另一方面,物流是从物资的物理性活动来看其流动的。

除上述两个功能外,可以说流通还有辅助性功能,那就是信息、金融及其他服务。物流从其活动面可分为"运输、配送""保管""装卸""包装""流通加工""在库管理""物流信息处理"等,这些活动还可以继续细分。

如上所述,经济是构成人类社会的一个重要功能,流通是经济中的一个重要功能,物流是流通的重要功能……它们之间有着如此密切的关联。因此,物流变化会给整个经济带来影响;经济发生变化,物流也不得不发生变化。总之,要从整个社会的角度来看待物流。

六、营销物流

(一)营销物流的概念

所谓营销物流,是指在营销活动过程中,产品经过计划、预测、储存、订购、运输和签收等流转服务活动最终到达顾客手中,同时又将顾客的需求和相关产品信息反响传递给企业的循环过程。营销物流是一个全新的概念,也是市场需求链和企业供应链的交集中最具活力的环节。它的使命是围绕市场需求,计划最可能的供应,在最有效和最经济的成本前提下,为顾客提供满意的产品和服务。

营销物流在不同行业的跨国企业有着不同的组织形态:快速消费品行业称其为"营销效率部"或"营销行政物流部",而IT业的许多公司都设有"行政物流营运部"。

营销物流与生产、采购物流在很长时间内都被笼统地混称为"物流配送"或"储运",它很少被当做一个单独的概念。1958年,西方经济萧条、企业利润缩减,导致新经济环境产生,在此种情况下,营销物流才逐步以独立的面目登上销售营运舞台。

(二)营销物流的特点

作为一种复合型的物流状态,营销物流系统要面对诸如营销供应、采购、成本控制、生产外包、供应商联盟、第三方物流、渠道库存、客户服务等环节,进行全方位组织、统筹、控制、跟踪以及评估管理计划和控制范畴。因此,营销物流的管理者必须具备多方面的专业知识和经验,更重要的是,要具备开阔的视野、相当强的协调和沟通能力,并以客户需求为准绳。

营销物流是价值链系统的新表现形式,它整合了企业内外部后勤,协调控制生产与输出,执行和优化营销活动的产品服务,最终使企业以客户需求为"第一动力",持续而健康地推动企业良性发展,不断降低成本、扩大利润。

在全球供应链一体化的大趋势下,物流管理也具有了新的时代特征,营销物流系统的特点主要表现在以下几个方面:系统的效率和效益取决于上下游企业供应链运作的质量;系统稳定性与弹性的平衡;建立在现代电子信息技术基础上;不可控性和变异性较强。

现代电子商务和现代物流的蓬勃发展,为传统家电企业带来了新的契机。运用现代物流管理与技术有效降低物流成本、提高物流效率,从而增强企业竞争力,已成为当前DY电子乃至整个家电行业的共识。

对于广大家电企业来说,在明确了要做什么的前提下,下一步就必须知道该如何做了。那么,家电物流到底路在何方呢?为了寻找新的利润源泉,一些家电企业在第三方物流企业进军家电业的同时也蜂拥涉足物流业,相继建立了自己的子物流企业。目前,一些国内知名的家电企业在经过尝试与努力后,初步摸索出了一些比较适合它们自身的物流模式。

1. 简述物流的含义。
2. 物流的分类有哪些?
3. 营销物流的概念及策略。

任务二　营销物流路径设计

学习目标

通过学习营销物流的策略、路径设计,能够熟悉营销物流路径设计应考虑的因素。

知识点

营销物流的策略、营销物流的路径设计。

技能点

结合所学知识,对具体企业进行营销物流设计。

中国家电业早已进入一个品牌制胜的时代。在中国家电业遭遇群体市场寒流的今天,仍发现有一个"家族"正在崛起,它以时尚、个性、高雅、方便、实用等特点深深赢得了千万家庭的青睐,在赢得市场的同时,也扛起了利润与成长的细分行业大旗——它就是小家电。

自2002年以来,中国小家电产业的产量一直保持着增长的状态,据赛迪顾问预测,未来几年,小家电市场仍具有较大的发展空间和潜力。目前,多数小家电产品的普及率都很低,在10%左右,有的甚至更低,这说明市场需求的潜力还很大,而随着人们生活水平的不断提高、消费观念的转变,需求空间有可能在近两年得到集中释放。特别是随着农村居民收入水平快速提高,许多农村家庭的收入已达到家用电器普及化要求的收入水平,这也为一些小家电产品提供了进一步扩大销售的空间。

面临机遇与威胁,作为DY电子公司营销部门的新员工张飞,正在考虑公司该如何进行营销路径设计,才能在激烈的竞争中保持领先位置?

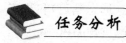

作为小家电系列电子产品的企业,DY电子深知小家电市场的特征,从成立之初就创立

了适合市场的、自身特有的赢利模式,实施零售+代理多种渠道模式相结合,以零售卖场为主,二线城市以代理为主,以低成本、高效率的物流运营模式,与大型连锁卖场实施差异化竞争,在竞争中得以生存发展。

一、营销物流的策略

在供应链环境下,供应链一体化改变了企业的营销环境,使企业营销具有了新的特点,对营销物流也提出了新的要求。企业要实现预期的营销目标,形成企业的核心竞争优势,必须有针对性地选择营销物流策略。

总体说来,环境不同、产品特性不同,所选择的策略就会不同,当质量和成本成为竞争的主要因素时,典型的策略选择就是精益物流策略;当交货期或上市时间成为竞争的主要因素时,出现了"基于时间的竞争",典型的策略选择是敏捷化策略;当产品的个性化成为竞争的主要因素时,典型的策略选择是延迟物流策略;实时物流策略是提高顾客需求响应速度所必须的。营销物流策略选择应根据企业的总体战略和策略,有针对性地进行。

(一) 实时物流策略

实时物流策略是指通过使用最新信息技术和现代物流技术来积极地消除物流业务流程中的管理与执行的延迟,从而提高企业整个物流系统的反应速度与竞争力,提升物流服务水平。实施实时策略除了要求企业具备先进的信息技术和现代物流技术,还要求企业通过业务流程再造,使物流系统达到标准化、自动化、信息化、无缝化和协同化的要求。

实时物流策略关注整个营销物流系统的反应速度与低成本,不仅追求生产、采购、销售系统中物流活动的协同、一体化运作,更强调营销物流系统与整个供应链系统的融合,形成以供应链中主导企业为核心的大系统中的物流反应与执行速度,使商流、信息流、物流、资金流四流合一,真正实现企业追求"实时"的理想目标。

实时策略既适用于 ECR 模式,也适用于 QR 模式,是营销物流广泛适用的策略之一。实时策略通过与消费者进行 24 小时实时互动,对消费者的需求快速响应,并可以使消费者参与到产品设计等环节中,更好地把握消费者需求,进而提高营销物流的服务水平,提升企业的核心竞争能力,达到营销物流对消费者需求快速反应和高效率运行的要求。

(二) 延迟物流策略

延迟物流策略是一种基于时间因素的物流策略,是一种能减小预测风险的策略。在传统的物流运作中,运输和储存等物流作业是在对未来业务量进行预测的基础上来进行的。延迟策略是将产品的最后制造和物流作业延迟至收到客户订单后再进行。这样就可以减少或消除由于预测不准确造成的风险。具体操作中有两种延迟:生产延迟(形态延迟)和物流延迟(时间延迟)。这两种策略以不同的方法来适应客户灵活性的要求,减少预测风险。

生产延迟策略的重点在于产品,先制造出相当数量的标准产品或模块来实现规模经济,收到客户订单后,再将其组装加工成符合客户要求的最终产品。物流延迟策略的重点在时间,通过集中库存,将不同的产品集中在配送中心,当收到客户订单后再进行快速分拣、配货等活动,将产品直接装运到客户手中。不论是生产延迟还是物流延迟,其基本出发点都是通过对产品或者时间的延迟,来减少物流预测的风险、满足客户的个性化需求和进行批量规划。仅就字面意思来看,似乎延迟策略与实时策略相矛盾,实际上两者是相辅相成、相互配合的关系。延迟策略的"延迟"是将产品的配送延迟到收到客户的订单后,而实时策略致力消除的"延迟"是产品配送过程的管理与执行的延迟。

由于延迟策略将产品的最后制造和一些物流作业延迟到收到客户订单后再进行,虽然减少了物流预测的风险、满足了客户的个性化需求和批量规划,提高了系统的反应速度,但由于时间的限制,也增加了违约和增加物流成本的风险。因此需要实时策略的配合。实时策略通过各个运作环节的信息共享,实现各个环节的无缝对接和实时运作,提高了物流系统的反应速度,既降低了违约的风险,也降低了物流的成本,可见实时策略和延迟策略是一对很好的营销物流组合策略。

（三）精益物流策略

精益生产是指以最小化资源(包括时间)来完成企业的生产活动,在整个生产过程中,找出并且尽力消除生产中一切不增值活动。消灭浪费是精益思想的核心。在精益物流策略中,将精益思想引申、延展到企业物流供应链管理的全过程,即追求企业营销物流系统的低成本、高效率运行,以及企业和顾客的价值最大化。精益物流策略的主要手段是价值工程和并行工程。

营销物流强调低成本、高效率的物流服务,以及对消费者需求的快速反应,精益物流策略通过对企业整个营销物流系统流程的精益管理和控制,实现成本的节约和效率的提高,通过强化系统流程的增值环节,消除浪费,来保证企业和顾客价值的最大化。

精益物流理论的产生,为我国的传统物流企业提供了一种新的发展思路,为这些企业在新经济中生存和发展提供了机会。精益物流理论符合现代物流的发展趋势,该理论所强调的消除浪费、连续改善是传统物流企业继续生存和发展必须具备的根本思想,它使得传统物流企业的经营观念转变为:以顾客需求为中心,通过准时化、自动化生产不断谋求成本节约,谋求物流服务价值增值的现代经营管理理念。可以说,基于成本和时间的精益物流服务将成为中国物流业发展的驱动力。

（四）敏捷化策略

1991年,美国通用汽车公司和里海大学共同提出了敏捷制造(Agile Manufacturing,简称 AM),将敏捷化作为面向21世纪的企业发展战略。营销物流敏捷化策略是指在快速多变的市场环境下,通过企业内外各种资源优化整合,寻求在速度、柔性、质量、获利能力、创新主动性等方面取得竞争优势,从而使企业及其供应链的业务活动与顾客需求无缝对接,达到低成本、高质量及快速响应的目标。

营销物流系统的敏捷化策略包括:制造敏捷化,如产量柔性、品种多样化、生产线转换能力等;物流敏捷化,如配送速度、准时交货率、交货周期等;产品研发敏捷化,如新产品市场导入时间、新产品顾客化程度等;组织敏捷化,如组织结构的扁平化程度、供应链结构柔性等。

通过与精益物流策略的比较分析,可以看出敏捷化策略主要适用于创新型产品,敏捷化策略运用供应链的集成思想,以现代信息技术为支撑,对顾客需求快速响应,迅速组织各种资源,以最低成本生产出最适合顾客需要的产品,以最快捷的速度送到消费者手中,实现企业和顾客的价值最大化。是营销物流系统的基于时间的有效策略之一。

二、营销物流的路径设计

随着电子产品行业竞争日趋激烈、电子产品经营综合利润下降,如何寻找正确的家电渠道模式成为电子产品行业生存的关键。目前国内较为先进的电子产品经营模式主要有连锁经营及渠道代理两种。在连锁经营中,凭借市场消费规模,实施低价销售,充分体现其规模竞争优势。随着全国连锁终端的发展,与连锁经营业态相比较,整个渠道代理成熟的企业正在慢慢地退出竞争行列。

在区域经济发展不平衡、单店销售规模小的区域,渠道扁平化受到了挑战,在这些区域内依然存在着大型的电子产品代理商,那么,这些代理商为什么在渠道扁平化的主流中还依然存在?为什么他们能够与国内一些大型终端电子产品连锁企业在区域范围内处于竞争优势呢?我们以DY电子有限公司为案例,分析其营销物流路径设计。

作为电子行业企业,DY电子根据自身特有的赢利模式,实施零售+代理多种渠道模式相结合,DY电子以零售卖场为主,在二线城市以代理为主,以低成本、高效率的物流运营模式,与大型连锁卖场实施差异化竞争,在竞争中得以生存发展。

DY电子在国内代理集家电资金流、物流、信息流、商流于一体,以小家电市场供应链集成商的角色来与国美等纯家电连锁零售商实现差异化竞争。其具体表现在:

(1) 构建DY电子产品、家电市场的资金流运作平台。针对生产厂家对风险控制的要求,纷纷转变为先付款后供货经营的方式,同时针对一些地区由于消费力弱,各经销商的缺乏足够运营资金的情况,DY电子充分运用自己的资金实力,对下游供应商实行授信管理,给予长期稳定合作,且对当地具有一定影响力的经销商给予一定的信用额度,对上游采取统一采购、统一支付的方式,为经销商缓解资金压力,使其快速成长;而生产商在风险可控的情况下,增加了销售规模,提升市场地位,搭建了一条DY电子市场资金运营风险及成本相对较低的资金流通渠道。

(2) 构建DY电子市场的物流运作平台。DY电子市场消费的分散性及道路交通状况决定了单位销售金额的物流成本较高,电子产品生产商物流体系难以覆盖国内广大地区。各下游经销商单位进货成本较高,DY电子抓住时机在各地区建立供应站,集合上游品牌资源,对各地区实行代理品牌的统一仓储,统一配送,扩大物流规模,优化物流成本,降低单位销售费用,提高物流服务的快捷性,为DY电子市场打造了一条物流成本最优的高速公路。

(3) 构建DY电子市场的信息共享平台。由于下游经销商对生产厂家的产品信息及库存信息缺乏了解,而各上游生产商不能及时掌握市场需求及经销商库存结构,生产供应计划出现偏差,使整个供应链出现大量的缺货或滞销库存,即供应链牛鞭效应,DY电子利用自己中间商的特点,使自己成为厂家及经销商间的信息交流平台,使上下游库存信息实现共享,降低牛鞭效应影响,优化供应链库存,降低整个供应链成本。

(4) 构建DY电子市场的商品流通平台:电子产品、小家电消费的分散性,决定了生产厂家高成本率的渠道开发和维护,从而降低了经销商供应渠道选择的丰富度。厂家需要低成本率的渠道来分销商品,经销商需要商品多样性的供应渠道,为供应商及经销商提供了一个商品供应多样化、销售渠道开发维护成本较低的商品流通平台。

在选择和设计物流系统时,常常要在几种不同的方案中进行比较选择,最后选择成本最小的物流系统。可以从以下几个方面来考虑:

① 单一工厂,单一市场。在众多的制造企业中,有些是单一工厂的企业,这些单一的工厂仅在一个市场上进行市场营销活动。它通常设在所服务的市场中间,以节省运输费用;但有时设在离市场较远的地方,可能获得低廉的土地、劳动力、能源和原材料成本。企业在对两个设厂地点进行选择时,不仅要考虑目前的各项成本,还要考虑未来的战略成本。

② 单一工厂,多个市场。当一家工厂在几个市场内进行市场营销活动时,企业有好几种物流方案可供选择。

③ 多个工厂,多个市场。企业还可通过由多个工厂及仓库所组成的物流系统(而不依靠大规模的工厂)来节省生产成本费用。企业面临两个最佳化选择:一是短期最佳化,在既定工厂和仓库位置上,制定一系列由工厂到仓库的运输方案,使运输成本最低;二是长期最佳化,即决定设备的数量与区位,使总物流成本最低。

近几年来,国内小家电市场的发展进入瓶颈阶段,发展速度不尽如人意。90年代中后期,国内小家电市场迅猛发展,大多数小家电企业得以保持高速发展,并出现包括华帝、万家乐、万和、方太、帅康、老板、康宝、九阳等的知名小家电企业。与此相比,2000年后,由于大家电品牌、外资品牌等先后大举进军小家电行业,市场竞争出现白热化,直接导致大多数小家电企业的发展速度迅速下滑,并出现零增长的势头。在这种情况下,营销物流路径的设计的确是势在必行。对于小家电这种发展还处在中低期的产业,应该从营销物流策略、路径设计、营销渠道等方面积极地变革、创新,以获得良性的成长。

1. 简述营销物流策略。
2. 营销物流的路径设计应考虑哪些因素?

实训目的

引导学生参加"营销物流"业务活动的实践训练;在切实体验营销物流等活动中,培养相应专业能力与职业核心能力;通过践行职业道德规范,促进健全职业人格的塑造。

实训内容

(1)专业技能与能力:在网络上购买东西,分别选择几家不同的物流公司来提供物流服务,了解物流服务范围的选择和服务质量的差异。

(2)相关职业核心能力:中级训练。

(3) 相关职业道德规范：认同级践行。

实训时间

在讲授本训练时选择课余时间。

操作步骤

(1) 将班级每10位同学分成一组，每组确定1~2人负责。
(2) 对学生进行公司和产品选择培训，确定选择哪类产品作为购买的对象。
(3) 学生按组上网调查，并将调查情况详细记录下来。
(4) 对调查的资料进行整理分析。
(5) 依据营销物流相关知识，找出不同类型物流服务的特点与差异。
(6) 写出分析报告。
(7) 各组在班级进行交流、讨论。

成果形式

撰写机会分析报告。

案例讨论

"送鲜花一样送啤酒，把最新鲜的啤酒以最快的速度、最低的成本让消费者品尝。"青岛啤酒人如是说。为了这一目标，青岛啤酒股份有限公司与香港招商局共同出资组建了青岛啤酒招商物流有限公司，双方开始了物流领域的全面合作。自从合作以来，青岛啤酒运往外地的速度比以往提高30%以上，山东省内300公里以内区域的消费者都能喝到当天的啤酒；300公里以外区域的消费者也能喝到出厂一天的啤酒，而原来喝到青岛啤酒需要3天左右。

朝日啤酒的"总鲜度管理"，要实现生产8天内送到顾客手里的目标，必须考虑批发商的库存，如果工厂控制在5天以内，批发商必须在3天内出手，否则将无法达到目的。因此，公司在考虑批发商的库存等因素后决定控制出货量。为了实施鲜度管理方案，朝日公司整体调整了管理体制。

【思考】
1. 结合案例情况，分析物流对营销的重要影响？
2. 青岛啤酒是如何实现以"最快的速度、最低的成本"满足消费者需求的？

模块十三 营销财务

任务一 销售预算

学习目标

通过对销售预算的概念、方法以及过程和内容的学习,能够明白预算在销售中的重要性,满足企业内部需要,为全面预算的编制提供科学依据。

知识点

销售预算的概念、预算编制的方法。

技能点

掌握销售预算的编制内容,熟悉销售预算的编制方法,能够编制销售预算。

DY 电子有限公司经营多种类电子产品,其产品畅销国内外,深受消费者的喜爱。该公司生产的电子产品在市场上销售量巨大,占有很高的市场份额。长期以来,公司坚持"企业管理以财务管理为中心,财务管理以资金管理为中心"的指导思想,紧紧抓住资金、成本两个管理中心环节,追求综合效益的最优化。近年来,通过对全面预算的不断探索和实践,保证了企业资金的有序控制,为企业持续发展提供了可靠保证。王哲是新进公司的财务人员,他将如何编制销售预算?该公司又如何进行销售预算的控制?

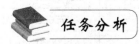

销售预算是在销售预测的基础上,根据企业年度目标利润确定的预计销售量、销售单价

和销售收入等参数编制,是用于规划销售活动的一种业务预算。DY 公司之所以能够在竞争激烈的市场上立于不败之地,销售预算是企业盈利的关键和核心。

一、销售预算的概念

销售预算(Sales Budget)是一个财务计划,它包括完成销售计划的每一个目标所需要的费用,以保证公司销售利润的实现。销售预算以销售预测为基础,预测的主要依据是根据销售预测确定未来期间预计的销售量和销售单价后,求出的预计的收入:

$$预计销售收入 = 预计销售量 \times 预计销售单价$$

二、销售预算编制的方法

(一)自上而下

主管按公司战略目标,在预测后对可利用的费用进行了解后,根据目标和活动选择一种或多种决定预算水平的方法进行举例预测,分配给各部门。

(二)自下而上

销售人员根据上年度预算,结合去年的销售配额,用习惯的方法计算出预算,提交给销售经理。

销售预算一方面为其他预算提供基础,另一方面,销售预算本身就可以起到对企业销售活动进行约束和控制的功能。销售预算的编制有利于公司目标及销售任务的实现;销售预算是为公司战略目标的实现而设置,公司的战略目标会根据环境变化而调整,所以,预算不是一成不变的。

例如,DY 公司于 2010 年(计划年度)只生产和销售一种产品,每季销售的产品有 60%属于现销,于当季收到现金,有 40%属于赊销,于下一季度收到现金。2010 年(基期)年末的应收账款为 175000 元。该公司计划年度的分季度销售预算表如表 13.1 所示。

表 13.1　DY 公司销售预算表(2010 年度)

项　目	一季度	二季度	三季度	四季度	全　年
预计销量(件)	2000	2500	3000	2500	10000
单价(元)	250	250	250	250	250
预计销售收入	500000	625000	7500000	625000	2500000
应收账款期初	175000				175000
一季度现销收入	300000	200000			500000

续表

项 目	一季度	二季度	三季度	四季度	全 年
二季度现销收入		375000	250000		625000
三季度现销收入			450000	300000	750000
四季度现销收入				375000	375000
现金收入合计	475000	575000	700000	675000	2425000

三、销售预算的内容

一般而言，销售部门的预算包括预测的销售额（分解为地域、产品、人员三部分）和以下内容：

（一）销售人员的费用

销售人员的费用主要是指负责销售的人员在销售过程中所发生的费用，包括工资、提成、津贴等；差旅费，包括住宿、餐饮、交通、杂费（娱乐、干洗等）。

（二）销售管理费用

销售管理费用是指在销售过程中，企业行政管理部门为组织和管理企业的销售活动所发生的各种费用，包括销售经理的工资、提成、津贴；销售经理的差旅费，包括住宿、餐饮、交通、交际费等。

（三）其他人员费用

其他人员费用是指与销售活动有关的人员的劳务费用，包括培训师薪水以及被培训者的薪水等。

（四）其他销售费用

其他销售费用是指其他与销售有关的活动所产生的费用，包括销售会议费用、销售促进费用、销售展示费用、目录和价格清单费用、招聘费用、销售人员离职费用等。

（五）通信费用

通信费用是指因公司或工作需要而发生的与销售活动有关的传达和接受信息所产生的费用，包括邮寄费、电话费和上网费等。

四、销售预算的过程

销售预算一般包括以下步骤：

（一）确定公司销售和利润目标

通常，公司的销售和利润目标是由最高管理层决定的，为了吸引投资和贷款，公司必须保持足够的投资回报。否则,公司的成长机会和生存将受到严重的威胁。公司的营销总监和销售经理的责任就是创造能达到公司最高层的目标的销售额,但这样做必须考虑成本。

(二) 销售预测

销售预测包括地区销售预测、产品销售预测和销售人员销售预测三部分。一旦公司销售和利润目标已经确定,预测者就必须确定在公司的目标市场上是否能够实现这个目标。如果总体销售目标与预测不一致,就需要重新调整公司销售和利润目标,或变革公司体系。

(三) 确定销售工作范围

为了达到既定的销售目标,需要确定潜在顾客和他们的需求,从设计产品、生产产品到为产品定价,通过各种方式与顾客沟通、招聘、培训销售人员等等。另外,必须开发具有销售管理潜能的人才。

(四) 确定固定成本与变动成本

在一定销售额的范围内,不随销售额增减而变化的成本称为固定成本;而随着销售产品数量增减而同步变化的成本称为变动成本。

主要的固定成本包括销售经理和销售人员的工资、销售办公费用、培训师的工资、被培训销售人员的工资、例行的销展示费用、保险、一些固定税收、固定交通费用、固定娱乐费用、折旧等等。

变动成本通常包括提成和奖金,邮寄费、运输费、部分税收(增值税)、交通费、广告和销售促进费等。

(五) 进行本量利分析

当区域销售经理被分配年度销售和利润目标后,他必须保持对达到目标过程的控制。这种控制最好按月进行。本量利分析法(BEA)是一种有效的分析方法。

盈亏平衡点(BEP)是本量利分析法中最重要的概念。它指使收入能够弥补成本(包括固定成本和变动成本)的最低销售量。其计算公式如下:

$$BEP = FC/(P - VC)$$

其中,BEP(盈亏平衡点),FC(总固定成本),P(单位产品售价),VC(单位产品的变动成本)。例如:每个产品销售单价是 10 元,材料成本是 5 元,固定成本(租金,管理费等)是 20000 元,那么需要多少产量才能保本呢?

$10 * Y - 20000 = 5 * Y$,$Y = 4000$,所以只有产量高于这个数量才盈利,低于这个数量就亏损。所以这个产品的盈亏平衡点就是 4000。

(六) 提交最后预算

本量利分析之后,销售经理要确定为达到最高管理层确定的销售额和利润目标所必须的成本费用。应知道各种变量的变化对利润的影响。

（七）用销售预算来控制销售工作

从一定意义上讲，本量利分析是一个预测工具，因为它预示了成本费用变化对盈亏平衡点和利润的影响。这种方法同样可以用于评估和控制工具。

五、确定销售预算水平的方法

各公司采用的预算方法各种各样，这里介绍几种常用的方法。销售经理可根据实际情况加以选择。

（一）最大费用法

这种方法是在公司总费用中减去其他部门的费用，余下的全部作为销售预算。这个方法的缺点在于费用偏差太大。在不同的计划年度里，销售预算也不同，不利于销售经理稳步地开展工作。

（二）同等竞争法

同等竞争法是以行业内主要竞争对手的销售费用为基础来制订的。同意用这种方法的销售经理都认为销售成果取决于竞争实力，用这种方法必须对行业及竞争对手有充分的了解，做到这点需要及时得到大量行业及竞争对手的资料，但通常情况下，得到的资料是反映以往年度的市场及竞争状况的。

（三）边际收益法

边际收益是指增加一个单位产品的销售所增加的收益，即最后一个单位产品的售出所取得的收益。这里的边际收益指每增加一名销售人员所获得的效益。由于销售潜力是有限的，随着销售人员的增加，其收益会越来越少，而每个销售人员的费用是大致不变的，因此，存在一个点，再增加一个销售人员，其收益和费用接近；再增加销售人员，费用反而比收益要大。边际收益法要求销售人员的边际收益大于零。边际收益法也有一个很大的缺点，在销售水平、竞争状况和市场其他因素均变化的情况下，确定销售人员的边际收益是很困难的。

（四）零基预算法

在一个预算期内每项活动都从零开始。销售经理提出销售活动必需的费用，并且对这些活动进行投入产出分析，优先选择那些对组织目标贡献大的活动。这样反复分析，直到把所有的活动按贡献大小排序，然后将费用按照这个序列进行分配。这样有时贡献小的项目可能得不到费用。另外，使用这种方法需经过反复论证才能确定所需的预算。

（五）任务目标法

任务目标法是一种非常有用的方法，它可以有效地分配达成目标的任务。以下举例说明这种方法：

如果公司计划实现销售额140000000时的销售费用为5000000元。其中，销售水平对总任务的贡献水平若为64%,那么,用于销售人员努力获得的销售收入为:140000000×64%=89600000元,那么,费用/销售额=5.6%。

假设广告费用为2000000元,广告对总任务的贡献水平为25.6%,由广告实现的销售收入为:140000000×25.6%=35840000元,广告的费用/销售额=5.6%。

这种情况下,两种活动对任务的贡献是一致的。否则,例如广告的收效低,公司可以考虑减少广告费,增加人员销售费用。这种方法要求数据充分,因而管理工作量较大,但由于它直观易懂,所以很多公司使用这种方法。

(六)投入产出法

这种方法是对目标任务法的改进。目标任务法是一定时间内费用与销售量的比较。但有时有些费用投入后,其效应在当期显示不出来,则无法真实反映费用销售量比率。投入产出法不强调时间性,而是强调投入与产出的实际关系,因此一定程度上克服了任务目标法的缺点。

DY公司财务人员对销售预算有比较清晰的了解,制定了详细的销售预算并严格执行,企业用于投资研发、市场渠道建设、品牌推广的资金比例非常明确,因而该公司得以盈利。

1. 销售预算的内容有哪些?
2. 销售预算的水平的确定方法有哪些?

任务二 财务报表

学习目标

通过对资产负债表和利润表的学习,了解主要财务报表的内容以及编制方法。

知识点

资产负债表的概念、作用及编制;利润表的概念、作用及编制。

技能点

理解资产负债表与利润表的内容和结构,掌握资产负债表和利润表的编制方法。
能够读懂资产负债表和利润表。

DY公司今年的销售状况良好,销售收入比去年增长了20%,但是财务人员王哲核算后发现今年的利润却下降了不少。公司领导责成财务部协助销售部通过资产负债表和利润表查找利润下降的原因。

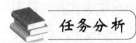

公司对近几年的财务报表加以分析,通过资产份额和销售收入等一系列数据反映出企业一定时期的盈利水平、财务状况及资金流动状况,据此找出利润下降的原因,并预测企业未来的经营前景。

一、财务报表概述

财务报表是企业正式对外揭示或表述财务信息的总结性书面文件。在市场经济中,由于所有权与经营权分离,企业必须面向市场进行筹资、投资和经营活动,这在客观上要求企业向市场披露信息以便帮助现在的和潜在的投资者、债权人和其他信息使用者对投资、信贷等做出正确的决策,并提供国家在进行必要的宏观调控时所需要的基本数据。在企业对外披露的财务信息中,有一些是通过财务报表提供的,而另一些则是通过其他财务报告提供的。一般来说,财务报表是财务报告的核心,企业对外提供的主要财务信息都应纳入财务报表。

二、财务会计报告的组成和种类

财务会计报告由会计报表、会计报表附注和财务情况说明书三部分组成。

(一)会计报表

会计报表是财务会计报告的主体和核心,是对企业财务状况、经营成果和现金流量的结构性表述,包括资产负债表、利润表、现金流量表、所有者权益变动表以及相关附表。资产负债表、利润表、现金流量表分别从不同角度反映企业的财务状况、经营成果和现金流量。资产负债表反映企业在某一特定时期所拥有的资产、需偿还的债务以及股东(投资者)拥有的净资产情况;利润表反映企业在一定会计期间的经营成果,即利润或亏损的情况,表明企业运用所拥有资产的获利能力;现金流量表反映企业在一定会计期间现金和现金等价物流入和流出的情况。所有者权益变动表反映构成所有者权益的各组成部分当期的增减变动情况。

会计报表可以按不同的标准分类如下:

1. 按照反映的经济内容分类

按照会计报表反映的经济内容不同,可将其分为财务状况报表和经营成果报表。财务状况报表是反映企业在一定时期财务状况的会计报表,如资产负债、现金流量表。经营成果报表是反映企业在一定时期内的收入实现、成本耗费和利润形成及利润分配等情况的会计报表,如利润表、所有者权益变动表。

2. 按照反映的资金运动形态分类

按照会计报表反映的资金运动形态不同,可将其分为静态报表和动态报表。静态报表是综合反映企业在某一特定日期终了时,经济指标处于相对静止状态的报表,如资产负债表。动态报表是综合反映企业在一定时期内完成的经济指标的报表,如利润表、现金流量表等。

3. 按照编报期间分类

按照会计报表编报期间不同,可将其分为中期会计报表和年度会计报表。中期会计报表是以短于一个完整会计年度的报告期间为基础编制的会计报表,包括月报、季报和半年报等。中期会计报表一般应包括资产负债表、利润表、现金流量表和附注,其格式和内容与年度会计报表一致,在附注披露内容上可较年度会计报表适当简略。年度会计报表是年度终了编报的、全面反映年度财务状况、经营成果以及现金流量的会计报表。

4. 按照编报主体分类

按照会计报表编报主体不同,可将其分为个别会计报表和合并会计报表两类。个别会计报表是由企业在自身会计核算基础上,对账簿记录进行加工而编制的会计报表,主要用以反映企业自身的财务状况、经营成果、现金流量情况。合并会计报表是以母公司和子公司组成的企业集团为会计主体,根据母公司和所属子公司的会计报表,由母公司编制的综合反映企业集团财务状况、经营成果、现金流量的会计报表。

5. 按照报送对象分类

按照会计报表报送对象不同,可分为对外会计报表和对内会计报表。对外会计报表是指企业向外部报表使用者报送的会计报表,如资产负债表、利润表、现金流量表、所有者权益变动表等。这类报表可用于企业内部管理,但更偏向于现在和潜在投资者、债权人、政府部门、社会公众等外部使用者的信息要求,《企业会计制度》对其规定了统一格式和编制要求。对内会计报表是企业向内部管理当局和有关职能部门报送的会计报表,主要用于企业内部成本控制、定价决策、投资或筹资方案的选择等,这类报表一般不需由《企业会计制度》规定格式,没有统一的编制要求,无需对外公开。

(二)会计报表附注

会计报表附注是对会计报表的补充说明,它对会计报表不能包括的内容或披露不详尽的内容作进一步的解释说明,以提高会计报表的可比性和会计信息的可理解性。有利于会计报表使用者更全面、准确地了解企业的财务状况、经营成果和现金流量情况,以正确使用企业的会计信息。

(三)财务情况说明书

财务情况说明书是会计报表的说明性文件,是对企业在一定会计期间生产经营、资金周转和利润实现及分配等情况的综合性说明,是财务会计报告的重要组成部分。《企业会计制度》规定财务情况说明书至少应对以下情况作出说明:企业生产经营基本情况、资金增减和周转情况、对企业财务状况、经营成果和现金流量有重大影响的其他事项。

三、财务报告的编制要求

1. 可理解性

可理解性是指会计报表提供的财务信息可以为使用者所理解。企业对外提供的会计报表是为广大阅读者使用,以提供企业过去、现在和未来的财务信息资料,为投资者、债权人以及潜在的投资者和债权人提供决策所需的经济信息,因此,编制的会计报表应清晰易懂。

2. 真实可靠性

会计首先是一个信息系统,如实反映企业的经营活动和财务状况是会计信息系统的基本要求。对外提供的会计报表主要是满足不同的使用者对信息资料的要求,便于使用者根据所提供的财务信息作出决策。因此,会计报表所提供的数据必须做到真实可靠。

3. 相关可比性

相关可比是指会计报表提供的财务信息必须与使用者的决策需要相关联并具有可比性。如果会计报表提供的信息资料能够使使用者了解过去、现在或对未来事项的影响及其变化趋势,并为使用者提供有关的可比信息,则可认为会计报表提供的财务信息相关可比。

4. 全面完整性

会计报表应当全面反映企业的财务状况和经营成果,反映企业经营活动的全貌。会计报表只有全面反映企业的财务情况、提供完整的会计信息资料,才能满足各方面对财务信息资料的需要。为了保证会计报表的全面完整,企业在编制会计报表时,应该按照规定的格式和内容进行填列,凡是国家要求提供的会计报表,必须按照国家规定的要求编报,不得漏编漏报。企业某些重要的会计事项应当在会计报表附注中加以说明。

5. 编报及时性

信息的特征具有时效性。会计报表只有及时编制和报送,才能有利于会计报表的使用者使用。否则,即使最真实可靠完整的会计报表,由于编制、报送不及时,对于报表的使用者来说,也是没有任何价值的。

四、资产负债表

(一)资产负债表的意义

资产负债表是总括反映企业在某一特定时期(月末、季末或年末)内资产、负债和所有者权益及其构成情况的会计报表。它是根据"资产=负债+所有者权益"这一会计恒等式,按照一定的分类标准和一定的顺序,对企业在某一特定时期的资产、负债和所有者权益各项目予以适当排列,并对日常工作中形成的大量数据进行整理后编制而成的。它总括地提供了企业经营者、投资者和债权人等各方面所需要的信息,其具体作用如下:

(1)通过资产负债表可以了解企业所掌握的经济资源及其分布的情况,经营者可据此分析企业资产分布是否合理,以改善经营管理,提高管理水平。

(2) 通过资产负债表可以了解企业资金的来源渠道和构成,投资者和债权人可据此分析企业所面临的财务风险,以监督企业合理使用资金。

(3) 通过资产负债表可以了解企业的财务实力、短期偿债能力和支付能力,投资者和债权人可据此做出投资和贷款的正确决策。

(4) 通过对前后期资产负债表的对比分析,可了解企业资金结构的变化情况,经营者、投资者和债权人可据此掌握企业财务状况的变化趋势。

(二) 资产负债表的内容

资产负债表一般有表首、正表两部分。表首概括地说明报表名称、编制单位、编制日期、报表编号、货币名称和计量单位等;正表是资产负债表的主体,列示了用以说明企业财务状况的各个项目。我国企业编制的资产负债表按资产、负债和所有者权益分类列报。

1. 资产项目的列示

资产按其流动性分为流动资产和非流动资产两大类别。在此分类的基础上,进一步按性质分项列示。

流动资产是指预计在一个正常营业周期中变现、出售或耗用,或者主要为交易目的而持有,或者预计在资产负债表日起一年内(含一年)变现,或者自资产负债表日起一年内,交换其他资产或清偿负债的能力不受限制的现金或现金等价物。资产负债表中列示的流动资产项目通常包括货币资金、交易性金融资产、应收票据、应收账款、预付款项、应收利息、应收股利、其他应收款、存货、一年内到期的非流动资产和其他流动资产等。

非流动资产是指流动资产以外的资产。资产负债表中列示的非流动资产项目通常包括可供出售金融资产、长期股权投资、固定资产、在建工程、固定资产清理、无形资产、开发支出、长期待摊费用和其他非流动资产等。

2. 负债项目的列示

负债按其流动性分为流动负债和非流动负债两大类别。在此分类的基础上,进一步按性质分项列示。

流动负债是指预期在一个正常营业周期中清偿,或者主要为交易目的而持有,或者自资产负债表日起一年内(含一年)到期应予清偿,或者企业无权自主地将清偿推迟至资产负债表日后一年以上的负债。资产负债表中列示的流动负债项目通常包括短期借款、交易性金融负债、应付票据、应付账款、预收账款、应付职工薪酬、应交税费、应付利息、应付股利、其他应付款、一年内到期的非流动负债和其他流动负债等。非流动负债是指流动负债以外的负债。资产负债表中列示的非流动负债项目通常包括长期借款、应付债券、长期应付款和其他非流动负债等。

3. 所有者权益项目的列示

所有者权益是企业扣除负债后的剩余权益,一般按照实收资本(股本)、资本公积、盈余公积和未分配利润等分项列示。

(三) 资产负债表的结构

资产负债表是以"资产=负债+所有者权益"这一会计恒等式为基础编制的,一般有报告式和账户式两种结构。在我国,资产负债表采用账户式结构,分左右两方,左方列示资产各项目,反映全部资产的分布及存在形态;右方列示负债和所有者权益各项目,反映全部负债和所有者权益的内容及构成情况。资产各项目的合计数等于负债和所有者权益各项目的合计数。通过账户式资产负债表可以反映资产、负债和所有者权益之间的内在关系,并达到资产负债表左方和右方的平衡。同时,资产负债表还就各项目提供"年初余额"和"期末余额"的比较资料。资产负债表基本格式如表13.2所示。

表 13.2 资产负债表

会企 01 表

编制单位:××企业　　　　　20＊＊年12月31日　　　　　单位:元

资　产	期末余额	年初余额	负债和所有者权益	期末余额	年初余额
流动资产:			流动负债:		
货币资金	64000		短期借款	50000	
交易性金融资产	40400		交易性金融负债		
应收票据	30000		应付票据	50000	
应收账款	116000		应付账款	36800	
预付款项	9200		预收款项	26400	
应收利息			应付职工薪酬	43200	
应收股利			应交税费	30000	
其他应收款	1600		应付利息		
存货	84400		应付股利	17200	
一年内到期的非流动资产	400		其他应付款	1600	
其他流动资产			一年内到期的非流动负债	40000	
流动资产合计	346000		其他流动负债		
非流动资产:			流动负债合计	295200	
可供出售金融资产			非流动负债:		
持有至到期投资			长期借款	280000	
长期应收款			应付债券		
长期股权投资	80000		长期应付款		
投资性房地产			专项应付款		
固定资产	864000		预计负债		
在建工程	240000		递延所得税负债		
工程物资	12000		其他非流动负债		
固定资产清理			非流动负债合计	280000	
生产性生物资产			负债合计	575200	
油气资产			所有者权益:		
无形资产	23600		实收资本(或股本)	800000	

续表

资产	期末余额	年初余额	负债和所有者权益	期末余额	年初余额
开发支出			资本公积	60000	
商誉			减:库存股		
长期待摊费用	18000		盈余公积	56000	
递延所得税资产			未分配利润	92400	
其他非流动资产			所有者权益合计	1008400	
非流动资产合计	1237600				
资产总计	1583600		负债和所有者权益总计	1583600	

五、利润表

(一) 利润表的意义

利润表是总括反映企业在一定会计期间(年度、季度或月份)内经营成果(利润或亏损)的会计报表。它是根据"收入－费用＝利润"这一会计等式,按照一定的标准和顺序,对企业一定时期内的收入、费用和利润项目予以适当排列编制而成的。通过利润表提供的收入、成本和费用等资料,能够反映企业生产经营的收益情况和成本耗费情况,体现企业的生产经营成果;同时,通过利润表提供的不同时期的比较数字,可以分析企业今后利润的发展趋势及获利能力,了解投资者投入资本的安全性和完整性,便于投资者作出正确的决策;通过利润表提供的资料还可以考核和评价企业管理当局的工作业绩。由于利润是企业经营业绩的综合体现,又是利润分配的主要依据,因此,利润表是会计报表中的一张主要报表。

(二) 利润表的结构和内容

利润表一般包括表首、正表两部分。其中,表首概括说明报表名称、编制单位、编制日期、报表编号、货币名称、计量单位;正表是利润表的主体,反映形成经营成果的各个项目和计算过程。正表的格式一般有两种:单步式利润表和多步式利润表。单步式利润表是将当期所有的收入列在一起,然后将所有的费用列在一起,两者相减得出当期净损益。多步式利润表是通过对当期的收入、费用、支出项目按性质加以归类,按利润形成的主要环节列示一些中间性的利润指标,如营业利润、利润总额、净利润,分步计算当期净损益。在我国,企业利润表一般采用多步式结构,主要包括以下五个方面的内容:

1. 营业收入

营业收入由主营业务收入和其他业务收入组成。

2. 营业利润

营业收入减去营业成本、营业税金及附加、销售费用、管理费用、财务费用、资产减值损失加上公允价值变动收益(减去公允价值变动损失)和投资收益(减去投资损失),计算得出营业利润。

3．利润总额

在营业利润的基础上加上营业外收入，减去营业外支出，计算出利润总额。

4．净利润

以利润总额为基础，减去所得税费用，计算出净利润（或亏损）。

5．每股收益

每股收益包括基本每股收益和稀释每股收益两项指标。

利润表的基本格式如表13.3所示。

表 13.3　利润表

编制单位：××企业　　　　20＊＊年度　　　　　　会企02表　单位：元

项　目	本期金额	上期金额（略）
一、营业收入	160000	
减：营业成本	90000	
营业税金及附加	32000	
销售费用	11000	
管理费用	9000	
财务费用	5000	
资产减值损失	8000	
加：公允价值变动收益（损失以"－"号填列）		
投资收益（损失以"－"号填列）	16000	
其中：对联营企业和合营企业的投资收益		
二、营业利润（亏损以"－"号填列）	21000	
加：营业外收入	2000	
减：营业外支出	3000	
其中：非流动资产处置损失		
三、利润总额（亏损总额以"－"号填列）	20000	
减：所得税费用	5000	
四、净利润（净亏损以"－"号填列）	15000	
五、每股收益：		
（一）基本每股收益		
（二）稀释每股收益		

任务实施

DY公司财务人员经过认真分析发现，企业在生产过程中，停工、开工不足或人员过剩等现象严重，产品合格率低，次品率、浪费率和返工率均偏高，而且每个产品的原材料消耗率均超过规定的最低量。公司虽然取得一定的销售收入，但是支出较多，导致利润下降。

1. 财务会计报告有哪些内容组成？
2. 资产负债表的编制对企业有何意义？

任务三 常见财务指标

学习目标

熟悉常用的财务指标，并掌握其计算公式以及意义。

知识点

偿债能力指标，营运能力指标，盈利能力指标，发展能力指标及各自包含的指标。

技能点

掌握财务分析指标的计算和运用技巧。

DY公司高层在查看公司资产时发现公司资产较多，于是想扩大公司规模，但是在筹划的过程中，发现资金不足。责令公司财务人员王哲对财务报表进行分析，寻找原因。

企业的财务报表能反映企业的经营状况，公司财务人员王哲将企业连续若干会计年度的报表资料在不同年度间进行横向对比，确定不同年度间的差异额或差异率，以分析企业各报表项目的变动情况及变动趋势，从而查找原因。

一、财务指标

财务指标是指企业总结和评价财务状况和经营成果的相对指标。中国《企业财务通则》中为企业规定的三种财务指标为：偿债能力指标，包括资产负债率、流动比率、速动比率；营运能力指标，包括应收账款周转率、存货周转率；盈利能力指标，包括资本金利润率、销售利税率(营业收入利税率)、成本费用利润率等。

二、常见财务指标及内容

(一)偿债能力指标

偿债能力是指企业偿还到期债务(包括本息)的能力。偿债能力指标包括短期偿债能力指标和长期偿债能力指标。

1. 短期偿债能力指标

短期偿债能力是指企业流动资产对流动负债及时足额偿还的保证程度,是衡量企业当前财务能力特别是流动资产变现能力的重要标志。

企业短期偿债能力衡量指标主要有流动比率、速动比率和现金流动负债率。

(1) 流动比率

流动比率是流动资产与流动负债的比率,表示企业每元流动负债有多少流动资产作为偿还的保证,反映了企业的流动资产偿还流动负债的能力。其计算公式为

$$流动比率 = 流动资产 \div 流动负债$$

一般情况下,流动比率越高表示企业短期偿债能力越强。因为该比率越高,不仅反映企业拥有较多的营运资金抵偿短期债务,而且表明企业可以变现的资产数额较大,债权人的风险越小。但是,过高的流动比率并不均是好现象。

从理论上讲,流动比率维持在 2∶1 是比较合理的。但是,由于行业性质不同,流动比率的实际标准也不同。所以,在分析流动比率时,应将其与同行业平均流动比率、本企业历史的流动比率进行比较,才能得出合理的结论。

(2) 速动比率

速动比率,又称酸性测试比率,是企业速动资产与流动负债的比率。其计算公式为

$$速动比率 = 速动资产 \div 流动负债$$

其中:

$$速动资产 = 流动资产 - 存货$$

或

$$速动资产 = 流动资产 - 存货 - 预付账款 - 待摊费用$$

计算速动比率时,需从流动资产中扣除存货,是因为存货在流动资产中变现速度较慢,有些存货可能滞销,无法变现。至于预付账款和待摊费用,由于其根本不具有变现能力,只是减少企业未来的现金流出量,所以理论上也应加以剔除,但实际上由于它们在流动资产中所占的比重较小,计算速动资产时也可以不扣除。

传统经验认为,速动比率维持在 1∶1 较为正常,它表明企业的每 1 元流动负债就有 1 元易于变现的流动资产来抵偿,短期偿债能力有可靠的保证。

速动比率过低,企业的短期偿债风险较大;速动比率过高,企业在速动资产上占用资金过多,会增加企业投资的机会成本。

(3) 现金流动负债比率

现金流动负债比率是企业一定时期内的经营现金净流量与流动负债的比率,它可以从现金流量角度来反映企业当期偿付短期负债的能力。其计算公式为

$$现金流动负债比率 = 年经营现金净流量 \div 年末流动负债$$

式中年经营现金净流量指一定时期内,由企业经营活动所产生的现金及现金等价物的流入量与流出量的差额。

2. 长期偿债能力指标

长期偿债能力是指企业偿还长期负债的能力。它的大小是反映企业财务状况稳定与否及安全程度高低的重要标志。其分析指标主要有四项:

(1) 资产负债率

资产负债率又称负债比率,是企业的负债总额与资产总额的比率。它表示企业资产总额中,债权人提供资金所占的比重以及企业资产对债权人权益的保障程度。其计算公式为

$$资产负债率 = (负债总额 \div 资产总额) \times 100\%$$

资产负债率高低对企业的债权人和所有者具有不同的意义。债权人希望负债比率越低越好,此时,其债权的保障程度就越高。对所有者而言,最关心的是投入资本的收益率。只要企业的总资产收益率高于借款的利息率,举债越多,即负债比率越大,所有者的投资收益越大。

(2) 产权比率

产权比率是指负债总额与所有者权益总额的比率,是企业财务结构稳健与否的重要标志,也称资本负债率。其计算公式为

$$负债与所有者权益比率 = (负债总额 \div 所有者权益总额) \times 100\%$$

该比率反映了所有者权益对债权人权益的保障程度,即在企业清算时债权人权益的保障程度。该指标越低,表明企业的长期偿债能力越强;债权人权益的保障程度越高,承担的风险越小,但企业不能充分地发挥负债的财务杠杆效应。

(3) 负债与有形净资产比率

负债与有形净资产比率是负债总额与有形净资产的比例关系,表示企业有形净资产对债权人权益的保障程度,其计算公式为

$$负债与有形净资产比率 = (负债总额 \div 有形净资产) \times 100\%$$
$$有形净资产 = 所有者权益 - 无形资产 - 递延资产$$

企业的无形资产、递延资产等一般难以作为偿债的保证,从净资产中将其剔除,可以更合理地衡量企业清算时对债权人权益的保障程度。该比率越低,表明企业长期偿债能力越强。

(4) 利息保障倍数

利息保障倍数又称为已获利息倍数,是企业税息前利润与利息费用的比率,是衡量企业偿付负债利息能力的指标。其计算公式为

$$利息保障倍数 = 税息前利润 \div 利息费用$$

上式中,利息费用是指本期发生的全部应付利息,包括流动负债的利息费用、长期负债中进入损益的利息费用以及进入固定资产原价中的资本化利息。

利息保障倍数越高,说明企业支付利息费用的能力越强;该比率越低,说明企业难以保证用经营所得来及时足额地支付负债利息。因此,它是判断企业是否举债经营、衡量其偿债能力强弱的主要指标。

(二) 营运能力指标

营运能力分析是指通过计算企业资金周转的有关指标分析其资产利用的效率,是对企业管理层管理水平和资产运用能力的分析。

1. 应收款项周转率

应收款项周转率也称应收款项周转次数,是一定时期内商品或产品主营业务收入净额与平均应收款项余额的比值,是反映应收款项周转速度的一项指标。其计算公式为

$$应收款项周转率(次数) = 主营业务收入净额 \div 平均应收账款余额$$

其中:

$$主营业务收入净额 = 主营业务收入 - 销售折让与折扣$$
$$平均应收账款余额 = (应收款项年初数 + 应收款项年末数) \div 2$$
$$应收款项周转天数 = 360 \div 应收账款周转率$$
$$= (平均应收账款 \times 360) \div 主营业务收入净额$$

应收账款包括"应收账款净额"和"应收票据"等全部赊销账款。应收账款净额是指扣除坏账准备后的余额,应收票据如果已向银行办理了贴现手续,则不应包括在应收账款余额内。

应收账款周转率反映了企业应收账款变现速度的快慢及管理效率的高低,周转率越高表明:① 收账迅速,账龄较短;② 资产流动性强,短期偿债能力强;③ 可以减少收账费用和坏账损失,从而相对增加企业流动资产的投资收益。

2. 存货周转率

存货周转率也称存货周转次数,是企业一定时期内的主营业务成本与存货平均余额的比率,它是反映企业的存货周转速度和销货能力的一项指标,也是衡量企业生产经营中存货营运效率的一项综合性指标。其计算公式为

$$存货周转率(次数) = 主营业务成本 \div 存货平均余额$$
$$存货平均余额 = (存货年初数 + 存货年末数) \div 2$$
$$存货周转天数 = 360 \div 存货周转率$$
$$= (平均存货 \times 360) \div 主营业务成本$$

存货周转速度快慢,不仅反映企业采购、出错、生产、销售各环节管理工作状况的好坏,而且对企业的偿债能力及获利能力产生决定性的影响。一般来说,存货周转率越高越好,存货周转率越高,表明其变现的速度越快,周转额越大,资金占用水平越低。存货占用水平低,存货积压的风险就越小,企业的变现能力越强资金使用效率越高。

3. 总资产周转率

总资产周转率是企业主营业务收入净额与资产总额的比率。它可以用来反映企业全部资产的利用效率。其计算公式为

$$总资产周转率 = 主营业务收入净额 \div 平均资产总额$$
$$平均资产总额 = (期初资产总额 + 期末资产总额) \div 2$$

资产平均占用额应按分析期的不同分别加以确定,并应当与分子的主营业务收入净额在时间上保持一致。

总资产周转率反映了企业全部资产的使用效率。该周转率高,说明全部资产的经营效率高,取得的收入多;该周转率低,说明全部资产的经营效率低,取得的收入少,最终会影响企业的盈利能力。企业应采取各项措施来提高企业的资产利用程度,如提高销售收入或处理多余的资产。

4. 固定资产周转率

固定资产周转率是指企业年销售收入净额与固定资产平均净值的比率。它是反映企业固定资产周转情况,从而衡量固定资产利用效率的一项指标。其计算公式为

$$固定资产周转率 = 主营业务收入净额 \div 固定资产平均净值$$
$$固定资产平均净值 = (期初固定资产净值 + 期末固定资产净值) \div 2$$

固定资产周转率高,不仅表明企业充分利用了固定资产,也表明企业固定资产投资得当,固定资产结构合理,能够充分发挥其效率。反之,固定资产周转率低,表明固定资产使用效率不高,提供的生产成果不多,企业的营运能力欠佳。

(三) 盈利能力指标

盈利能力就是企业资金增值的能力,它通常体现为企业收益数额的大小与水平的高低。

1. 营业利润率

$$营业利润率 = 营业利润 / 营业收入 \times 100\%$$

该指标越高,表明企业市场竞争力越强,发展潜力越大,盈利能力越强。

2. 成本费用利润率

$$成本费用利润率 = 利润总额 / 成本费用总额 \times 100\%$$
$$成本费用总额 = 营业成本 + 营业税金及附加 + 销售费用 + 管理费用 + 财务费用$$

该指标越高,表明企业为取得利润而付出的代价越小,成本费用控制得越好,盈利能力越强。

3. 资产净利率

资产净利率是企业净利润与平均资产总额的比率。它是反映企业资产综合利用效果的指标。其计算公式为

$$资产净利率 = 净利润 \div 平均资产总额$$

平均资产总额为期初资产总额与期末资产总额的平均数。资产净利率越高,表明企业资产利用的效率越高,整个企业盈利能力越强,经营管理水平越高。

4. 净资产收益率

净资产收益率,亦称净值报酬率或权益报酬率,它是指企业在一定时期内净利润与平均净资产的比率。它可以反映投资者投入企业的自有资本获取净收益的能力,即反映投资与报酬的关系,因而是评价企业资本经营效率的核心指标。其计算公式为

$$净资产收益率 = 净利润 \div 平均净资产 \times 100\%$$

(1)净利润是指企业的税后利润,是未作如何分配的数额。

(2)平均净资产是企业年初所有者权益与年末所有者权益的平均数,平均净资产=(所有者权益年初数+所有者权益年末数)÷2。

净资产收益率是评价企业自有资本及其积累获取报酬水平的最具综合性与代表性的指标,反映企业资本营运的综合效益。一般认为,企业净资产收益率越高,企业自有资本获取收益的能力越强,运营效益越好,对企业投资人、债权人的保障程度越高。

5. 资本保值增值率

资本保值增值率是企业期末所有者权益总额与期初所有者权益总额的比率。资本保值增值率表示企业当年资本在企业自身努力下的实际增减变动情况,是评价企业财务效益状况的辅助指标。其计算公式为

$$资本保值增值率 = 期末所有者权益总额 \div 期初所有者权益总额$$

该指标反映了投资者投入企业资本的保全性和增长性,该指标越高,表明企业的资本保全状况越好,所有者的权益增长越好,债权人的债务越有保障,企业发展后劲越强。一般情况下,资本保值增值率大于1,表明所有者权益增加,企业增值能力较强。

(四)发展能力指标

发展能力也称成长能力,是指企业在从事经营活动过程中所表现出的增长能力,如规模的扩大、盈利的持续增长、市场竞争力的增强等。反映企业发展能力的主要财务比率有销售增长率、股权资本增长率、资产增长率、利润增长率等。

1. 销售(营业)增长率

$$销售(营业)增长率 = 本年主营业务收入增长额 / 上年主营业务收入总额$$

销售(营业)增长率若大于零,表示企业本年主营业务收入有所增长,指标值越高表明增长速度越快,企业市场前景越好。比率越高,说明企业营业收入的成长性越好,企业的发展能力越强。

2. 股权资本增长率

$$股权资本增长率 = 本年股东权益增长额 / 年初股东权益总额$$

股权资本增长率反映企业当年股东权益的变化水平,体现企业资本的积累能力,是评价企业发展潜力的重要财务指标。该比率越高,说明企业资本积累能力越强,企业的发展能力也越好。

3. 总资产增长率

总资产增长率 = 本年总资产增长额 / 年初资产总额

资产增长率是从企业资产规模扩张方面来衡量企业的发展能力。企业资产总量对企业的发展有重要的影响,一般来说,资产增长率越高,说明企业资产规模增长的速度越快,企业的竞争力会越强。

4. 利润增长率

利润增长率 = 本年利润总额增长额 / 上年利润总额

利润增长率反映了企业盈利能力的变化,该比率越高,说明企业的成长性越好,发展能力越强。

公司财务人员王哲经过分析发现企业应收账款过多占总资产的比重过高,说明该企业资金被占用的情况较为严重,而其增长速度过快,说明该企业可能因产品的市场竞争能力较弱或受经济环境的影响,企业结算工作的质量有所降低。此外,应收账款的账龄较长,其收回的可能性较小。企业虽然资产较多,但是可利用的资金较少,所以不适合扩大规模。

1. 什么是净资产收益率?请具体分析。
2. 盈利能力指标当中包括哪些指标?请具体分析。

实训目标

掌握财务指标之间的相关联系。

实训内容

已知某公司 2008 年会计报表的有关资料如下:

资产负债表项目	年 初 数	年 末 数
资产	8000	10000
负债	4500	6000
所有者权益	3500	4000
利润表项目	上 年 数	本 年 数
营业收入净额	略	20000
净利润	略	500

要求:

(1) 计算净资产收益率、总资产净利率、营业净利率、总资产周转率(凡计算指标设计资产负债表项目数据的,均按平均数计算)。

(2) 用文字列出净资产收益率与上述其他各项指标之间的关系式,并用本题数据加以验证。

(3) 能力提升:通过练习掌握净资产收益率、总资产净利率、营业净利润、总资产周转率的计算公式以及各指标之间的相关联系,能够指导实践活动。

案例讨论

程某是一家有一定规模的中小企业的经营者,这几年在艰难的创业过程中渡过了一个又一个难关、克服了一个又一个困难,及时抓住了市场机遇,使企业在很短的时间内得以迅速成长壮大。但是,随着企业规模的不断扩大,管理上显出了一些问题:比如明明账上有利润,但在接一项重要订单时,突然发现资金周转不过来;又如在进行某一业务时,总认为会有一定的利益,但结果又往往与预想不符。

李某经营着一家化工厂,生意做得红红火火,有了一定的资金积累。这几年看到房地产赚钱,于是投资办了一家房地产公司,但楼盖到一半,突然发现钱不够用。原因是每一项工程费用都超出计划费用,原已筹集的资金已不敷使用,而银行看到该公司停工,也不再贷款,原来的贷款又到了期,李某焦头烂额。

【思考】

以上两个例子的发生原因是什么?产生这些问题的症结在哪儿?

【诊断】

这是一个涉及企业管理的问题,程某、李某的公司之所以会发生以上问题,原因是多方面的,而这和他们没有预算意识、没用预算控制好企业有直接关系。任何一个企业都应该处于一种有序运作的状态中,而预算管理恰是有序运作的一个不可或缺的必要组成部分。企业创业要有规划又要有计划性,预算管理就是计划性的一种体现,有了良好的预算管理会使企业的经营在有序的轨道上运行。程某、李某可以不会做预算,但是不能不懂预算。因为只有懂得了预算知识,才能监督专业人员为企业做出科学预算;只有懂得了预算知识,才能使用预算,用预算控制企业,发挥预算的作用。作为一个企业的经营者,必须对预算敏感,要牢记预算中的各种数字,学会运用预算来控制企业。

附录　DY电子科技有限公司营销案例

摘　要

近几年,全球天气变暖,为了抵御炎夏,人们对降温、制冷小家电的需求日益增加。2008年,小家电市场出现的比电风扇凉快、比空调便宜的空调扇成为家电销售的一个亮点。仅从各大电器商行来看,2012空调扇的销售额占到各类电风扇的总销量的40%,这个比例较2011年同期有明显提升。

随着市场对空调扇的逐步接受,空调扇的种类也变得更为丰富。现在市场上的空调扇一般都采用冰晶或者水循环制冷,需要不断更换冰晶,这给消费者的使用带来了一定的麻烦。本公司开发研制的产品很好地克服了这些产品的缺点,在制冷性能上采用可与空调媲美的压缩机制冷,符合消费者对空调扇更新换代的心理需求。

由于新品牌新产品进入市场会遇到各种障碍,为了解决这些问题,实现本公司产品的顺利销售,本策划书对DY电子移动空调扇进行了细致的营销策划,以帮助产品打开市场,实现销售目标。

目　录

摘要
一、市场分析
　(一)小家电市场的发展情况分析
　(二)空调扇的发展情况分析
　(三)消费者的需求情况分析
　(四)竞争者情况分析
二、SWOT分析
　(一)产品的优势
　(二)产品的劣势
　(三)产品的机遇
　(四)产品的威胁

三、营销战略
　　　　（一）市场细分
　　　　（二）目标市场
　　　　（三）产品定位
　　四、营销策略
　　　　（一）产品策略
　　　　（二）定价策略
　　　　（三）促销策略
　　　　（四）渠道策略
　　　　（五）体验营销
　　五、营销预算

一、市场分析

（一）小家电市场的发展情况分析

随着居民生活质量的不断提高，消费水平也实现了质的飞跃。目前，在家电行业中大家电消费日趋饱和，而小家电异军突起，成为时尚新生活的象征。据统计，目前国内家庭小家电的平均拥有量只有三、四种，欧美国家的这一统计数字则高达37种。随着居民收入的增加，人们对生活质量的要求也日益提高，小家电的种类式样将越来越丰富。百大电器的一份报告显示，目前国内的小家电市场正以每年8%～14%的增幅高速发展，2012年的市场销售额超过1650亿元，国内电器行业里只有手机市场能与之相比。并且从现阶段来看，国内城镇每户小家电拥有量远远低于欧美国家，而且小家电的生命周期一般只有3年至6年，因此更新换代的速度也非常快。随着人们对"厨房"和"卫生间"的日益重视，小家电产品的加速普及与换代升级必将孵化出惊人的市场推动力，小家电的市场发展前景非常广阔。

（二）空调扇的发展情况分析

炎热的夏季，人们一般会选择用空调降温，但是空调价格高，使用成本也高；而电风扇的降温效果较差，因此，空调扇可以说很好地弥补了这两者的缺陷，满足了消费者对经济和降温的双重要求。2007年以前，空调扇的销售并不尽如人意，一方面是由于生产企业少、规模小、产品种类少，另一方面是由于产品宣传力度小，消费者不了解。但是从2011年各大家电卖场的销售情况来看，空调扇的销售呈现了前所未有的火爆，仅百大电器就销售了近80万台。出现这一现象的原因，一方面是由于生产企业的增加，产品种类也开始增加；另一方面是随着生产空调扇的厂家纷纷打出"创新"的旗号，在产品中增加了很多人性化的功能，吸引了消费者的注意。但在市场需求扩大的同时，我们也可以看到：竞争正在加剧。

在安徽市场，空调扇目前主要有以下几个品牌：联创、美的、先锋、格力和三洋，其中以联创居多，其他品牌的产品较少。

(三)消费者的需求情况分析

通过对安徽以及周边省市的专业市场和小商品市场的走访,我们了解到:大部分专业市场除了新建市场外,一般都没有安装空调,在炎热的夏季一般使用吊扇进行降温。而吊扇的降温效果并不明显,虽然一般市场都没有对安装大功率电器进行限制,但是空调的购买价格高,使用成本也高,经营户往往不会选择使用空调。因此,经营户对于价格适中、使用成本低的空调扇表现出浓厚的兴趣。除了集中的专业市场,一些分散的小经营户对空调扇也有比较强烈的需求,一方面是由于地段或者其他因素的限制,不能安装使用大功率电器,另一方面是由于小本经营,使用空调显得过于奢侈。

选择购买空调扇的消费者普遍认为,空调扇跟普通电风扇耗电量相差不多,又能够较长时间保持较低室温,并且能够避免空调引发的"空调病",价格也相对适中,因此对空调扇乐于接受。此外,一般家庭不会在厨房、卫生间等小空间内安装空调,而正是由于空间小、空气流动少,这两处往往成为夏季家庭最炎热的地方。因此,空调扇能够很好地迎合消费者对小空间、短时间降温的需求。

另外,对于一些收入较高又比较年轻的外来务工人员来说,他们的工作可能并不固定,可能随时因为工作的调动而搬家,固定空调的搬迁往往成为一大难题。因此,对降温效果好、移动方便的空调扇有较强的需求。

此外,高校市场也不容忽视。随着大学城的建设发展,合肥、芜湖、蚌埠等地都纷纷圈地建设大学城,高校形成一种集中发展的模式。目前,安徽有在校大学生约160万人,一般学校没有给学生宿舍安装空调,并且不少学校不允许安装大功率电器。即使在允许安装空调的高校也很少见到学生寝室安装空调,但安徽省各大学城,尤其是蚌埠的大学城在夏季非常炎热,学生叫苦不迭。

(四)竞争者情况分析

1. 同类产品竞争分析

目前,在安徽市场上销售的空调扇品牌有联创、美的、先锋、格力和三洋。

(1)联创

联创的空调扇有8种不同规格,价格在568~1030元之间,其制冷原理是使用冰晶制冷。安徽市场上主要在国美家电、百大电器、天洋电器、苏宁家电陈列销售。

(2)美的

美的空调扇在安徽市场上主要有3种不同规格,价格在880~1060元之间,其制冷原理是使用冰晶制冷。安徽市场上主要在国美家电等各省家电市场进行陈列销售。

(3)先锋

先锋空调扇在安徽市场上主要有3种不同规格,价格在338~568元之间,其制冷原理是使用冰晶制冷。合肥市场上主要在合肥市国美电器进行陈列销售。

(4)三洋

三洋空调扇在安徽市场上主要在苏宁销售,但目前尚未陈列。

2. 替代品分析

随着夏季温度的一再升高、空调价格的降低,电风扇市场一度出现萎缩,甚至被称为"夕阳产业"，但随着各生产厂家加大创新力度，不断给电风扇加入新的功能，增加人性化设计，使得电风扇市场出现了复苏的迹象。

2010年国内电风扇的市场容量约为3000万台（除吊扇外），销售总额接近50亿元，与2008年相比，增长了约15%。据统计，个性化外观的电风扇的销量约占整个销量的50%。虽然如此，仍然有接近10%的风扇企业倒闭。

加入了新功能的电风扇价格也普遍高于传统的电风扇，例如，联创的电风扇价格一般在200~350元之间。美的电风扇产品价格在100~800元不等，产品主要集中在350~800元之间的中高端机，在卖场销售时，一般均会以标价的9折来出售，以赢得市场。

二、SWOT分析

（一）产品的优势

1. 性能上的优势

(1) 本产品装有万向轮，可移动，方便使用。

(2) 节能省电。本产品采用外部接入220V，50Hz三相交流电源。耗电量为280W。与电风扇相比大大省电。

(3) 用压缩机制冷。本产品采用空调压缩机的原理，不需要依靠冰晶或水循环进行制冷，在性能上很好地克服了目前市场上空调扇产品的缺点；真正的人性化设计，在降温的同时，保护消费者的健康。也没有传统空调机需要的大功率、排水管等设计要求，机体内部设置有自动的排水烘干系统。

(4) 本产品无须排水。本产品是一体单元式可移动小型空调，产品内设有凝露水雾化装置，机箱后方设有外接排水管接口，一般正常使用本产品无须排水。产品制冷循环产生的凝露水可依靠凝露水雾化装置由冷凝通风系统从机箱后部排出，这样不单解决了正常使用时产品的凝露水排放问题，更主要的是提高了制冷系统的循环效率，有效降低了压缩机的能耗。也不需要外挂机。

(5) 使用方便。本产品与市场上现存的空调扇相比较，不需冰块或冰晶制冷，而用压缩机制冷，使用起来更加方便和经济。

(6) 健康。目前，市场上的空调扇一般依靠冰晶或者水循环制冷，这类空调扇在使用时要除湿、保洁，加水要用纯净水，并且要定期更换。过滤网、风帘每两周要清洗一次。此外，空调扇出风口等地方容易造成冷凝水的情况，容易滋生细菌。吹出的风带有湿气，如果使用时间过长，会导致室内湿度过大，使人易得湿疹、过敏性皮炎等病症。而依靠冰晶制冷的空调扇不仅要加水，还需要将冰晶放在冰箱里冷冻几个小时，比较麻烦，而且长期使用容易使人得风湿、关节炎等病症。使用本产品则不会存在此类问题。

(7) 环保。本产品制冷系统内灌注新型制冷剂R134a（化学名：四氟乙烷，分子组成：CH_2FCF_3），有效降低对环境的影响，同时对人体不产生毒副作用。全面打造环保先锋。

2. 市场优势

本产品定位为空调扇，既避免与空调的正面冲突及消费者对本产品性能的误解，又能在普通空调扇中脱颖而出，以其优越的性能吸引消费者的购买。

由于空调扇并不属于大家电,这块市场不足以吸引家电巨头的注意,并且国内空调市场尤其是华南市场竞争异常激烈,他们无暇顾及本块市场,而小家电生产企业无论在资金、技术还是规模上都未能达到要求。因此,目前这个夹缝市场尚未发展,只有少数企业在做,本产品性能优越,能够从中占得先机。

(二)产品的劣势

空调扇尚属于新产品,而本公司的产品在制冷原理上又与市场上在销售的产品不同,更是属于新产品的范畴。而消费者接受新产品往往需要一段时间,因此,本产品与市场需要一段磨合期。

另外,由于本产品属于新品牌进入市场,因此,消费者对品牌的认知度很低,接受品牌的积极性不高。

(三)产品的机遇

空调成本降低价格下降,电风扇作为大众产品也在不断改进,处于两者之间的空调扇仿佛陷入了尴尬境地。说起空调,海尔、美的等品牌响当当令人称道,稍有举动就可以在市场上呼风唤雨。而提起空调扇,寥寥几家生产厂,企业规模、技术、资本都不能胜任大手笔的市场运作。而正处于产品多元化扩张期的大多数"家电业大员"却对空调扇表现出极度冷淡的态度。目前进入这个领域的企业规模都偏小,市场运作能力有限,缺乏主导企业带头做强势营销推广,在全国范围内铺货。一般空调扇产品选择在家电大卖场铺货,但是这样做的销售成本高,基本只针对普通消费者。

本产品的目标市场定位与其他品牌产品不同,欲形成一种差异化销售的格局,既避免与现有品牌的正面冲突和进入家电大卖场的高额成本,又能牢牢把握细分市场,保证销售活动的正常开展。

(四)产品的威胁

1. 来自同类产品的威胁

由于市场发展速度十分迅速,生产空调扇的厂家也逐渐增多。随着产品种类的增多,势必导致竞争的加剧。空调扇在经历了2012年的大卖后,已经引起很多企业的关注。今年的市场上会出现更多的空调扇类产品,并且这些生产企业在产品的功能、外观上都已经加以改进。

同时,消费者对于空调扇的制冷原理并不十分清楚,对于冰晶制冷的弊端也不甚了解,因此,目前市场上的和即将进入市场的空调扇都将对本产品构成威胁。

2. 来自替代品的威胁

替代品主要是电风扇和空调。虽然本产品以电风扇的价格让消费者享受空调的品质,但是依旧无法避免这两者对消费者的争夺。具体表现在以下几点:

(1)电风扇的功能日益增加,降温效果提升。由于众多家电生产企业纷纷打出"创新""人性化设计"等新理念,让电风扇产品又重新发展起来。电风扇也开始改变它原来的外形,开始与家居装饰等相联系,售价日益逼近空调扇。

(2)空调生产企业大打节能牌。随着社会能源的日益紧张,能源价格的一再上涨,使用电器的成本也在不断上涨。为了让消费者对空调的使用成本减少忧虑,各生产空调的厂商都开始推出节能环保型空调,在功能上也增设如睡眠模式、节能模式等来博得消费者的好感。

三、营销战略

(一)市场细分

主要根据消费者的心理特征进行市场细分。由于同一区域的不同消费者的购买动机、价值观、追求的利益等都不相同,因此我们将整个市场具体分为消费者比较集中的专业市场、购买力比较强的家庭市场。有一定购买需求和能力的外来工作人员市场、高校市场和零散的商用市场四大类。主要以专业市场、家庭市场、学生市场为重心开展营销活动。

(二)目标市场

1. 专业市场

(1)目标人群多,购买集中。仅以合肥市区为例,就有十几个规模比较大的专业小商品市场。此外,在芜湖、蚌埠、淮南、安庆等周边城市也有不少专业市场分布。在这些专业市场中,除了一些新建的市场安装有中央空调或由市场统一安装空调外,大部分市场没有空调设备。这些专业市场经营户集中,数量多。

(2)传播速度快,消费具有示范性。由于专业市场中的经营户集中且数量多,因此,一旦销售局面打开,在经营户中形成好的口碑,就能带动周边商户的购买,他们的消费具有示范性。

(3)消费具有联动性。本产品可以用于经营场所或者家庭,用途广泛。专业市场有一定的营业时间,因此在非营业时间里,经营户的家中制冷也需要本产品。如果购买者对本产品的性能认可,还可刺激其重复购买用于家庭使用。由于本产品易于移动的特性,能够吸引经营户的注意力,增加他们的购买欲望。

(4)较传统空调扇使用方便,充分满足经营户需要。传统空调扇需要用冰块或冰晶制冷,但是冰块或冰晶较难或不方便获得,更换麻烦且不现实。因此专业市场极少商户购买传统空调扇,而本公司新产品刚好可以解决此问题。

2. 较富裕家庭

(1)省电、节能。随着市场价格的影响,越来越多的家庭正常生活正在受物价飞涨的影响。在炎热的夏季,一般较富裕的家庭都采用空调降温。但是当一个人在家或者温度并不是很高的时候使用空调很浪费,尤其有大部分老人已养成节约的习惯,因此很多家庭在这种时候都选择使用电风扇降温,同时忍受着炎热空气的煎熬。而本产品能够很好地解决这些问题,让一个人在家时也能享受和空调相近的降温效果,同时只消耗与电风扇相近的电力资源。

(2)使用方便。一般家庭都不会在厨房、卫生间等小空间内安装空调,一方面是这些地方待的时间不长,另一方面是卫生间空间太小,使用空调十分浪费,而厨房无法安装空调。而不容忽视的一点是:这两个地方是人们生活中十分重要的空间。

厨房因为烹饪食物产生的热气等使它比房屋内其他地方更加炎热,往往一桌菜未做好就已经满头大汗。但由于空调不具有流动性,必须在相对封闭的环境中使用,因此会产生油烟的厨房中一般也不宜安装空调。而空调扇可以在流动的空气中使用,降温范围也能够照顾到厨房的一般活动,非常适合厨房内使用。

卫生间一般空间更小,但其舒适程度却直接影响着人们的身体和心情。因为本产品具有移动性,因此也可在卫生间使用,改善人们的生活环境。

此外,由于使用方便,不需要加水或者加冰晶,对于生活节奏快、工作繁忙的上班族来说,省却了很大的麻烦。

(3)对于体质偏弱的人群也同样适宜。由于不是通过水循环或者冰晶降温,因此,本产品吹出来的风并非是湿冷的,体质较弱儿童或者老人也同样可以使用,没有什么后顾之忧。这些优势能够打消一部分消费者对空调扇功能缺陷的顾虑,改变他们的观望态度。

3. 收入较高的外来务工人员,有自己租房的人群

(1)移动性强。这部分外来务工人员一般收入都比较高,是城市中的"小白领",他们自己租房住在陌生的城市,生活并不稳定。他们往往会因为工作的变动而搬家,这时候,传统的降温工具空调会给他们带来很多麻烦,其中包括空调的拆卸和安装。他们希望空调可以移动,以免去他们搬家过程中的不便。

(2)多为年轻人,容易接受新产品。城市中的"小白领"一般收入都比较可观,生活得比较舒适,大多为年轻人。他们一般都富有冒险精神,乐于接受新生事物,懂得享受生活。他们不满足于仅用电风扇降温的做法,同时由于接受教育的层次较高,消费比较理性,花大价钱购买空调以及使用空调是否经济,对于他们来说也是需要三思的问题。

(3)购买力较强。这些"小白领"一般购买力都比较强。他们不购买空调的原因往往不是因为空调的价格,而是空调使用的成本和搬迁的成本。而空调扇无论是从购买成本还是从使用成本方面都是他们可以接受的。

4. 分散的经营户

(1)有购买需求,购买力较强。和专业市场不同,这些分散的经营户一般是小本经营,购买空调和使用空调对于他们来说都太奢侈,并且经营面积都不大,全范围的降温也没有必要。

(2)较分散。这块市场的缺点是较分散,销售活动开展比较困难。

5. 大学寝室

(1)市场容量大。安徽省各高教园区,尤其是合肥市的几个高教园区都集中了大量学生宿舍。按每四人一间寝室计算,就有近45000间寝室,并且这些寝室楼分布都很集中。高校都没有统一给学生宿舍安装空调,甚至有些高校不允许安装类似空调等的大功率电器。但是与此相冲突的是,安徽省内很多城市的夏季十分炎热,学生深受其苦。虽然有部分学生的家境并不十分富裕,但是大部分在校大学生具备购买空调扇的经济能力。

(2)购买集中,传播速度快,容易接受新产品。大学生是受教育程度相对较高、消费观念比较新的人群,容易接受新事物。并且当代大学生的交际广泛,一旦被这一人群所接受,传播速度将非常快。另外由于高校分布的相对集中,产品容易被普遍接受。

(3)省电,使用成本低,学校电压负荷允许。本产品除了具有与空调相近的功能,与电风扇相近的价格,容易被学生所接受外,还有一个最大的优势是其耗电量小,使用成本低。虽然学校用电价格要比民用用电价格低,但是大功率电器消耗的电费往往成为学生生活支出的重要组成部分。如果有一种产品使学生能够用较少的钱享受较舒适的生活,他们会十分乐意接受。

6. 写字楼白领

空调在带给人们舒爽的同时,也带来一种"疾病":长时间在空调环境下工作学习的人,会因空气流通不畅、环境得不到改善,而出现鼻塞、头昏、打喷嚏、耳鸣、乏力、记忆力减退等症状,甚至出现一些皮肤过敏的症状,如皮肤发紧发干、易过敏、皮肤变差等。

而本产品在设计上结合了人体自身的特点,更加人性化地创造出了集风扇与空调的优点为一体的制冷方式,在带来清凉、保证稳定冷气的同时加速空气流通以及新鲜空气的补给,有效避免由于长期使用空调而引起的各种不适症状,使人精神焕发,工作效率提高。

这一目标市场往往具有以下特征:追求健康、舒适的工作环境。这部分消费者工作十分繁忙,经常对着电脑工作,身体状态不佳。在炎热的夏季更是如此。在有空调的写字楼里,空间是封闭的,空气是不流通的,很多人会出现不良的身体反应。他们希望能够呼吸到新鲜空气,在舒适的环境中工作。而使用电风扇虽然能够享受流动的空气,同时却要忍受热风的侵袭。在这种特殊需求下,他们会乐于接受空调扇,以享受凉爽清新的风。

(三) 产品定位

本产品定位为介于空调扇与空调之间的中间产品。具有空调的部分性能,但价格远低于空调。具有与普通空调扇相近的价格,但是性能比空调扇优越,是目前市场上在售的空调扇的升级产品。

四、营销策略

(一) 产品策略

开发产品的不同外观或者型号,形成产品的系列化。可增加外壳颜色种类,开发米白、水蓝、浅绿等较清新的颜色。这样做有以下几方面的原因:

1. 方便陈列展示

商品的陈列展示能够很大程度上吸引消费者的购买。如果产品型号、规格单一,在陈列的时候就显得比较单调,不足以吸引消费者的注意。

2. 增加挑选的余地

不同消费者对颜色等有不同的偏好,产品的系列化能够给消费者增加挑选的余地,满足他们自身的审美情趣。

3. 符合季节特征

采用米白、水蓝、浅绿等清新的颜色符合人们在炎热的夏季对颜色的需求。清新的颜色在夏季容易给人带来清新的感觉,无形中给空气降了温,达到令人意想不到的效果。

4. 方便促销,以免发生渠道冲突

针对不同市场的消费者特点,推出系列化的产品,易于促销活动的开展。并且产品规格上的不同可以尽可能地避免渠道的冲突,使销售活动正常开展。

（二）定价策略

主要采用竞争导向定价法进行定价。主要是通过参考竞争对手的价格水平，与竞争对手的价格保持一定的比例。由于本产品在市场上并不属于真正意义上的新产品，因此，在同质产品市场采用随行就市的定价方法比较好。

针对产品的不同系列制定不同的价格。基本款式定价为1180元，稍高于同类产品。其他不同款式的产品定价在1180元的基础上增加100~300元。将价格定在这个档次的原因有以下几点：

1. 价格优势

本产品是介于空调扇和空调之间的中间产品，在价格上靠近空调扇更多一点。如果靠近空调更多一点，则购买价格低的优势就不明显了。并且过高的价格可能会失去一部分消费者。尤其今年空调和空调扇价格都有较大幅度提高，本产品将具有一定的价格优势。

2. 突显性能优势

本产品在性能上要远优于目前市场上的空调扇产品，因此，本产品不会被消费者与在售空调扇等同起来看。因此，定价稍高于在售空调扇有利于突出本产品的定位，易于被消费者所接受。

3. 符合消费者心理

对于目前空调扇的产品来说，1180元的定价是比较高的。但是作为一个新产品，如果以过低的价格入市，则可能影响自身的品牌形象，不仅不能体现应有价值，反而会因为价格过低使消费者产生怀疑的态度。

（三）促销策略

1. 人员推销

这种方式主要用于面向专业市场的促销活动。由于专业市场的消费者比较集中，因此，推销人员可以向消费者宣传介绍产品的有关信息，如产品的质量、功能、使用、优点等方面。在与消费者交流过程中要尤其注意突出本产品的可移动性和空调原理制冷性能，即可以直接对人吹风，在温度不高的时候有风扇的功能，并且最重要的是可以省电。对于精明的经营户来说，质量是否可靠、使用成本是否真的比较低是他们关心的重点。

由于人员推销过程也是一个信息的传递过程，因此可以及时了解消费者对本企业产品的评价，以加以改进。

在推销过程中应注意以下几点：第一，通过对本产品性能的介绍，让消费者初步了解本产品在制冷原理上与其他空调扇不同，因而不会对消费者的身体造成危害。第二，要着重强调产品的节能性，以产品使用成本低廉为主要诉求点。第三，切不可给人以口说无凭的印象，对产品要进行现场演示，边演示边进行介绍。

2. 广告策略

(1)在广告传播的区域选择上，主要采用地区性广告。由于本产品今年的目标市场主要在安徽、华东区域，因此，在广告的投放上也应与产品的覆盖范围相符合。

(2)在广告媒体的选择上，主要以平面广告为主。因为其影响比较广泛，传播速度快，简便灵活，制作方便，费用较低。主要操作方法有以下几种：

①传统的报纸广告。在安徽省内影响力比较大的几家报纸上进行产品的介绍,进行产品宣传(根据情况作调整)。

②报纸软文广告。借助于报纸的互动性,向大众传播本产品健康、节能的理念。主要是采用连载的方式,类似于格兰仕微波炉向消费者介绍微波炉的使用方法这种方式。以健康为基本诉求点,开辟夏季养生专栏,介绍电风扇、空调扇、空调与本产品之间的区别。

③与安徽地区发行量最大的报纸新安晚报合作,推出有奖征文、有奖竞答等活动,吸引老年人的注意(根据情况作调整)。

④DM广告。对专业市场的经营户进行调查,了解他们对报纸的偏好。一般不同的专业市场对不同的信息会有偏好,因此,在该专业市场里寻找一种最受欢迎的报纸进行DM广告宣传,能够起到事半功倍的效果。

⑤杂志和网络广告。除了报纸广告外,杂志和网络也是比较理想的传播媒介。专业市场中的经营户往往会选择一些专业杂志进行阅读,搜集信息,了解市场动态。因此在杂志上刊登广告针对性比较强,宣传对象明确。并且能够克服报纸广告对产品外观形象不能很好地展示的缺点,利用其精美的印刷展示产品,吸引读者的注意。

而网络广告主要是针对年轻人的媒介,网络广告的特点是比较生动,包含的信息比较丰富。主要操作方法有以下几种:在点击率比较高的门户网站上刊登广告;在比较热门的论坛上贴广告;采用类似于报纸广告的方式,用连载、专栏等方式突出宣传产品健康、节能的优点,与其他空调扇予以区分。

⑥宣传品广告

在纸杯、易拉宝、包装箱等相关宣传品的设计上,印制简明、主题突出的LOGO式的广告。

3. 公共关系策略

由于品牌和产品刚刚打入市场,因此要特别注意开展建设型公关,树立正确良好、深刻的第一印象,提高知名度。必须时时注意自己的公众印象,努力引起关注、重视,开创新局面。主要做法有以下几种:

(1)热心于公益事业。在城市市区,一到炎热的夏季就会有一些报纸、电视台等发起组织给在酷暑中工作的工人送去清凉。企业要很好地把握这样的机会,主动与电视台合作,向一些场所的工作人员赠送产品。数量不宜多,但要突出企业对公益事业的热心,树立良好的企业形象。

(2)开展公益宣传讲座。邀请比较著名的健康研究专家进行预防治疗风湿病、关节炎的专题讲座,让更多的人在了解健康知识的同时能够对市场上的空调扇进行区分,从而使产品健康的理念深入人心。该活动可以考虑在5月份进行。

4. 销售促进策略

(1)团购优惠价。针对专业市场消费者比较集中、消费具有联动性等特点,可以采取团购优惠价的策略,吸引消费者的购买。在使用这种方式时可以比较灵活,不一定要对事先商量好的团体才给予团购价,也可以将同一时间段里前来购买的消费者看作是一个团体,也给予团购价。

(2)在特定的节假日进行特价销售。但是要注意把握有效时间和尺度。一般只在节假日当天进行特价销售,严格控制时间,降价幅度不宜过大。

(3) 延长保修时间,提高售后服务质量。消费者对于新品牌、新产品质量的态度比较谨慎,针对这一点,可以采用比竞争对手长的保修时间的策略,消除消费者对质量及服务的顾虑。此外,在实际实施过程中,要注意工作要做到位,要与之前承诺的相符合,不然会起到很大的反作用。

(4) 在销售地区提供送货上门服务。由于本产品并非小巧玲珑、可以随身携带,因此可以提供免费送货上门服务,以此体现企业的服务周到。

(四) 渠道策略

1. 渠道选择

主要分为安徽地区和周边省份两个部分。在安徽地区采取直销的模式。在周边省份各专业市场密集区域采用代销或者直销模式。

2. 市场选择

安徽主要市场为合肥、芜湖、蚌埠、淮南、安庆、淮北等专业市场较多且相对集中的地区。全国市场划分为:江苏市场、浙江市场、江西市场、上海市场、山东市场

(五) 体验营销

可在白领集中租房的小区、没有安装空调的专业市场、小商品市场进行产品现场演示,让消费者体验本产品的制冷效果和方便的使用性能,增强其购买欲望,促进其购买。

五、营销预算

(1) 新安晚报,一通栏广告,24000 元左右,做 4 期。
(2) 易拉宝 200 个,每个 120 元。
(3) 太阳伞 100 个,广告单页 20000 份,每份 0.4 元。
(4) 促销人员服装费包括太阳帽 T 恤衫 50 套,每套 20 元。
(5) 促销人员工资 50 人,每人 80 元 * 20 天。
(6) 赞助安徽省营销策划大赛,1 万元。

参 考 文 献

[1] 菲利普·科特勒.营销管理[M].13版.北京:中国人民大学出版社,2009.
[2] 车慈慧.市场营销[M].北京:高等教育出版社,2008.
[3] 李弘,董大海.市场营销学[M].大连:大连理工大学出版社,2006.
[4] 闻学.企业经营管理基础[M].北京:中国劳动社会保障出版社,2009.
[5] 何建民.网络营销第二版[M].合肥:合肥工业大学出版社,2009.
[6] 黄泽民.经济学基础[M].北京:清华大学出版社,2010.
[7] 谷再秋,潘福林.客户关系管理[M].北京:科学出版社,2009.
[8] 霍亚楼.客户关系管理[M].北京:对外经济贸易大学出版社,2009.
[9] 谢和书.现代企业管理[M].北京:北京理工大学出版社,2009.
[10] 王毅武.市场经济学:中国市场经济引论[M].北京:清华大学出版社,2009.
[11] 丁志杰等.经济基础知识[M].沈阳:辽宁人民出版社,2009.
[12] 韩彩霞.网络营销[M].北京:对外经济贸易大学出版社,2010.
[13] 江春雨,干春萍.国际物流理论与实务[M].北京:北京大学出版社,2008.
[14] 郝雪隆,庞爱玲.新编市场营销[M].大连:大连理工大学出版社,2008.
[15] 曹彩杰.市场营销学[M].北京:中国水利水电出版社,2008.
[16] 覃常委.新编市场营销[M].大连:大连理工大学出版社,2008.
[17] 江林.消费者行为学[M].北京:科学出版社,2007.
[18] 王永贵.客户关系管理[M].北京:北京交通大学出版社,2007.
[19] 熊梅.市场营销学[M].昆明:云南财经大学出版社,2008.
[20] 范莉莎.市场营销基础[M].北京:北京邮电大学出版社,2007.
[21] 王牛辉.消费者行为分析与实务[M].北京:中国人民大学出版社,2006.
[22] 林祖华.市场营销学[M].北京:中国时代经济出版社,2006.
[23] 刘厚钧.市场营销学[M].北京:北京理工大学出版社,2006.
[24] 尹世杰.消费经济学[M].北京:高等教育出版社,2003.
[25] 丁建石.客户关系管理[M].北京:北京大学出版社,2006.
[26] 林祖华.市场营销学[M].北京:中国时代经济出版社,2006.
[27] 王方.市场营销策划[M].北京:中国人民大学出版社,2006.
[28] 胡春.市场营销渠道管理[M].北京:清华大学出版社,2006.